달라스문학

2025 | 통권 20호

달 라 스 한 인 문 학 회
Korean Literature Society of Dallas

간행사

김양수
달라스한인문학회 회장

달라스문학 20호의 의미

드디어 『달라스문학』 20호가 탄생하였습니다. 20호 간행에 문학회의 일원으로서 남다른 감회를 감출 수 없음을 부인할 수 없습니다. 지역사회의 한 작은 문학회가 지난 20년 동안 한 번도 거르지 않고 매년 문학지를 발행할 수 있다는 것은 그야말로 괄목할 만한 것이라고 자찬해도 이상할 게 없는 업적이라고 평가합니다.

작가 한강의 노벨문학상 수상은 달라스한인문학회 회원들에게 한국문학에 대한 자부심과 함께 신선한 자극을 주었습니다. 한국문학이 세계로 나아가는 데에 조금도 부족함이 없다는 것을 일깨워준 역사적 사건이기 때문이지요. 그로부터 달라스한인문학회의 모든 회원은 용기를 얻고 자극을 받아 그들이 쓰는 작품에 좀 더 신경을 쓰고, 보다 좋은 글을 쓰기 위해 많은 공을 들이는 모습을 보여왔습니다.

금년부터 달라스한인문학회는 좋은 작품활동을 위해 공부하는 문학회로 거듭나고 있습니다. 모임 때마다 회원들의 작품을 평가하고 창작을 위해 도움이 되는 공부를 계속해 왔지요. 이번 20호에 실리는 글들은 그러한 노력이 반영된, 보다 높은 수준의 작품들일 거라고 믿어 의심치 않습니다.

문학지가 20호까지 이어지는 데에는 많은 이들의 노력이 필요했습니다. 특히 이번 20 호엔 투병 중에도 헌신을 아끼지 않으신 박인애 편집국장님, 한국에서 모든 편집과 교정을 맡아주신 김추산 책임편집위원님 그리고 임원 여러분의 많은 노력이 녹아들어 있습니다. 이들 모두에게 회원들을 대신해 감사드립니다.

축 사

유성호
문학평론가, 한양대학교 국문과 교수

모국어에 대한 사랑의 힘

안녕하세요. 한양대학교 국문과에 재직하고 있는 유성호입니다. 문학평론가로 활동하고 있습니다. 이번에 미주 텍사스에서 발간되는 『달라스문학』이 20호를 맞는다고 하니, 존경하는 박인애 선생님을 비롯한 달라스 문인들께 크나큰 축하의 말씀을 올립니다. 이렇게 축사를 드릴 수 있음 또한 저의 기쁨이자 영광으로 생각합니다. 반갑게 뵈올 날을 고대합니다.

그동안 『달라스문학』이 견지해 온 모국어의 결과 품에 저는 말할 수 없는 경의를 가집니다. 아닌 게 아니라 『달라스문학』에 실린 언어는 이민 생활에 따른 보람과 행복은 물론, 근원적인 고독과 결핍까지 선명하게 전해주고 있습니다. 그렇게 문인들께서는 이민자로서의 경험을 통해 자신들의 문학이 불가피한 존재론적 사건이자 작업임을 고백하고 있습니다. 이는 이민자 생활을 관통하면서 존재하는 양도할 수 없는 고유한 삶의 방식일 것입니다. 물론 그 안에는 자신이 살아온 오랜 세월에 대한 깊은 그리움도 가로놓여 있을 것입니다.

우리가 쓰고 읽는 모든 문학작품은 우리가 사는 현실과 우리가 꾸는 꿈 사이에서 발원합니다. 따라서 현실이나 꿈 가운데 한쪽으로 치우치면, 그것은 인간의 온전한 감각과 사유를 불구적으로 반영한 것일 수밖에 없게 됩니다. 그래서 좋은 문학은 현실을 순간적으로 드러내면서도 그것을 넘어설 수 있는 꿈의 지평을 마련하여, 현실과 꿈의 접점을 풍요롭게 상상하게 마련입니다. 우리는 그 꿈이야말로 우리 삶에 배인 폐허와 소멸의 기운을 치유하고 새로운 생성적 상상력을 추구하게 하는 힘이 되어준다고 믿습니다. 그동안 이루신 『달라스문학』의 성취는 이러한 현실과 꿈 사이에서, 그리고 자신을 가능케 했던 모국어에 대한 사랑의 힘으로 가능했을 것입니다. 이러한 모국어에 대한 사랑을 통해 존재론적 궁극을 이루어가시는 문인들의 모습이 눈에 선합니다. 모국어에 대한 탐구와 실천으로 자신의 정체성을 회복하고 꿈을 완성해 가시는 모습에 다시 한번 경의를 표합니다.

20호 발간을 온 마음으로 축하드립니다. 감사합니다.

축 사

도광헌
총영사관 댈러스 출장소장

새로운 도약을 기대하며

　달라스한인문학회가 창립 29주년이라는 뜻깊은 역사를 이어오며, 『달라스문학』 제20호를 발간하게 된 것을 진심으로 축하드립니다. 긴 세월 동안 변함없는 열정과 꾸준함으로 지역에서 한인 문학의 토양을 일구어 오신 한인문학회 회원 여러분과 관계자 여러분께 깊은 경의와 감사의 말씀을 드립니다.

　문학은 우리 민족의 오랜 정신적 자산이자, 시대와 국경을 넘어 마음을 이어주는 가장 강력한 힘입니다. 저 또한 외교관으로서 오랜 기간 동안 해외 여러 도시에서 근무하며 타국의 문화와 사람들을 접하고, 낯선 환경 속에서 타향살이의 외로움과 고단함을 경험하였습니다. 하지만 바로 그 낯선 환경 속에서 오히려 모국어로 느끼고 표현하는 글과 문학의 가치가 얼마나 크고 위대한 것인지를 새삼 깨닫게 되었습니다. 익숙하지 않은 풍경, 새로운 문화적 충격, 그리운 고국에 대한 향수 속에서 문학은 제게 마음의 안식처였고, 자아를 되돌아보게 하는 거울이었습니다.

달라스한인문학회가 미국 중남부에서 대표적으로 한인 문학의 불씨를 지켜오며, 『달라스문학』을 20년간 꾸준히 발간해 왔다는 사실은 단순한 출판 이상의 큰 의미를 갖습니다. 특히 재외동포문학상에서도 여러 차례 수상자를 배출하며 한국문학의 세계화에 기여해 오신 점은 자랑스러운 일입니다. 무엇보다도 더 뜻깊은 것은 문학회가 특정 소수의 재능 있는 분들만의 무대가 아닌, 누구나 참여하고 글로써 자신을 표현할 수 있는 열린 공간으로 발전해 왔다는 점입니다.

저는 문학적 재능이 있는 분들은 물론이고, 평범한 일상을 살아가는 수많은 한인분께도 글쓰기와 문학 활동이 활짝 열려 있기를 바랍니다. 비록 작품으로 세상에 내놓는 것이 용기가 필요한 일이긴 하지만, 그 첫 걸음은 일상의 단상과 작은 기록에서 시작될 수 있다고 생각합니다. 길거리에서 마주친 순간의 감정, 자연이 주는 소소한 감동, 고국을 떠올리는 추억 하나하나가 문학이 될 수 있습니다. 이런 점에서 백일장, 디카시 공모전, 시낭송 대회 등 다양한 행사는 문학에 관심이 있는 많은 일반분이 용기 내어 문학 활동에 참여할 수 있는 계기가 되었다고 생각합니다. 일상의 감성을 소중히 여기고 함께 나누고, 글로써 담아내는 과정이 달라스한인문학회를 중심으로 더욱 확산하기를 기대합니다.

문학은 우리를 깊어지게 합니다. 세상의 소란함 속에서도 내면의 소리에 귀 기울이게 하고, 타인과 나의 다름을 이해하게 하며, 고향과 모국의 소중함을 다시금 일깨워 줍니다. 그런 의미에서 『달라스문학』은 단순한 한 권의 책이 아니라 우리 민족의 정체성을 이어가고, 후세에게 물려줄 정신적 유산임이 틀림없습니다.

앞으로도 달라스한인문학회가 신인 발굴과 다양한 문학 교류를 통해 미주 한인 사회의 문화적 품격을 높이고, 문학이 우리 공동체를 더욱 따뜻하고 풍요롭게 만드는 데 앞장서 주시기를 바랍니다. 『달리스문학』 제20호 발간이 그동안의 땀과 열정의 결실임과 동시에 새로운 도약의 출발점이 되기를 진심으로 소망합니다.

권두시

글의 강, 스무 굽이

박인애

우리는
낯선 땅에 닻을 내린 날부터
한글로 마음을 지켜온 사람들입니다
쓴다는 건,
모국어를 잊지 않겠다는 의지였기에
고단한 삶 속에서도
문장의 허리를 곧추세우며
자신의 이야기를 써 내려왔습니다

'달라스문학'이라는 이름 아래 모인 마음이
하나둘, 글꽃으로 피어나
어느덧 스무 해의 시간을 품었습니다
숨 막히는 순간마다 꺼내 쓴 문장이
우리를 살아 있게 했습니다

스무 권의 책등을 가만히 쓸어봅니다
지난 세월,
함께했던 이들의 이름을 불러봅니다
사람은 떠났어도 글은 남아
그립다고 말을 걸어 옵니다

우리는 이민문학의 맥을 이어온 중인이며
새로운 역사를 써나갈 사람들입니다
서로를 보듬고 존중하고 세워주며
하모니 이루길 소망합니다

위로와 희망을 품은 이야기
후손에게 나침반이 되어줄 이야기
누구도 흉내 낼 수 없는
우리만의 이야기로
또다시 첫 문장을 써 봅시다

'달라스문학'은 오늘도 숨을 쉽니다
우리의 이야기는 문학의 강이 되어
마르지 않고 흐를 것입니다
그리하여 마침내,
디아스포라 문학의 역사 속에
빛나는 이름으로 남으리라
믿어 의심치 않습니다

달 라 스 한 인 문 학 회
Korean Literature Society of Dallas

간행사 | 김양수 달라스문학 20호의 의미 _ 002
축 사 | 유성호 모국어에 대한 사랑의 힘 _ 004
         도광헌 새로운 도약을 기대하며 _ 006
권두시 | 박인애 글의 강, 스무 굽이 _ 008

디카시 제2회 달라스한인문학회 디카시 공모전 수상작 _ 014
         김국희 정만진 이민호 백현남 이경철 방정웅 김양수
         심사평_ 김종회 _ 021

회원디카시 김정숙 노경숙 박인애 방정웅 이혜선 _ 022

특별기고
평론 유성호 이민문학으로서 수필의 미학과 위상 _ 030

시·동시·동시조
시   김명성 향(向)하여 외 3편 _ 040
      김지낭 수묵화의 시간 외 3편 _ 046
      노경숙 들꽃 외 3편 _ 054
      박경옥 축복 속에서 흐르는 외로움 외 2편 _ 061
      이봉하 검은 장미 외 3편 _ 068
      이혜선 대화 외 2편 _ 078
      임태성 연꽃은 물을 머금지 않는다 외 4편 _ 084
      쟈스민리 엄마의 향기 _ 092
      정승호 그대를 기다리는 하루 외 2편 _ 096
      최정임 가을 속에서 _ 101
      홍마가 매화꽃 외 1편 _ 104

동시	방정웅	억울하다 외 4편 _ 106
	정승호	나무에게 _ 111
	최기창	아버지의 긴 팔베개 외 2편 _ 112
	함영옥	오리 가족 _ 115
동시조	김정숙	봄비가 두고 간 거울 외 3편 _ 117

수필

김추산 To Dear Dr. Soong 외 1편 _ 122
박인애 시가 있는 가을 외 1편 _ 135
백경혜 김치병에 담긴 마음 외 1편 _ 142
서경희 맛을 봐야 맛을 알지 외 1편 _ 150
오명자 향기로 남은 언니 외 1편 _ 158
이경철 내가 나를 마주하는 방법 외 1편 _ 166
자스민리 BTS와 클래식의 대결 외 1편 _ 175
정만진 오늘은 좀 매울지도 몰라 외 1편 _ 184
최기창 노을의 어린 벗 _ 194
최정임 작가라는 이름으로 외 1편 _ 198
함영옥 국화꽃 피는 동산 _ 209
홍마가 우리가 사모할 은시 _ 214

콩트

김양수 위대한 순이 외 1편 218

소설

백남규 위험한 여자 _ 248

제14회 달라스문학 신인상
   시 부문 대상 　노경숙 | 자식 _ 274
수필 부문 대상 　자스민리 | 피아노와 아들의 멍든 발바닥 _ 276
희곡 부문 대상 　임용위 | 유쾌한 콜걸 시대 _ 282
김종회 | 심사평 _ 388

기획연재 _ 도시와 건축
조재성 | 타워팰리스와 도시계획 그리고 사회정의 외 1편 _ 392

특별기획 _ TEXAS PEOPLE
제23회 재미한국학교협의회 백일장대회 수상작
인사말 | 서양지 _ 한글로 이어진 마음, 문학과 교육의 동행 _ 406
시 부문 | 이승아 정소영 유하엘 _ 409
산문부문 | 왕빛나 엄지우 오혜진 _ 414
심사평 _ 419

북한 동포에게 편지쓰기 대회 회원 수상작
임태성 최정임 _ 421

달라스한인문학회
달라스한인문학회 소개 _ 432
달라스한인문학회 카페 _ 434
2024 달라스한인문학회 약사 _ 435
달라스한인문학회 역대 회장 및 임원명단 _ 442
달라스문학 신인상 공모전 _ 443

편집후기 | 450

디카시

제2회 달라스한인문학회 디카시 공모전 수상작

김국희
정만진
이민호
백현남
이경철
방정웅
김양수

회원 디카시

김정숙
노경숙
박인애
방정웅
이혜선

대상

연민

김국희

내가 애처로워 고개 숙인 너
그런 네가 안쓰러워 마주 앉은 나
우리는 그렇게 서로가 가엾다

최우수상

세발자전거

정만진

평생 가장이란 이름으로 페달을 굴렸다
끝내 두 발로 서진 못했다
노쇠한 몸으로 낚싯대를 드리운다
접힌 꿈이 파닥인다
하늘빛 담은 파도가 지친 발을 씻긴다

우수상

새벽빛

이민호

이런 하늘을 보리라고 생각이나 했겠어?
혹은, 폰으로 찍은 사진이 이렇게 멋지리라고도…
때로는 가장 일상적인 하루가 가장 멋진 모습일 때도 있음이야

우수상

침묵

백현남

먼 길 돌아 달려온 이 세상
꿈꾸듯 바라보는 저 세상
허공에 쌓이는 침묵의 시간

장려상

보이지 않아도

이경철

보이지 않아도
보이는 게 세상에 있다
오랜만에 나들이한 어르신들
함박웃음 짓는 얼굴 모습은
보이지 않아도 보인다

장려상

기다림

방정웅

할머니
빨리 오세요
제 것
안 사와도 되어요
기다리고 있어요

장려상

그 소리가 보여요

김양수

그들은 모두 떠났지만 아직 그 소리가 보입니다
아이들이 뛰놀며 깔깔대는 소리
강아지가 뒤쫓으며 짖어대는 소리
어미 찾는 아기 염소 울음소리
축구 중계를 보며 터져 나는 고함소리

디카시 공모전 _ **심사평**

　미국 달라스한인문학회의 2024년 제2회 디카시 공모전에서, 본심 심사위원에게 넘어온 작품은 모두 20명의 시 34편이었다. 놀라운 사실은 출품작 모두가 수상작이 되어도 손색이 없을 만큼 고르고 높은 수준을 보여주고 있다는 점이었다. 이 지역에서 글을 쓰는 분들의 안목이 뛰어나다는 측면과, 또 이 지역에 디카시를 안내하고 보급한 분들의 노력이 결실을 거두었다는 측면을 함께 확인할 수 있었다. 미상불 이를 비교해서 말하자면 모국어의 땅 한국에서도 이러한 현상을 보기가 쉽지 않은 일이다.

　대상으로 선정된 김국희의 「연민」은 노변의 조각상 앞에 번민하는 자세로 마주 앉은 출연자의 심사(心思)와 대상의 사진이 화학적으로 융합하는 수준 높은 조화를 보여주었다. 최우수상이 된 정만진의 「세발자전거」는 갯벌에 놓인 자전거와 낚싯대를 통해 이제는 노쇠한 가장(家長)의 인생을 상징적으로 잘 표현했다. 우수상 이민호의 「새벽빛」은 먼동이 터 오는 하늘을 두고 독백과도 같은 언사를 내놓으면서 흔치 않은 깔끔한 마무리를, 또 다른 우수상 백현남의 「침묵」은 그야말로 노년에 이른 두 노인의 앉은 모양으로 한 생애의 곡진한 의미를 잘 드러내었다.

　장려상을 받은 이경철의 「보이지 않아도」는 어르신들을 모신 행사에서 그 풍경보다 마음을 읽는 넉넉한 유추의 시상(詩想)을, 방정웅의 「기다림」은 작고 귀여운 강아지의 눈을 빌려 순수한 동심의 아름다운 마음을 잘 형용했다. 그리고 김양수의 「그 소리가 보여요」는 외진 곳 오래된 옛집의 모습을 대상으로 하여 그 속에서 사람과 애완견과 가축의 그리운 소리가 '보인다'라는 상황 증폭의 기법을 시전했다. 그 외에도 번외로 하기에 안타까운 작품이 많았으나, 정해진 규범으로 인해 선(選)하지 못했음을 말씀드린다.

　　　　　　　　　심사위원: 김종회(문학평론가, 한국디카시인협회 회장)

해님도 바람도 늦잠 자는 날

김정숙

는개비에 젖은 줄도 모르는 묵은 잎
팔 아프고 추워도 입 다물고 조용히
왜 그래?
하늘 좀 봐 끝없이 이어지는 말없음표
새들도 편하게 늦잠을 자고 있어

김정숙
서울 출생. 『한국아동문학』 동시, 『한국아동문예』 문학상 동시조 당선. 한국아동문예작가회, 미주아동문학가협회, 미주시조협회, 달라스한인문학회 회원. KTN 칼럼니스트. 동시조집 『이민학교 일학년』, 미주아동문학 6인 작품집 『시간의 선물』.
dongsi48@naver.com

꽃길

노경숙

비바람에 꽃잎이 떨어졌다
그 바람에 꽃길을 걷고 있다

노경숙
간호사 취업이민 미국 이주(1996). Texas Health Dallas 병원 근무. 제13회 『달라스문학』 시부문 신인상 수상. 달라스한인문학회 회원.

공중목욕탕

박인애

산동네 아이들은 목욕도 연중행사
세밑이면 때 밀러 떼 지어 몰려갔지
탕 속은 금세 웃음으로 들끓었지
까마귀 다리처럼 숯검댕이 발꿈치들이
웃자란 기억 속에서 물장구치지

박인애

경희사이버대학교 미디어문예창작과 졸업.『문예사조』시부문,『에세이문예』수필부문,『서울문학인』소설부문 신인상. 달라스한인문학회 회장 역임, 한국문인협회해외문학발전위원회 위원장, 미주한국문인협회 부회장 및 디카시분과위원장, 한국디카시인협회 텍사스지부장. 《LA한국일보》,《KTN》칼럼니스트. 문예지 편집국장. 수필 강사. 세계시문학상, 해외한국문학상, 정지용해외문학상 외 수상. 에세이집『인애, 마법의 꽃을 만나다』. 시집『말은 말을 삼키고 말은 말을 그리고』. 편역 6·25전쟁수기집『집으로』. 공저『작가라는 이름으로』외.

봄을 부르며

방정웅

봄이 온다는 소식에
동무들과 밖에 나와 하늘을 본다
너도나도 보랏빛 저고리만 걸치고
바람에 속살 드러날까 수줍어
곁눈질하며 꽃향기로 봄을 부른다

방정웅
교육학 박사. 전 포트워스 교육청 장학사. 2014년 아동문예 문학상 수상. 한국아동문예작가회, 미주한국아동문학가협회 회원. 달라스한인문학회 회장 역임. 저서 『새싹 한글』, 『가스펠 한국어』.

봄을 기다리며

이혜선

난민 가정 식탁 아래
두서없이 던져졌지만
흙 한 줌 없어도
희망의 뿌리내리며
양파가 자란다

이혜선
1960년생. 1978년 도미. 23년 경력 수학 교사. 북텍사스호남향우회 주최 5·18광주민주화운동 기념 백일장대회 시부문 입상. 달라스한인문학회 회원. 『서울문학인』 시부문 신인상.

달라스 한인동포들을 위한
멤버쉽카드 탄생!

달라스 한인 동포들의 편의를 위해 준비한 회원카드는 동포들이 가장 아쉬워하는 **건강검진과 치과 치료를 고국에서 특별 할인가**로 이용할 수 있고, 한인회와 계약을 맺은 **비즈니스, 소매점 및 식당 등을 할인된 가격**으로 이용 가능한 멤버쉽카드입니다.
저렴한 비용으로 회원 가입 후 카드를 사용함으로 달라스 한인회의 회원으로서 기여한다는 자부심 또한 가질 수 있습니다.

K-Card 회원 가입시 특전
한국 건강검진 및 치과 특별 할인

병원	건강 검진		치과 검진	
병원	구로 성심 병원		명동 콤비치과	
주소	서울시 구로구 중앙로 1-15		서울 중구 남대문로 84 하이드파크 8층	
연락처	02-2067-1500, 02-2067-1833		02-754-114	
일반검진료 (정상수가)	남	1,849,440원 ($1,421-)	CA(레진)	80,000원 ($61-)
	여	1,916,000원 ($1,473-)	세라믹 인레이	320,000원 ($246-)
			지르코니아 크라운	520,000원 ($400-)
할인금액	1,068,840(남), 1,135,400(여)		각 15,000원 40,000원 60,000원	
할인율	58%(남), 59%(여)		38%, 25%, 23%	
최종 검진료	730,000원 (U$ 559)		CA(레진)	65,000원 ($50-)
			세라믹 인레이	280,000원 ($215-)
			지르코니아 크라운	460,000원 ($353-)
기타사항	남녀 공통		달라스 회원들을 위해 전담실장 2명 배치, 치료가 끝날때까지 회원분들을 케어하기로 함	
포함사항	1박 호텔비			
주요검진항목	수면 대장 내시경 MRI, CT, 갑상선 초음파, 암표지자 검사, 수면 위내시경			
지불조건	한국방문전 한인회 사무실에 지불(체크, 현금)			

멤버쉽 카드의 특징

1. 휴대가 간편하다.
2. 언제든 가입과 탈퇴가 가능하다.
   (가입 3개월 후 탈퇴 가능함)
3. 달라스 지역은 물론 포트워스 지역에서도 사용 가능하다.
4. 1개의 카드로 가족이 전부 사용 가능하다.
   (동행인도 가능)
5. 연회비 $50 (자동 갱신 가능)
6. 전 업종 가입 추진중임. (100여개 이상 업체)
7. 업종에 따라서 차등을 두지만 평균 5-15% 가격 할인
8. 한국 건강검진시 할인혜택 있음
   (한국 소재 병원과 MOU체결 - 진행중)
9. 외국인도 가입 및 사용 가능하다. (사진첨부)
10. 달라스 사무실 방문 가입이 가능함.

멤버쉽 카드 문의

· 달라스 한인회 사무실
  TEL : 972-241-4524
· Email : dallaskorea@gmail.com
· Website : thedallaskorea.org
· 11500 N Stemmons Fwy #160,
  Dallas, TX 75229

K-Card 협력업체 신청 받습니다.

달라스문학 20호 특집

달라스문학 전신 미래문학 1호

달라스문학 창간호

달라스문학 2호

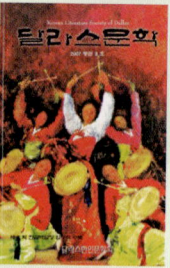

달라스문학 3호

달라스문학 4호

달라스문학 5호

달라스문학 6호

달라스문학 7호

달라스문학 8호

달라스문학 9호

달라스문학 10호

달라스문학 11호

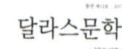
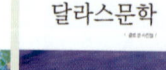
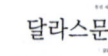
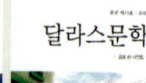

달라스문학 12호

달라스문학 13호

달라스문학 14호

달라스문학 15호

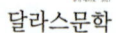
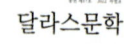
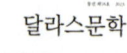

달라스문학 16호

달라스문학 17호

달라스문학 18호

달라스문학 19호

특별기고

유성호

이민문학으로서 수필의 미학과 위상

유성호

1. 지적 충전과 정서적 위안의 가능성

최근 기후변화로 상징되는 지구촌 전체의 재난이 인류의 삶을 근본에서부터 바꾸어버리고 있다. 크나큰 위기를 맞고 있는 삶의 방식에 대한 대안적 실천이 강력하게 요청되는 것도 무리가 아니다. 또한 미래에 대한 불안도 결코 작지 않다. 이러한 불안 심리에 일종의 예언 역할을 해주고 정서적 위안을 선사해 주는 분야가 바로 종교나 예술이 아닐까 한다. 그 가운데서도 찬찬히 홀로 성찰할 수 있는 수필 문학은 어쩌면 근대문학의 총아인 소설보다 훨씬 더 독자들에게 치유와 회복의 가능성을 줄 가능성이 크다. 그 점에서 수필은 미래문학으로서의 속성을 충분히 견지하고 있다.

2. 타자에 대한 사랑과 인류 보편의 언어

최근 한국문학의 현장에서 수필의 규모는 몰라보게 커졌다. 우리의 기억 속에 문학을 대표하는 장르는 언제나 시, 소설, 희곡이었고 그것을 해석하고 평가하는 비평이 부가적 위상을 얻고 있었다. 말하자면 수필은 순수 창작으로 생각하지 않고 본격 장르에서 빼버리는 관행이 있었던 셈이다. 사실 수필은 시, 소설처럼 순수한 의미에서의 허구물이 아니다. 작가의 실제 경험에 바탕을 두는 경우가 많고 특유의 고백적 성격을 벗어나기 어렵다. 이런 까닭으로 시인, 소설가, 극작가, 비평가에 비해 수필가를 낮잡아보는 시선이 많았다. 그러나 최근 수필의 도약과 성장은 꽤 괄목할 만하다. 그것은 먼저 인적 저변의 확대에서 찾을 수 있다. 수필 관련 매체나 등단 제도의 활성화는 오래전 문청 시절을 겪은 중장년 그룹을 수필로 초대하는 최적의 흡인력을 마련해주었다. 이 연배 사람들은 시나 소설보다는 좀 더 자유로운 수필에 더 친화력과 선호도를 가졌을 것이다.

그렇다면 수필의 미학적 속성은 무엇일까. 그 하나가 진솔한 고백을 통한 자기 확인의 욕망에 있다면, 다른 하나는 어떤 주제나 현상에 대해 독자에게 말을 건네려는 계몽의 의지에 있을 것이다. 우리의 눈과 귀를 울리는 명작 수필은 한결같이 이러한 진솔함과 소통 지향성을 가지고 있다. 이때 고백과 소통의 내용이 타자의 삶에 충격과 변형을 주려는 계몽 의지의 소산임은 말할 것도 없다. 또한 수필을 쓰는 작가는 자신의 주변에서 친숙하게 경험하는 일상에 언어적 초점을 맞추게 마련이다. 일상에서 마주치는 순간적 감동과 깨달음을 평이하고 기억에 남을 만한 문장으로 제시하기는 하지만, 그렇다고 수필이 아무나 쓸 수 있는 손쉬운 양식은 아니다. 그 안에는 인생에 대한 예리한 비평적 감각도 있어야 하고, 우리가 귀 기울여야 할 저정한 해석 과정도 있어야 하고, 무엇보다 밑줄을 긋고 싶을 정도로 문장의 매혹이 있어야 한다. 헝

가리 출신의 비평가 게오르크 루카치는 수필을 두고 "좀처럼 포착하기 어려운 인간 영혼의 가장 은밀한 곳에 자리 잡은 마음의 미세한 풍경을 그리는 양식이다"라고 했는데, 우리는 수필이 이러한 은밀하고 신비로운 운명에 대해 균형감 있게 탐구한 결실이라고 말할 수 있을 것이다.

요즘 우리는 분노가 일상이 되어버린 시대를 살고 있다. 이때 우리는 잘 쓰인 수필을 통해 타인의 경험 속에서 자신의 가능성을 발견하고 우리를 감싸고 있는 이러한 분노의 일상화 분위기를 부드럽게 넘어설 수 있을 것이다. 지난 시절의 피천득, 법정, 장영희 등이 이러한 역할을 감당했던 수필가들이 아니었던가. 그런 점에서 그 위상과 영향력을 높이고 있는 수필은 삶에 대한 그리움과 긍정의 미학으로 우리를 위안하고 치유하고 나아가 인간 존재의 보편적 감동을 만들어갈 수 있을 것이다. 거기에 타자에 대한 사랑과 인류 보편의 언어를 추구해가는 것을 더한다면, 수필은 매우 충실하고도 고유한 문학 중심부의 역할을 새롭게 해나갈 수 있을 것이다.

3. 자연과 인생의 관조, 새로운 삶의 지향 제시

해방 후 전쟁과 분단을 거치면서 '문학교육'은 매우 중요한 국민국가 구성원 만들기에 기여하게 된다. 이때 모어(母語)를 미학적으로 세련화하고 현대인의 일상을 잘 묘사한 수필 작품이 선호된 것은 매우 자연스러운 일일 것이다. 특별히 일제강점기에 창작된 수필들이 교과서에 집중적으로 수록된 것은 해방 후 쓰인 새로운 작품의 성층이 두텁지 못했기 때문이기도 하지만, 우리 문학사에서 수필의 전통이 연면하게 이어져 왔음을 알리려는 계몽 기획의 일환이기도 했을 것이다. 이러한 양상은 1970년대까지 이어져갔다.

우리의 기억 속에 1970~80년대 교과서 소재 수필은 피천득의 「수필」에 나오는 "수필은 난이요, 학이요, 청초하고 몸맵시 날렵한 여인이다"라는 비유적 명명에 크게 의존하였다. 그래서인지 중후한 인문적 에세이보다는 경험적 구체성이 녹아 있는 미셀러니류가 압도적으로 실렸다. 그 애틋한 목록을 열거해 보자. 지금은 교과서에서 완전하게 사라진 작품들도 여럿 있을 것이다. 양주동의 「몇 어찌」와 「면학의 서」와 「질화로」, 김진섭의 「백설부」, 정비석의 「산정무한」, 나도향의 「그믐달」, 최남선의 「심춘순례」, 피천득의 「인연」, 이양하의 「경이 건이」와 「나무」, 이희승의 「딸깍발이」, 이효석의 「낙엽을 태우면서」, 김소운의 「가난한 날의 행복」, 유달영의 「슬픔에 관하여」, 이상의 「권태」와 「산촌여정」, 윤오영의 「마고자」, 이하윤의 「메모광」, 전숙희의 「설」, 한흑구의 「보리」 등이 기억에 남는다. 작가와 제목만 열거해도 그 자체로 고색창연하기 그지없다.

그러다가 1990년대 이후에는 법정 수필이 많이 실렸고 전혜린, 박완서, 이어령, 장영희 등이 각광을 받았다. 그리고 광범위한 제재 확장에 따라 수필 분야에서는 이태준, 김용준 등 소위 문장파

(文章派)들의 고담한 수필이 즐겨 수록되었다. 김기림의 「길」도 선호되었다. 또한 시인이나 작가들이 쓴 수필들도 적지 않게 실렸는데, 박두진, 조지훈, 이청준, 전상국 등의 수필이 실리기도 했고, 예외적으로는 해외 수필이 번역되어 다수 실리기도 했다. 안톤 슈낙의 「우리를 슬프게 하는 것들」을 비롯하여 가드너, 임어당 등이 주요 고객이었다가 최근에는 나쓰메 소세키, 헬레나 노르베리-호지, 미셸 투르니에, 움베르토 에코 등의 작품도 들어와 있다. 지금도 "울음 우는 아이들은 우리를 슬프게 한다"로 시작되는 슈낙의 작품은 우울함과 비애의 선명한 감각으로 곧잘 회상되곤 한다. 말할 것도 없이, 우리 고전 작품 중에 교술 양식에 포함되는 작품들도 수필에 준하여 많이 소개되었는데 박지원의 「물」이라는 작품을 배운 기억이 또렷하다.

  수필은 문학 갈래 중에서도 독특한 성질을 지니는 문학이다. 자연과 인생을 관조하여 그 형상과 존재의 의미를 밝히기도 하고 날카로운 지성으로 새로운 삶의 지향을 명쾌하게 제시하기도 한다. 우리가 교과서를 통해 이러한 수필의 속성을 경험한 건 매우 다행스러운 일일 것이나, 요즘 점점 수필 수록 빈도가 낮아지는 것 같아 안타까움도 더해져 간다.

4. 단정하고 강한 항심(恒心)의 산문

  연전에 산문집 한 권을 냈다. 『단정한 기억』이라는 책이다. 그동안 펴냈던 비평서들이 워낙 전문적 내용을 담고 있어서 지인들에게 읽어보라고 대뜸 주지 못했는데, 과감하게 '자연인 아무개'가 간직하고 있는 섭렵과 경험의 기억을 한번 읽어보라고 건네줄 수 있었다. 보통 어떤 글에는 전문성과 보편성 혹은 낯섦과 친숙함이 상대적으로 담기게 마련인데, 흔히 산문 범주로 묶이는 것들은 대체로 부드러운 표현을 통해 독자들과 소통하려는 욕망을 가지게 된다. 하지만 '산문'의 반대는 '비평'이 아니라 '운문'이 아니던가. 내면에서 울려 나오는 리듬에 언어를 대응시켜 낭독과 음송에 어울리는 형식을 입힌 글을 운문이라고 한다면, 산문은 그러한 외적 리듬보다는 내용상의 명료함과 서사성을 강화하다 보니 생겨난 줄글 형식을 말한다. 장르로 말하면 소설, 수필, 비평 등이 모두 산문이다. 사전에서는 "운문에 대립되는 개념으로 리듬이나 정형성에 제약받지 않는 자유로운 문장"이라고 규정하고 있다. 물론 여기서 말하는 '산문'은 수필과 가장 친연성이 높은 분야를 말한다.

물론 산문에 무한정한 자유가 허락되는 것은 아니다. 거기에는 그 나름의 장르적 관습(convention)과 함께 오랫동안 사람들이 그 장르를 통해 경험하고 또 기대해 왔던 어떤 기율이나 원리가 없을 수 없기 때문이다. 그렇다면 우리 근대문학사에서 산문을 가장 잘 쓴 작가들은 누구일까. 내 기준으로 본다면 가장 심미적이고 예술적인 개성을 담은 산문을 쓴 분은, 일제강점기만 예로 든다면, 정지용과 이태준과 이효석과 김기림과 이상(李箱)이다. 이분들은 본인들의 주력 장르였던 시나 소설이나 비평만큼 아름다운 산문을 우리 문학사에 남겨주었다. 아쉽게도 김소월, 백석, 윤동주는 그분들이 남겨준 탁월한 시적 성과에 비해 산문적 충격은 약한 편이다. 반대로 산문에서 일가를 이룬 변영로, 양주동, 김진섭, 이양하, 피천득 등의 수필가들도 어김없이 떠오른다. 그 점에서 근대 문학사는 산문의 일대 부흥을 이룬 시대의 기록이라고 할 수 있을 것이다.

19세기 프랑스의 상징주의 시인 보들레르(C. Baudelaire)는 산문을 일러 "영혼의 서정적 격정에도, 몽상의 파동에도, 의식의 충격에도 능히 적응할 수 있을 만큼 유연하면서도 강한" 글이어야 하고, "이러한 이상(理想)은 무엇보다도 도시와 서로 무수하게 얽힌 복잡한 관계에 익숙해 있는 사람들의 마음을 사로잡을 것"이라고 적고 있다. 말하자면 그는 운문인 서정시가 격정과 몽상과 충격을 순간적으로 주는 근대 이전 사회의 잔광(殘光)이라면, 산문은 막 떠오르는 근대 도시의 문학이요 서정시를 유연하고도 강하게 감싸고 있는 서광(曙光)임을 말함으로써, 자본주의가 형성시켜가는 '산문적 현실'을 토로한 것이다. 그만큼 산문은 근대의 본격적 산물인 셈이다.

어쨌든 산문은 진솔한 고백을 통한 자기 확인을 욕망하면서, 특정 토픽에 대해 독자와 소통하려는 의지를 담고 있다. 타자들의 눈과 귀를 열어줌으로써 그들의 삶과 생각에 충격과 변형을 주려는 계몽 의지가 그 안에 흐르는 것은 말할 것도 없으리라. 그러나 여기에서의 계몽이 위압적 훈계나 자기 확신의 강요로 나타나는 것은 물론 아니다. 공감에의 간곡한 요청이요 오랜 경험과 기억을 나누자는 호소일 뿐이다. 그러니 문장이 글쓴이의 인격이나 사람

됨을 담고 있다면, 그 대표 사례는 아마도 산문일 것이다. 그동안 진력해 온 비평과 달리 산문이 이러한 소통과 공감 가능성을 높여 줄 것이라고 기대하면서 산문집을 건네니까, 비평집에는 시큰둥 하던 친구들도 더러 반색을 해주었다. 네 글이 재밌다면서 말이다. 나로서도 재미난 경험이 아닐 수 없었다. 어쨌든 우리는 지금, 충격적 정보를 스캔들화하는 데 앞장서는 과잉 문장들에 내면적 상처가 깊어지는 시대를 살고 있다. 말을 고르고 다듬고 세련화해야 할 주체들이 언어 과잉을 통해 존재론적 잔명(殘命)을 누리고 있는지도 모른다. 이럴 때 한편으로는 친숙하고 평화로운 위안을 주고 한편으로는 새로운 삶의 충전을 꾀하는 산문을 통해 그러한 한시적 소음에서 벗어나 단정하고 강한 항심(恒心)을 가다듬는 것도 좋지 않을까 생각해 본다.

5. 이민문학으로서 커져가는 위상

이국(異國)에서 문학을 하는 분들에게도 수필은 매우 중요한 장르가 되어줄 수 있다. 이분들은 모국어의 품격을 견지하면서 문학을 해 가는, 일상에서는 이중언어(bilingual) 환경에 놓인 이민자 문인들일 것이다. 치열한 언어 의식을 가지면서 이국에서의 오랜 경험 속에 녹아 있는 모국어의 아름다움을 누구보다도 정성스레 개척해 가는 이분들의 모습은 그 자체로 한국 현대사를 에둘러 외현(外現) 하는 장면이 아닐 수 없다. 이민 생활에 따른 행복과 보

특별기고 · 평론

람은 물론, 근원적이고 인생론적인 고독이나 결핍까지 선명하게 전해줌으로써 한반도 바깥에서 이루어지는 한국문학의 예외적 성취를 잘 보여주는 것이다. 또한 이분들은 이민자로서의 경험을 통해 가족 간의 사랑이나 조국에 대한 애정 혹은 보편적 인생론 등을 힘있게 이야기함으로써 오랜 이민 생활을 한편으로는 누리고 한편으로는 견뎌왔고 앞으로도 그럴 것이다. 이러한 조건을 품으면서 수필은 삶의 주변, 외곽, 상실된 것들을 향해 손길과 눈길과 발길을 여는 양식으로 소중하게 다가올 것이다. 그리고 우리는 잃어버린 것들을 회복하고 탈환하면서 친근하고도 머나먼 대상들을 호명해 가는 이분들의 필치를 따라갈 것이다. 부재하면서도 아득하게 편재(遍在)하는 이들을 찾아, 아니 찾을 수 없음을 때로 절감하면서 그들의 언어와 사랑의 마음을 찾아갈 것이다. 그렇게 어떤 대상을 찾아가는 사랑의 마음은 두고두고 우리 수필의 근원적 에너지가 되어줄 것이다. 그때 이민문학으로서의 수필의 위상 또한 커질 것이다.

유성호

연세대학교 국문과 및 동대학원 졸업(문학박사). 현재 한양대학교 국문과 교수. 저서로 『서정의 건축술』, 『단정한 기억』, 『문학으로 읽는 조용필』 등. 대산문학상, 대한민국예술원상 등 수상.

시 · 동시 · 동시조

시 김명성
　　　김지낭
　　　노경숙
　　　박경옥
　　　이봉하
　　　이혜선
　　　임태성
　　　자스민리
　　　정승호
　　　최정임
　　　홍마가

동시 방정웅
　　　정승호
　　　최기창
　　　함영옥

동시조 김정숙

시

향(向)하여

김명성

삶의 기운 저 하늘에 살지
살다 보면 때로는 하늘을 향하여
뜻을 묻는다

하늘의 혼기(魂氣)
생명과 넋이 작동하는
가없는 에너지가 있는지…
천지 만물의 주재자가 임하시온지

삶의 무게가 어깻죽지를 짓누르고
혼쭐 나간 정신마저
창공을 우러러 멍하니 바라본다
심신이 쇠약해진 늙정이
무심코 하늘 향하여 손을 모은다

번뇌망상(煩惱妄想)의 경계를 떠난
나옹선사의 시구(詩句)에 새겨진 낱글자
창공, 청산, 탐욕, 미움, 바람, 물
그리고 무소유(無所有)

〈
텅 빈 하늘에 그리움이 자라서
마음을 향(向)하여 나래를 친다

시

하늘 한 조각

무색 물빛 연못
파란 하늘 한 조각
연못만큼 잠겨 있다

수면은 면경지수(面鏡止水)
물결이 잔잔할 때
물 위 세계는 아담하고 신비롭다

엷은 바람결에
물결이 일렁거리며
된바람에 유령처럼 흔들린다

하늘이 무너지는 통한(痛恨)
풍랑은 거칠게 불어
조각하늘 부서진다
녹수청산(綠水靑山)도 간 곳 없고
일월성신(日月星辰)도 허무로다

달아

달아 휘영청 밝고
깨끗하고 맑은 달아
만고강산(萬古江山)에 높이 떠서
무얼 그리도 신묘(神妙)하게
밤하늘을 밝히는가

달아 은쟁반 같은 보름달아
계수나무 찍어내어
항아(姮娥)님 모셔놓고
화조풍월(花鳥風月) 즐기신 시선(詩仙)
계신 곳이 어디신가

달아 순결하고도
청아(淸雅)한 달아
이 풍진 세상 굽어보시어
청정무구(淸淨無垢)하게 하옵소서

시

결

가지런하고 곱게 자란
결 고운 금잔디밭
잎새마다 찬란하고 영롱한 보석
마음결도 시각도 현란하다

물결이 세월만큼 씻어 놓은 조약돌
출렁이는 파도에 몸을 맡기고
수수만년 부대끼어 곱살스럽게 되셨구려
만질수록 경이롭고 정겨운 살결
천년 숨결 서성인다

양갓집 규수 단아한 자태
비단결 마음씨에 비단 옷감
곱살스런 솜씨로 마름질하여
곱게 단장(端裝)하고 어딜 갑시나…

세월에 시달리고 인간에 부대껴도
올곧은 마음씨 정갈한 솜씨 우아한 맵시
기품(氣品) 있게 사신 마님

결 바르게 사셨으니

성결(性潔)도 고울시고

결! 마음의 삶에 역사이어라

김명성

아호, 천서(泉瑞). 경남 창원 출생. 달라스한인문학회 회원.

수묵화의 시간

김지냥

안개 짙은 길, 잎을 잃은 나무들
흰 종이 위
검은 선들처럼 줄지어 서 있다

수묵화 같은 아침
떠나온 나라 그림자 하나

겨울이었다
검은 이민자 가방을 끌고
걸어 나오던 공항 앞
여자아이는
떨어지는 눈물방울, 번지는 잿빛

숨이 턱턱 막히도록 산다고
그립지 않은 것은 아니었다
길어지는 그림자에 말을 걸듯
견뎌 온 시간

어느 밤이면 눌러 온 기억

울음처럼 터진다

시

검은 옷의 오후

울음은
손끝에서도 터져 나올 수 있나
이름 모를 것들이 빠져나간 듯
몸이 축 늘어졌다

사랑하던 그녀가
조용한 방
검은 나무 관 안에 누워있다

"입던 옷들을 가방에 챙겨 놨다고 했는데,
가져다주라 했는데… 미안해요, 정신이 없어서 챙기질 못했어"
어머니는 울먹이며 사과를 한다

그 아이의 마지막 전화를
피했다
마지막인지 몰랐다 변명해 보지만
가끔 피했다

그녀의 울컥 솟는 울음

내 걸음 무겁게 할 때
아닌 척
가만히 고개를 돌렸다

운전하다 문득
셰익스피어 사랑의 소네트를 읽다가 문득
돌아오지 않을 발소리 들려
손끝으로 운다
입술은 꼭 다물었건만

시

빈집은 등불을 끄지 않는다

나는 종종 주인 떠난 빈집
텅 빈 방
바람 소리에 귀 기울이는 창문
문단속하지 않으면
무엇이 들어올지 몰라

사람 탈 쓴 여우가 훔쳐보기도 하고
칼을 든 도둑이 들어오기도 하고
이 집에는 빛나는 것도 있어
탐을 내는 이웃도 있지

내가 원하는 것은
비둘기처럼 순한 눈의 사나이
뜨거운 얼굴 식혀주는
날개, 바람에 날리는 하얀 깃

예리한 칼 휘두르며
검은 숨들 베어내며
내 어둠과 싸워주는 사나이

빛으로 칠해진 갑옷이 번쩍
힘차게 뛰어오르는 말발굽이 번쩍

그 사나이, 불꽃의 눈
영원을 말할 때
나는 떨리는 촛불 심지
작은 빛 하나

시

시, 나를 다시 불러 세우다

시가 조용히 다가와 속삭인다,
"오랜만이야"
나는 수줍게 얼굴을 붉힌다

시도 부끄러운 듯
웃음 짓다가
손끝을 지그시 누르며 악수한다

달아오르는 뺨을 쓰다듬는다
그만 몸이 뜨거워져
도망치고 싶다

못 본 동안 받지 못한 사랑
단번에 채우려는 듯
눈에서 불꽃을 내뿜는 시

어찌해야 하나, 이 위험한 사랑을
안기려고 달려가는 순간
잊은 듯 등 돌릴

야속한 연인을

김지낭

현 University of Texas, Arlington 영문과 강의 전담 교수(Full-Time Lecturer). 시인, 시 평론가, Texas A&M University 영문학 박사, Transnational Asian Literature and Culture 전공, Guy de Maupassant's 「Le Horla」, Wole Soyinka's 『The Lion and the Jewel』 번역 출판, 『미주문학』 시부문 신인상. 미주한국문인협회 이사, 달라스한인문학회 회원. jinangk@gmail.com.

시 ## 들꽃

노경숙

아무도 너를
바라봐 주지 않는다고
너의 이름을
불러주지 않는다고
섭섭해하지 마라

너의 빛남은,
<u>스스로</u>
피고 지는
자연스러움과
당당함에 있으니

블루보넷(Bluebonnet)

4월의 꽃
텍사스주의 꽃

아메리카 인디언들은 너를
위대한 영혼이라 불렀단다

나는 너를 그렇게 거창하게
부르지는 않겠다
네 이름 그대로
블루보넷, 푸르름을 보네

청보랏빛 너를 보고 있으면
들판에 푸른 바다가 출렁인다

쪼그리고 앉아 가만 들여다보면
꽃대에 촘촘한 꽃망울들이
차례로 피어올라 간다

내 맘의 멍울들도 따라 터져 버린다

시

파란 멍이 난 마음자리에
청보라 꽃이 핀다

보랏빛 꿈이 피어난다

아들아, 너는

아들아
너는 아니
네 속엔 창세 이래의
시간이 살아 숨 쉬고 있다는 것을

너는 이제 갓 스무 살이 되었지만
네가 여기까지 오기에는
지구의 땅덩이가 갈라지고 흩어지고
바다가 산이 되고
산이 바다가 되는
영원 같은 시간이 흘러 흘러갔다는 것을

네 할아버지의 할아버지
그 할아버지의 할아버지
또 그 할아버지의 할아버지…

수백 명의 아니 어쩌면 수만 명의 할아버지들이
이 땅에 살다가 떠나가신 후에야
네가 여기까지 올 수 있었다는 것을

| 시

그런 네가 얼마나 귀하고 소중한 존재인가를

그러니,
사랑해라
너 자신을

너에게 주어진 모든 순간순간을
네 주위에 있는 모든 생명 생명을
사랑해라
상처받을 것을 두려워 말고

그들도 너와 같이 수천 년 아니 어쩌면
수백만 년의 세월을 넘고 넘어
여기까지 왔으니

가을바람

맑고 투명한 유리병 속에
바람을 담을 수 있다면

가을바람 가득 담아
너에게 주고 싶다

네가 일에 지쳐 가슴이 답답할 때
뚜껑 열고 숨을 크게 들이쉬면
네 맘이 시원해질 수 있게

산책 후 이마에 송송 땀방울이 맺힐 때
얼른 뚜껑을 또 열면 갈바람이
너의 열기를 식혀줄 수 있게

혹시나 혹시나
가끔,
내가 그리워질 때도
열어 볼 수 있게
너의 슬픈 마음

시

어루만져 줄 수 있게

노경숙

간호사 취업이민 미국 이주(1996). Texas Health Dallas 병원 근무. 제13회 『달라스문학』 시부문 신인상 수상. 달라스한인문학회 회원.

축복 속에서 흐르는 외로움

박경옥

빈 식탁 위에 차가운 떡국
정적은 흐르고
멀리서 기적소리 귓가를 스치네
집마다 명절이라고 왁자지껄한데
덩그러니 홀로 남겨진 나
텅 빈 집을 울리는 적막이
나를 삼킨다

옛날 사진첩을 넘기며
추억을 더듬어 보지만
웃음소리, 정겨웠던 말들이
더욱 그리워

창밖으로 스며드는
햇살은 따스하지만
내 마음은 차가운
겨울바람이 감싸고 있네

텔레비전 방송에 나온

시

어느 가족의 행복한 모습
그걸 보는 나는 더욱더 작아져만 간다
내게도 그런 화기애애한 시절이 있었겠지
지나고 나니 다 물거품이네

이런 날은
따뜻한 밥 한 끼 함께 하자는
말조차도 할 수가 없네
그저 혼자 멍하니
오지 못하는 자식들만 원망하면서
홀로 쓸쓸히 눈물을 삼킨다

한적한 도로 위를 달리며
창밖으로 시선을 슬며시 돌리니
펼쳐지는 늦가을 풍경
내 맘이 그곳에 머무르고 있었네
떨어지는 낙엽 같은
나의 인생이
〈

어두움이 깊을수록 별은 더 빛나듯
이 고독한 시간 속에서
나를 단련하고 숙련시켜
더욱더 강해지리라

언젠가는 다시 모여 웃을 날도 오겠지
그날을 꿈꾸며 오늘도 버틴다
외로움이라는 거친 파도를 헤치며
희망의 빛을 향해 힘차게 나아간다

시

멈춰버린 시계

초침 소리는 어디로 날아갔나
고장 난 시계처럼
마음도 그 자리에서
꿈속을 헤매고 있네

시간은 흘러가도
찢어지게 매섭고
악몽 같은 손님 일지라도
나는 여전히 그때를 기억하고 기다리네

인생은 덧없이 짧다
허무하고 공허하고
절벽 끝에 서 있지만
텅 빈 방에
그리움만 소복이 심어 놓았네

떨어지는 가을의 낙엽 꽃
마지막 순간까지
아름다움을 선사하며

먼 미래를 기억하게 하네

오늘도 눈으로만 자면서
살아 숨 쉬는 마음으로
멈춰버린 시계를 돌리며
너를 사랑하네

시

아름다움과 슬픔의 조화

가슴에 문을 열어 놓고
긴 역사가 흐르는
옛사랑의 기억을
깊은숨 소리로 먹어보며

밤은 길고 별은 희미해
고요히 잠드는
도심의 불빛 아래
홀로 앉아 시간을 곱씹는다

찰나의 바람결에
네가 느껴지는 듯
허공에 맴도는 목소리
희미한 그림자

기다림은 긴 터널,
끝이 보이지 않는
어둠 속을 걷는 것 같아
하지만 그 어둠 속에서

피어나는 작은 희망
그것이 인생 추를 붙잡게 하네

시간이 흐르고 계절이 바뀌어도
내 마음속 자리는 변치 않아
언젠가 만날 희망을 꿈꿀 수 있는
그날을 나는 기다린다

박경옥
달라스한인문학회 회원. kolove0303@gmail.com.

시

검은 장미

이봉하

멜빵을 매고 손수건을 챙긴
신사의 손에
검은 장미 한 송이가 고개를 떨군다
무덤과 도래솔 사이엔
유령의 발자국만 움푹 패고
이 영광스런 삶 소멸할 그날
나 흰 꽃 한 송이 되어
피로 얼룩진 회개의 잔 바닥에
마지막 숨, 한숨과 조용한 독백
고고한 승리 한숨
떨
어
트
린
다

하나의 이상
두 개의 사상
무한한 상상

예술의 비상

그리고 그날에 거룩한 이를 독대하여 이르되
주여, 황야에 초가집 한 채 세우소서

시　　## 죽은 정의

세상 떠나가라 기침을 토하고
가래를 뱉는다
칼바람 위를 걷는
단독자의 산연히 내린 용암 눈물은
한 방울 설움이 서려 있다
혀를 깨문 재판관의 귓가엔
살벌한 패배의 합창만 들릴 뿐

검은 불이 소나기 친다
검은 불이 소나기 친다

푸른 별 무리여
심해에 누운 법전을 기억할지어다
날것을 찾아 광야를 떠도는
야인의 위대한 영혼은
흑암 위를 질주하는 한줄기 유성우 같으니
나의 정의는 결코 죽지 아니할지니(셀라)
태초부터 신화는 침노당해 왔으니
나체로 소나기 속을 걷는 어린 유령의 붉은 뺨처럼

낭만이 현실을 침식할 때
쟁취하리라, 조용한 광기와 부조리한 승리를
고로
숭고한 저항자여
포기하지 말지어다
태산같이 높은 이상을 가질지어다
심해에 누운 법전을 기억할지어다

"FIAT JUSTITIA, RUAT CAELUM"

시

운전

인생은 고속도로를 달리는 자동차와 같다
나는 운전사
차는 가족
옆 차는 친구와 이웃사촌
나와 반대로 가는 차들을 보고 뭐라 할 필요 없다
우리는 각자의 목적지를 향해 달려가고 있을 뿐이니

좌는 브레이크 우는 엑셀
하지만 결국
제한 속도에 맞게 안전 운전하는 것이 가장 중요하다

시간이 많으면 오른쪽 차선에서 천천히 달리고
시간이 없으면 왼쪽 차선에서 추월하자

중요한 건 속도 조절

휴게소에 들러 잠시 쉬었다 가면 어떻고
국도로 돌아가면 어떤가
길가의 풍경이 참 멋지더라

먼저 간 차들이 신호등 빨간불에 걸려
결국 나와 비슷하게 도착하더라
서둘러 봤자 별 차이 없더라

걱정해 무엇 하랴, 기어를 중립으로 놓고 엑셀을 밟으랴

결국 목적지에 잘 도착하는 것이 최종 목표 아닌가

자유 속의 자율
결국엔 안전운전
그것을 잊지 말자

시

인생

문득 알 것 같다
나는 매일 같이 죽는다는 것을
나는 매일 같이 과거에 박제되어 간다는 것을

시간이 날 엉글게 한다
나의 가장 솔직한 대답은
모든 것이 그럴듯하고 모든 것이 혼란스러워
정말 아무것도 모르겠다는 것이다
그리고 이젠 모르는 것에 익숙해지고 있다
시간이 날 엉글게 한다

인생은 하나의 부서지는 파도
인생은 뒤차기 할 때 나는 도복 소리
인생은 잔해 속 우뚝 솟은 십자가
인생은 구부러진 노인의 등
인생은 설천에 핀 마지막 잎새
인생은 차갑게 식은 커피
인생은 아궁이 군불에 굽는 삼겹살
인생은 비 오는 날 등산하는 산악인의 메아리 소리

인생은 거리의 민심 중 드문 인심
인생은 보험 없는 운전
인생은 한 장의 젖은 찬송가, 손때묻은 복음서, 오래된 성경책
인생은 길가에 핀 나팔꽃 한 송이
인생은 멍든 마음에 붙인 반창고

나의 삶
그 모든 것이 은혜로다
무엇 하나 은혜이지 않은 것이 없구나

내가 원하는 것은
사색과 선행과 기도와 찬양으로
하나님의 얼굴을 보는 것

내 고향 캘리포니아 아자수여
내 고향 콜로라도의 소나무여
청춘은 원래 이리 아픈지
내게 대답해 주오
〈

시

비바람 세상 풍파에 해진 나의 옷
찢어진 구멍 사이로 느껴지는
추위와 함께 올라와 목젖 뜨겁게 하는
부조리를 향한 나의 분노
그것마저 없어질 듯하고
그저 주님 얼굴 보고픈 마음 하나 가지고
나 조용히 기다리겠네
그 시간 그리 길지 않겠네

도덕을 말하기보다 선을 행하며
낮은 자세로
묵묵히

나 본향 돌아갈 때까지
가슴 속 소망 하나 가지고 살아가네
오 주님 내게 소망 주시네
꿀을 먹여 날 살리시네
이 눈물과 회한 다 갚아주시네
조용히 다가와

내 등을 토닥토닥 두드리며 위로해 주시네
하나님의 나라에 꽃이 환하게 피었네
하나님 날 사랑하시네

이봉하

뉴욕대학교(NYU) 국제인문학 학사. 존스 홉킨스 SAIS American Foreign Policy와 International Economics 석사. Bank of America에서 Global Financial Crimes Investigator로 재직 중. 제13회 달라스 문학 신인상 수상. 달라스한인문학회 회원.

시

대화

이혜선

한 사람은 귀가 어둡고
한 사람은 의식이 흐리고
한 사람은 그저 말이 하고프다

모두 할 말은 많은데
듣는 이는 없다

오랜만에 만나 반가운 세 사람
말의 방향 서로 엇갈려도
헛갈리는 일 없이
꿋꿋이 이어지는 대화

다른 방향으로 가도
멀어지지 않고
교통사고 나도
다치지 않는 대화

세 노인의 흰머리가
오월의 사그라지는 햇살 아래

조그만 원을 그리며
늦은 오후를 빛내고 있다

시

여행지에서

왜 여기는
내가 아는 사람이
하나도 없는 거야?

구십 노모가
궁금해하신다

집에서
교회에서
노인회에서
노인 학교에서
수십 년 동안
아는 사람만
만났던 엄마

모르는 얼굴만
가득한 관광지가
낯설다
〈

구십 대는
새로운 곳에 대한
두근거림보다
안정된 환경에
애착을 가지는
나이인가 보다

점점 희미해지는
기억 속에
낯익은 얼굴이
더
소중한 시절인가 보다

시

폭우

어제 미뤄졌던 비가
오늘 왕창 쏟아졌다

그 덕에 우리는 포트워스 공원에서
산책을 즐길 수 있었다

여유로이 걸으며
잔잔한 이야기 나누다
의자에 앉아 쉬며
거대한 코이들이
먹이 찾아 부지런히
헤엄치는 모습을 구경했다

부러 돌계단 높이 올라서
발아래 지나는 사람들 바라보았다

손만 뻗으면 만져지는 단풍잎과
반가운 악수 나누고
늘어진 수양버들 아래 스며진 고요

카메라에 담았다

동동거리며 사는 일상에
한가론 여유를 선물한 어제였다

우리의 매일이 늘 맑을 수는 없다
어제를 신나게 지낸 우리에게
오늘의 폭우쯤은
얼마든지 견딜만하다

이혜선

1960년생. 1978년 도미. 23년 경력 수학 교사. 북텍사스호남 향우회 주최 5·18광주민주화운동 기념 백일장대회 시부문 입상. 달라스한인문학회 회원. 『서울문학인』 시부문 신인상.

연꽃은 물을 머금지 않는다

임태성

흐린 물에 물들지 않고
어두운 흙 속에서 핀다
바라같이 넓은 연잎 위에
밤새 맺힌 이슬방울이 까닥까닥
가까스로 넘쳐서
또 다른 연잎으로 떨어진다
쪼로록
햇살이 부서지는 소리
욕심을 덜어내는 것
가벼워지는 것
낮아지는 것이 이렇게 정갈한 것인지
모든 길과 소통하려는 듯
앞만 보고 지나가던 탁발승
걸망을 진 채 깊게 합장을 한다
연꽃을 보았는지
이슬방울을 보았는지
햇살을 보았는지 알 수 없으나
정처 없는 구도의 생도
잠깐씩

지친 발을 멈춰야 하리

시

예언

무슨 말이야?
봄이 그리고 4월이 다시 온다는 증거가
어디 있니?
세상의 모든 소리는
소음, 소란인 줄만 알았다
해장국집에서
소주를 팔더라
해장국은 속을 풀 때 먹는 것인데
거기에서 왜 쓴 소주를 팔지
꽃이 바람에 피기만 하겠니
꽃이 바람에 떨어지기도 하지
산다는 것이 대체로 그렇다는구나
햇빛이 빠져나가면
날이 저물고
서녘 하늘이 붉어진다
그것은 아마
또 다른 새로운 삶
그것에 대한 얌전한 예언이겠다

창문에 기대어

밖을 내다보는 나
안을 들여다보는 나
누가 나일까
유리창을 두고 만나는 사람

노을이 타는 하늘
색이 바랜 담장에 걸려있다
날아오지 않는 나비
보라색 붓꽃이 대신 날개를 접었다

뒷짐을 지는 버릇이 생겼다
자꾸 등이 굽어진다
가슴을 펴야 하는 것인지
등을 세워야 하는 것인지
암막 커튼을 친 숨겨진 실내
냉장고 떠는 소리

중얼거리는 버릇도 생겼다
오래 중얼거리면

시

노래가 되는지
기억이 살아나는지
사철 꽃 피는 섬에 닿는 꿈
이제 방해하는 사람은 없다

금빛 하늘이 금방 어두워진다
늦은 밤에 토네이도가 온다는 경보가 있었지
그러나 괜찮을 것이다
누군가는 그 어두운 시간을 기다려
시를 쓰고 있을 것이다

기러기까지 먹을 필요가

오늘 밥을 굶었습니다
혼자 먹기 외로워서요
한 끼 두 끼 정도야 건너뛰어도 좋을 겁니다
그동안 너무 많이 먹었습니다
저기 돌담 햇볕에 나이가 들어가는 노인들
어디에 가서 조용히 황혼 연애라도 했으면
좋겠습니다
뭔가 당당한 얼굴로 외로워지면 안 될까
안타깝습니다
허름한 식당가에 새로운 고깃집이 생겼습니다
기러기탕 집이라나요
요즈음 경기가 어렵습니까
별걸 다 먹는다는 생각이 들었습니다
세상살이가 어렵습니다만
모든 것을 이해할 수 있으면 좋겠습니다
골목으로 빨간 소방차가 급히 지나갑니다
누군가 혼자 굶어서
쓰러져 있지 않았으면 좋겠습니다

시

은거
―친구 박상선에게

올해는 비가 많이 옵니다
오늘 아침도 하늘이 흐릿합니다
길가에 외딴집
누군가 밥을 먹습니다
숟가락 달그락거리는 소리
사랑하는 사람의 앓는 소리는
속수무책입니다
여태까지 숨어서 잘 살았습니다

친구가 가까운 마을에 왔다 갑니다
그곳에 딸이 산다는 이야기를 들었습니다
내가 목감기를 앓는다 하니
오랜만에 보고 싶어도
나 편하라고 그냥 돌아갑니다
아쉬운 소리 못하는
참으로 요령 없는 사람입니다

오늘 이렇게 날씨는 흐려도
앞으로 오랫동안 비는 오지 않을 겁니다

비가 너무 많이 왔습니다
원래 이 마을의 여름은 무척 깁니다
무료하다는 뜻이지요
친구가 사는 북쪽 마을의 풍경이 가득해서
내내 우울할지도 모르겠습니다
그 북쪽 마을의 여름 바람은
하도 시원하다고 들었습니다

임태성

서울 출생. 한국외국어대학 영어과 졸업. 2007년 도미. 제8회 『미주가톨릭문학』 시부문 신인상, '2024 북한 동포에게 편지 쓰기 대회' 최우수상 수상. 달러스한인문학회 부회장.

시

엄마의 향기

자스민 리

이른 아침
엄마의 향기를 마신다
곱디고운 금잔디 황금빛 꽃잎을 따시며
미국 만리 딸 생각을 하셨을까?

까만 먹물 같은 텍사스 토네이도가 오른쪽 눈 끝에서 회오리 칠 때
한글학교 보조 선생님 붙잡고 내 눈에 뭐가 있다고 봐달라고
"선생님, 아무것도 안 보이는데요?"
아이고 내가 이 말 안 듣는 아이들 가르치다 마침내 조현병이라도 든 것이야
시꺼먼 먹물 같은 토네이도가 내 눈을 덮쳤는데
뛰어가 화장실에 비친 거울 앞의 내 눈엔 거짓말처럼 아무것도 보이지 않는다
이 검은 소용돌이가 왜 내 눈에만 보이는 거야
정신병원엘 가 봐야 하나

오른쪽 눈 망막에 구멍이 났단다
레이저로 메꾸지 않으면 실명한다고

안과 선생님한테 칭찬을 받았다 빨리 잘 왔다고 조금만 늦었어도…

몇 달을 기다려야 하는 병원 예약을 의사의 긴급요청으로 하루만에 받은 레이저 시술

방송대본 쓰느라 밤마다 모니터와 씨름하던 내 눈이 결국은 병이 났구나

이제 나 좀 그만 못살게 굴라고

애원해도 듣지 않는 주인

결국…

구멍이 나버렸구나

난 왜 이렇게 운이 좋을까?

미국에 오기 전 받은 엑시머 레이저 수술로

렌즈를 끼지 않으면 밥상의 흰 것은 밥이요 빨간 것은 김치요 하던 내 눈이

렌즈 없이도, 안경 없이도 세상이 선명해졌다

하얗게 퍼지던 달무리들도 온데긴데없이 또렷한 하얀 달이 두둥실 떴다

시

〈
망막에 난 구멍을 메웠더니
이젠 녹내장 초기라고

엄마가 한 잎 한 잎 따서 말린
메리골드 차의 향기를 마시며
오늘도 난 생각해 본다
난 왜 이렇게 운이 좋은 걸까?
엄마 딸로 태어나

텍사스에서 메리골드 마시며 꽃향기 마시는
나는 최고의 행운아

"요즘 녹내장은 녹내장도 아니란다
너 눈 수술했던 이민재 선생님이 내년에 한국 올 때 꼭 오라더라
　요즘은 녹내장 걸려도 실명도 안 하고 다 낫는다고 내년에 꼭 들르래"

전화기 너머 들려오는 엄마의 목소리

텍사스까지 넘어오느라 흐릿할 법도 한데
엄마의 애써 숨긴 걱정은 더 또렷하게 들린다

녹내장 까짓것 난 애초에 걱정도 하지 않았는데
난 안압이 정상보다 더 좋은데
시신경이 너무 큰 거라고

봐! 맞잖아, 내가 세포가 큰 여자라고 했잖아!
난 시신경 세포마저 큰 거였어!

이른 아침
메리골드 주황빛 엄마의 향기를 마신다
엄마의 딸로 태어난 난 최고의 행운아라고 읊조리며

자스민 리(Jasmine Lee)

달라스 코리안 라디오 DKnet '쟈스민의 기분 좋은 날' 진행자, 브런치 스토리 작가(달라스 Jasmine), DK Foundation 홍보 이사 위촉, 한글학교 교사, SBS 미국 통신원, MBC 월드넷 영파워 애틀란타 통신원, 백운 프로덕션 카피라이터, Samsung Telecom America, Ericsson, NEC, Epiroc 근무. 달라스문학 신인상 수필부문 대상, 대우그룹 '젊음에게 라디오 캠페인' 카피상 수상.

시

그대를 기다리는 하루

정승호

그대를 기다리는 하루는 너무 길다
오지 않는 걸 알아도 그대를 그리워하는 하루는 너무 길다
죽어도 오지 않아도 된다
나는 그저 기다릴 수 있다

그대를 기다리는 하루는 너무 짧다
그대와 함께했던 추억을 되새기기에는 하루가 너무 짧다
죽어서라도 그대가 오기를
나는 그저 소망한다

언제가 그대가 말했다
내가 죽어도
네가 기다리는 곳
어디에든 가겠다고
그래서 나는 기다린다

꽃송이가 눈송이가 되어
나의 두 발을 꽁꽁 얼려도

그대 기다리는 하루하루가
행복하다

시

꽃이 아닌 열매

우리는 언제나 꿈꾼다
화려한 꽃이 피게 해달라고

우리는 간절히 기도한다
화려한 꽃이 되게 해달라고

우리는 모두 다 바란다
꽃이 되어 모든 이의 사랑받는 것을

그러나
네가 정녕 꽃이 된다면,
너는 제일 먼저 꺾이게 될 것이다
너는 제일 짧게 생을 마감하게 될 것이다

그러니,
꽃이 아닌 열매가 되길 바라라
모든 이에게 이 힘든 세상
살아가는 자양분이 되길
소망해라

바람 소리

가을이 오는 소리가
갈바람에 실려서
내 귓가를 스친다

문득, 스치는 바람에
그대가 보고 싶어진다

나를 떠나 바람 따라
구름 따라 꿈을 따라
멀리 떠나버린 그대에게
나는 고한다

그대여
뒤돌아보지 말고
떠나길 바란다

다만, 그대 발자국이라도
남겨주면 그 흔적 따라
뒤따라가겠노라

시

〈
울지 않겠다는 약속을
뒤로 한 채
너를 위한
눈물 한 방울
바람결에 흘려보낸다

정승호

서울 출생. 서강대학교 언론대학원 석사 졸업(광고홍보학 전공). Arkansas State University 석사 졸업(저널리즘 전공). 잡지사 기자 및 해외 통신원 활동. 제1회 달라스한인문학회 디카시 공모전 우수상 수상. 제1회 한글날 디카시 공모전 입상. 달라스한인문학회 회원.

가을 속에서

최정임

1
풍덩
강물빛 하늘
뛰어들고 싶도록 파랗다
출렁
잠깐 현해탄 바다로 뒤척이는 하늘
바다의 유혹에 사의 찬미를 묻은 그녀
윤심덕
금 간 유리잔이 땡그렁
인습과 터부가 산산이 부서져
가을 햇살이 맑은 청음으로
와! 와! 붉게 붉게 사랑이 탄다

2
지난밤 그녀가
물감통을 부어 오일 페인팅을 하였나
가을 산은 온통 활옷을 입었네
나혜석

시

온몸으로 근대의 벽을 허물고
카미유 클로델이 걸어간 비련처럼
눈물 강을 홀로 표표히 걸어간 바람의 넋
선망으로 타오른 열망은
나락의 싸늘한 비웃음 되어
행려병자로 허무의 낡은 옷을 벗고
빨간 단풍으로 떨어지네

3
똑, 또르르
갈색 도토리 한 알
추심(秋心)을 건드리네
첨예한 자존으로
자음 하나 잘못 쓰며
사람이 사랑이 되는 것을
노천명
고독의 침잠과 예리한 시심
부재의 고독과 동거하며

소슬한 산국으로 핀 독신의 은거자

4
조용히 매우 빠르게
가을의 획을 긋고 청아한 음색
빛바랜 유화 한 점으로
남사당이 주고 간 붉은 댕기로
가을 속으로 걸어 나오는
저 도도한 낙화

*카미유 클로델:로댕의 어린 연인. 로댕에게 가려 빛을 보지 못한 조각가.

최정임

『에피포도』 문학상 시, 『해외문학』 신인문학상 수필 등단. 제4회 미주카톨릭문학상 시부문 신인상. 칼럼니스트. 달라스한인문학회 회원. 에세이집 『책 읽는 여자』.

시

매화꽃

홍마가

매화는 밤하늘을 보고 있다
별을 보고 점치는 밤
별자리 응시하는 건
빨갛게 달아오른 얼굴에
찬바람이 귓불을 스치며
핏빛 상처를 낸다

국자 같은 북두칠성
웃자란 봄의 향연을 기억해낸다
해빙한 호숫가에
우주의 기운이 감도는 물안개를
걷어내고

아직은 시린 등을 받치고 서서
웃자란 기억을 잘라내며
매섭게 휘몰아치는 손돌바람*을
온몸으로 받아낸다

* 손돌바람 : 음력 10월 20일경 부는 몹시 매섭고 추운 바람.

첫눈

텍사스의 겨울은
마치 뒤늦게 방문하는 손님처럼
계면쩍은 미소를 지으며 찾아오곤 한다

을씨년스러운 1월
크리스마스 장식이 아직 휘황찬란한 집들에
장식이 전혀 없는 우리 집에도
아무 차별 없이 하얀 선물 보따리로 다가온다

어린 소년 같은
가녀린 목련 나뭇잎에도
청순한 소녀같이 고개 숙인
장미 나무 위에도 소복하게 쌓이며
삶의 무게에 힘겨운 우리의 가슴을
순백으로 물들여준다

홍마가

청주 출생. 크리스천 문학 시 부문 등단(2014), 크리스천 문학 작가상 수상(2017), 국민일보 신춘문예 수상(2019). 한·아세아포럼 문학상 수상(2024). 시집 『민들레 홀씨의 노래』, 『기적소리』, 『그리움을 향한 노래』. markhong255@gmail.com

동시

억울하다

방정웅

방귀 냄새가 난다고
친구들이 야단이다
옆의 순이가 나를 가리킨다
모두들 코를 막고
나를 보며 웃는다
억울하다
냄새는 순이가 피웠는데

어지러워요

세상이 어지러워요
지구가 도니
세상도 돌고
모두가 돌아요
그래서 나도 어지러워요

동시

엄마 장보기

금요일 아침마다 엄마가 장 보는데
인터넷 연결해서 살 것들을 검색한 후
이번 주 특별 할인된 품목만 골라낸다

바구니 하나 가득 장 본 것 계산할 때
계산원 얼굴 표정 놀라움 가득하다
할인된 금액 모두가 하나하나 반값이다

콧노래 부르면서 집안에 들어서면
강아지 꼬리치며 반갑게 마중하고
엄마의 살림 솜씨가 제일이다 자랑한다

감나무 애가

지난해 큰바람에 가지가 부러지고
부러진 몸통에는 벌레들 집을 짓고
겨우내 추위에 떨다 나무가 병들었다

사월이 지나도록 새싹이 돋지 않고
앙상한 나뭇가지 어둡게 물들었다
가지가 찢어지도록 감 알이 달렸었지

오월엔 싹이 나길 애타게 기다리나
달 지나 싹 안 나면 살길이 전혀 없다
지나간 삼십 년 동안 감 서리 즐거웠다

감나무 베는 날에 까치가 하늘 날고
새파란 하늘 위로 떠가는 흰 구름에
마지막 아쉬운 작별 마음을 태워본다

병 주고 약 주고

형
병 주고 약 주고가 뭐야
바보, 그것도 몰라
병에다 약 담아 주는 거지
고마워 형

방정웅

교육학 박사. 전 포트워스 교육청 장학사. 아동문예 문학상 수상(2014). 한국아동문예작가회, 미주한국아동문학가협회 회원. 달라스한인문학회 회장 역임. 저서 『새싹 한글』,『가스펠 한국어』.

나무에게

정승호

나무야 나무야
계절마다 옷을 갈아입는 나무야

초록색 옷을 입고 있을 땐
넌 씩씩하고, 늠름하다

노란색 옷을 입고 있을 땐
넌 너무 멋지고, 수려하다

빨간색 옷을 입고 입을 땐
넌 너무 화려하고, 매력적이다

그래서, 나무야
네 옷 좀 빌려줄래?

정승호

서울 출생. 서강대학교 언론대학원 석사 졸업(광고홍보학 전공). Arkansas State University 석사 졸업(저널리즘 전공). 제1회 달라스한인문학회 디키시 공모전 우수상 수상. 달라스한인문학회 회원.

동시

아버지의 긴 팔베개

최기창

나의 수평선,
내 파도를 재우신다

호박

손주 놈, 들판에 철퍼덕
엉덩이 까고 앉아 노네
할애비가
뿌린 씨들
붉게 익어 가는 가을

동시

새소리

외할머니 뵈러 갈 땐
노래하던 새들,
돌아오는 길엔
울고 있네

어여 가라며, 손 흔드실 때
떨리던 할머니 목소리
엄마 가슴에 후드득
울음으로 떨어지는 새소리…

최기창

광주 출생. 전직 초등학교 교사. 아동문예 문학상 수상, 『국제문예』 시부문 신인상 입상. 한국아동문예작가회, 국제문예작가회, 달라스한인문학회 회원. 시집 『도로아이의 노래』, 동시집 『아흔여섯 개의 봄』.

오리 가족

함영옥

살랑살랑
엄마 오리
앞에서 헤엄치며

쫄랑쫄랑
아기 오리
조심조심하라고

파수 보는
아빠 오리
옆에서 꽥꽥

금빛 아침
호수 위에
오리 가족들

뒤뚱뒤뚱
막내 오리
같이 가자

동시

꽥 꽥

함영옥

2001년 『미주문학』 수필부문 등단. 한국외국어대학 졸업, UT Pan American University Accounting 수료. 달라스한인문학회 회원.

봄비가 두고 간 거울

동시조

김정숙

공원의 에움길 모퉁이, 겨울 떠난 자리에
위로만 보던 나무 물거울이 신기해
나란히 다른 나무와 눕고 발부리도 보고

아빠랑 급히 걷던 아침 운동 늦추면
아정한 풀꽃과 눈 맞춤하는 아기 토끼
노을빛 재잘거리는 봄비 거울 웅덩이

동시조

금빛 얼굴

태풍에 꺾여도 해 바라며 허리 들어
돌개바람에 또 휘고 혀꽃 뜯긴 노란 얼굴
레드옥 나뭇잎 한 장 덮어준 얼굴 반쪽

바닥까지 낮아진 몸 레드옥이 품어주고
혀꽃* 속에 대롱꽃*, 햇살 소복한 꽃술
태풍도 이겨낸 새해 첫날 금빛 얼굴 반쪽

* 혀꽃(설상화), 대롱꽃(관상화) : 두 종류의 꽃을 한 몸에 품는 두상화, 해바라기.

봄을 부르는 소리

밤새 젖은 낙엽 고운 빛으로 환하게
속 깊은 따슨 햇살 소리 없는 기척에도
이슬에 목 축이던 새엄마 품에 포록 포로록

담장 넘어 고가도로 잎 진 나무 사이로
반짝반짝 작은 차들 거미줄의 이슬 같아
은빛 줄 꽃샘바람 따라 쪼르륵 달려요

동시조

어둠도 몰랐대요

제 몸이 어두운 줄 모르는 어둔 밤은
어둠이 싫어서 별도 달도 불러내고
초저녁 반딧불이들까지 초대했어요

"아버지 오실 때 됐다 현관에 불 켜라"
환하게 밝혀진 불빛 저 끝 언저리에
부러워 지켜보나 봐 둥글게 모인 어둠들

김정숙

서울 출생. 『한국아동문학』 동시, 『한국아동문예』 문학상 동시조 당선. 한국아동문예작가회, 미주아동문학가협회, 미주시조협회, 달라스한인문학회 회원. KTN 칼럼니스트. 동시조집 『이민학교 일학년』, 미주아동문학 6인 작품집 『시간의 선물』. dongsi48@naver.com

수필

김추산
박인애
백경혜
서경희
오명자
이경철
자스민리
정만진
최기창
최정임
함영옥
홍마가

수필

To Dear Dr. Soong

김추산

Dear Dr. Soong,

가을 단풍이 산야에 불길처럼 번지고 있습니다.

상록수 사이사이 가을 색감이 짙어질수록 눈빛은 선해지고 마음은 성성해집니다. 더 활활 타오르길, 멈추지 말고 솟아오르길 바라지만 어디 그리되겠는지요. 잠시 후면 사그라들겠지요. 아마도 갈바람에 팔랑팔랑 날갯짓하며 허공을 맴돌다 지상으로 장렬하게 떨어져 내릴 것입니다. 우리네 인생처럼요.

이 계절이 되면 어슴푸레 기억 속에서 지울 수 없는 한 컷의 장면을 끄집어냅니다. 화면 안엔 여러 색으로 물들어 찬연한 Bradford Pear Tree가 서 있습니다. 한국인들은 돌배나무라고 부르는 나무이기도 하지요. 그 나무 아래 한 가족이 화기애애합니다. 자그마한 중년의 여인이 손에 단풍잎 몇 개 주워 들고 키 큰 젊은 처자에게 건네는 모습도 보입니다. 만면에 웃음을 띤 젊은 처자의 모습이 고운 단풍보다 더 환합니다.

그날 중년의 여인이 건넸던 단풍잎은 어느 날 액자 속으로 숨어들어 저를 찾아왔습니다. 단풍잎 받아 들고 화들짝 기뻐하던 처자가 그 순간을 훌륭한 솜씨로 재탄생시켰더군요. 액자 속에는 제가 건넨 잎사귀들이 방금 떨어져 투항해 들어간 것처럼 고고한 자태로 꽃보다 해사하게 웃고 있었습니다. 사소한 몸짓으로 무심히 건넨 마음이 깨알 같은 정성과 재치 있는 솜씨로 되돌아온 거지요. 그림 솜씨도 그렇지만 그 마음결이 느껴져 가슴이 먹먹했습니다.

탐 보이 스타일의 늘씬한 처자를 만난 게 어느덧 십수 년이 훌쩍 지났네요. 그새 세 아이의 엄마가 되었으니, 감회가 새롭습니다. 이십 대 초반의 젊은 처자가 선교사를 꿈꾸는 남자 친구로 인해 본인의 깜냥을 점검해 보겠다며 아프리카 선교 현장을 경험하고 오던 진중함도 있었지요. 선교 체험 후 둘은 서로를 이해하고 받아들이며 같은 길을 걷기로 약속했고, 저희는 신중하고 속 깊은 믿음의 며느리로 인해 감사하는 시간이기도 했습니다.

당시 캠퍼스 연인이었던 그들은 결혼 후 같은 날 박사 학위를 받았지요. 선교사로 파송되던 날, 어린 아들 둘을 안고 떠나는 그들을 눈물로 보내면서 생각이 많았습니다. 자신을 희생하러 가는 길이었기에 안쓰러웠지만, 소명을 이루기 위해 떼는 첫발을 축복하지 않을 수 없었습니다. 그때 여리고 착하기만 한 딸을 험지로 보내는 아버지의 마음은 아들을 보내는 어미의 마음보다 더 무거웠을 것 같습니다. 그 마음을 위로라도 하듯 그들 삶은 감사함의 연속이었습니다. 외지 생활에 잘 적응하고 세 번째 아들을 낳아 가족을 늘리고 맡은 일에 열심 내는 모습을 보면서 위로받고 힘을 얻곤 했습니다. 지금도 평안 중에 머무는 걸 보면 하나님의 축복이라 여기며 감사하고 있습니다.

제임스로부터 당신 소식을 종종 듣습니다. 처음 소식을 접했을 때 '어떻게 이런 일이' 소리가 저절로 나왔습니다. 아이러니가 가득한 세상이라지만 이런 아이러니라니요. 권위 있는 뇌신경 전문 닥터가 자신에게 뇌신경 질환이 생겼음을 알게 되었을 때 그 심정이 어땠을까 헤아려 봅니다. 누구보다도 예민하게 자신의 병을 진단했고, 동료 의사들이 다 동원되어 정밀 검사를 했다 들었습니다. 결국은 인정할 수밖에 없는 상황에서 당신이 겪었을 고뇌, 명석하고 예리하게 현실을 인지하나 몸의 세포가 굳어져 스스로 통제할 수 없는 상황에 맞닥뜨렸을 때 어땠을지를 감히 상상해 봅니다. 지인 중에 ALS(루게릭병) 앓았던 분이 계셨습니다. 지척에서 지켜보며 그 병의 진행 과정과 환자가 겪어야 하는 고통을 조금이나마 알게 되었기에 안타까움을 금할 수 없었습니다.

　제임스가 당신의 근황을 전하며 마음 아파하더군요. '연명 의료' 일체를 거부하셨다 들었습니다. 음식을 더는 삼킬 수 없는 지경이 되어도 위루관 시술을 받지 않고, 혹 음식을 섭취하다 기도(氣道)로 들어가 위급한 상황이 발생해도 연명 의료를 거부하셨다지요. 그 방면에 정통한 당신이 그리 결정하셨을 땐 물론 그만한 이유가 있었을 거라 짐작합니다. 대학병원을 설립하고 의료계에 큰 공을 세웠던 당신의 장인 소식을 들어서 알고 있습니다. 백수(白壽)를 사셨으나 실은 이십 년 세월을 병상에서 보내셨다는 것을요. 당신 장모께서 그분을 보내드릴 수 없다 고집하셔서 코마 상태였지만 내내 곁에 모시고 계셨다니 참으로 긴 세월이었고 가족으로서 힘든 시간이었을 거라 생각됩니다. 그래서 그런 결정을 내리셨을 거라고, 적어도 내 가족에게 부담 주면서 오래 살고 싶지 않다는 생각

때문에 그런 거라 이해하고 싶습니다.

　한편으로는 마지막 존엄을 지키기 위한 결심이 아니었을까 생각해 봅니다. 인간의 생명은 존엄하기에 생명을 연장할 수만 있다면 어떻게든 생명줄을 잡아두는 게 옳은 건지, 아니면 당신 생각처럼 주어진 운명에 순응하는 게 더 현명한 건지 사실 저로서는 판단이 잘 서지 않습니다. 당신이 치료했던 환자들은 어떤 선택을 하는가요. 스티븐 호킹 박사는 이 년밖에 못 산다는 진단 후에도 오십오 년을 더 살면서 많은 업적을 남겼습니다. 제 인간적인 견해로는 당신도 할 수만 있다면 모든 방법을 동원해 이 땅에 오래 머물길 바라는 마음입니다. 어쩌면 저의 이 바람은 남편과 아버지를 보내고 힘들어할 안 사돈과 자녀들 걱정이 앞선 탓인지도 모르겠습니다. 그럼에도 분명히 말할 수 있는 것은, 저도 언젠가 비슷한 상황에서 뭔가 결정해야 한다면 당신처럼 연명 의료를 거부하고 운명을 받아들일 거라는 겁니다. 죽음에도 소망이 있다고 하지요. 우리에겐 가야 할 또 다른 세상이 있으니까요.

　당신을 처음 만났던 날이 기억나네요. 사실 서로가 어려운 만남이었지요. 관계로는 사돈간이고, 물리적으로는 태평양을 건너 미국까지 와야 했기에 부담일 수도 있었는데 당신은 먼 길 마다하지 않고 와서 오래된 친구처럼 자연스럽게 저희에게 다가왔습니다. 준비한 식사를 마치고 필라델피아에 소재한 박물관에 함께 간 일이 생각납니다. 박물관에 가면 작품을 하나하나 꼼꼼히 감상한단 말씀을 들었으나 그 정도일 줄은 미처 몰랐습니다. 작품 설명을 처음부터 끝까지 읽고 작품을 깊게 들여다보시더군요. 감상에 있어서 진심인 걸 느낄 수 있었습니다. 저희는 보조 맞추느라 좀 지루한 작품 앞에서도 자리를 뜨지 못하고 머뭇거리곤 했지요. 하얀 골프 셔츠에 회색 면바지를 입은 당신의 뒷모습을 놓치지 않으려고 옆 칸으로 갔다가도 다시 당신 있는 곳에 찾아가곤 했답니다. 지금도 그때 박물관 앞에서 당신과 제 남편이 찍은 사진을 보면 맥없이 웃게 됩니다. 반백의 두 남자가 짝다리를 짚고 의기투합하듯 양팔을 위로 번쩍 올리고 웃는 모습이 마냥 순수해 보이기도 하고 장난스러워 보이기도 해서이지요.

당신의 맑은 미소를 다시 마주하고 싶습니다. 무슨 말이건 진지하게 들어주고 유창한 영어로 조곤조곤 설명해 주던 모습이 그립습니다. 제 생일이면 이메일로 생일 축하 인사를 보내주곤 하던 자상한 당신, 부디 사랑하는 가족들 곁에 오래 머물러 주세요. 보배로운 외손주 삼 형제가 당신의 투병 생활에 조금이나마 위로와 힘이 되길 바라는 마음입니다. 큰손주는 의젓하게, 둘째는 선한 눈망울로 재재거리며, 막내는 애교로 외할아버지께 기쁨을 주겠지요. 비록 화상이었지만, 막내가 제 아빠에게 애교스럽게 눈웃음치며 볼이나 이마에 뽀뽀를 쪽쪽 해대는 걸 봤습니다. 필시 당신께도 그러리라 상상해 봅니다. 아이들 자라는 모습 더 지켜보시며 외할아버지로서 그들을 위해 기도해 주시길 부탁드립니다. 저는 외할아버지의 선한 영향력이 그 아이들에게 오래 머물도록 기도하겠습니다.

건강과 안녕과 평안을 기원하며….

국화꽃 향기 진동하는 늦가을 저물녘에
Yours sincerely Chusan

수필

조락의 계절

눈송이들이 어지러이 허공을 맴돈다.

그날도 그랬다. 새벽에 언니 전화를 받고 텍사스에서 메릴랜드로 날아갔다. 비행기 도착 시각은 오후 다섯 시인데 어머니는 네 시를 넘기기가 어렵다고 했다. 가는 내내 할 수 있는 일은 기도뿐이었다. 그다음 주가 어머니 생신이어서 뵈러 가려던 참이었다. 일 년에 한 번 만나는 작은딸 볼 마음에 어머니의 전화 목소리는 한껏 밝았었다.

"엄마, 이번엔 제가 가서 맛있는 거 많이 해드릴 테니 아무것도 준비하지 말고 그냥 계세요."

"그려, 그러자꾸나. 오랜만에 작은 딸내미가 해주는 밥 좀 먹어보자."

껄껄 웃으시던 어머니 목소리가 생생한데, 이틀 사이에 무슨 일이 벌어진 건지 상황을 이해할 수 없었다.

목적지에 도착했다. 공항에서 병원까지는 차로 한 시간 남짓 걸렸다. 미 동부의 1월은 잔인하리만큼 냉랭했고, 시린 하늘에선 젖은 눈송이들이 방향을 잃은 듯 흩날렸다.

어머니 병상 위엔 부푼 물고기 허파처럼 생긴 여섯 개의 튜브가 매달려 있었다. 몸에서 줄기처럼 뻗어 나온 선들은 얽히고설킨 채 모니터에 연결되어 있었고, 심전도 기록기의 그래프는 불안정한 상태로 움직이고 있었다. 두꺼운 호스가 연결된 산소마스크 속에서 들이쉬고 내쉬는 숨소리가 절박했다. 어머니의 바짝 말라 터진 입술에 피가 고였고, 눈에는 눈물이 고였다. 어머니의 손을 꼭 잡고 신음하듯 애끓는 소리로 마음을 토했지만, 달라지는 건 아무것도 없었다. 어머니는 나를 보자마자 무언가 끊임없이 말씀하시는데 알아들을 수 없었다. 산소마스크를 빼면 바로 숨을 거둔다는 바람에 그 너머로 흩어지는 절박한 어머니의 말끝을 낚아챌 요량조차 하지 못했다. 그때 종이와 펜이라도 드렸다면 어머니의 마음이 남아있었을 것을, 지나고 나니 후회막급이다.

죽음과 사투를 벌이며 하룻밤을 버텨내던 어머니는 결국 이른 아침, 팔십칠 년 동안 써 내려온 파란만장한 서사에 마침표를 찍으셨다. 세상과 저세상은 찰나라는 말을 실감 나게 하려는 듯, 껴안고 얼굴을 문지르는 사이 저세상으로 공기처럼 날아가셨다. 얼굴은 미소마저 띠고 있었다. 평안하고 고요했다. 영혼을 맞으러 나온 천사라도 보신 건지, 아니면 평생 가슴에 묻고 산 그립던 남편을 만나신 건지 묻고 싶었다. 어머니의 얼굴을 더듬다 가슴에 머리를 묻고, 그 영혼이 천국에 이르기를 기도했다. 더는 보고 만지고 느끼고 듣고 말할 수 없다는 슬픔이 엄습해 온 건 얼마 후였다.

어머니는 낙동강이 내려다보이는 밤나무골에서 어린 시절을 보냈다. 동네에선 밤골 소녀라 불렀다. 봄이면 밤나무 사이로 푸릇푸릇하게 솟아난 봄나물을 캐서 바구니에 담고 가을이면 낙엽 위를 발밤발밤 거닐며 톡, 톡, 떨어지는 알밤을 앞섶에 주워 담았다. 그곳은 어머니의 놀이터였다. 양봉과 땅콩 농사를 짓던 부모님을 따라 거침없이 들녘을 누비고 다니며 선머슴처럼 자랐다.

마을을 가로지르는 실개천을 끼고 서당이 있었다. 농한기에는 마을 끝머리 황 서방네 잠실(蠶室)에서 젊은이들을 대상으로 야학이 열렸다. 밤골 소녀는 오빠들이 서당에 가는 날이면 몰래 뒤좇다가 서당 뒤쪽을 공략하곤 했다. 그곳에서 도랑 위로 기어오르면 창문을 만났다. 요란한 물소리와 함께 역한 냄새 나는 곳이었지만 천성이 괄괄한 소녀에겐 문제 되지 않았다. 나무 잘 타고 날래기로 소문났던 소녀는 담을 기어 올라가 손가락에 침을 묻혀 창호지에 구멍을 뚫었다. 그곳은 세상을 볼 수 있는 문이요, 학문의 세계로 통하는 출구였다. 거기에는 하늘(天)도 있고 땅(地)도 있고 숲(林)도 있고 바다(海)도 있었다. 평소 갈망하고 동경했던 세계가 바로 그곳에 있었다.

그러다 발각되면 집으로 끌려가 혼쭐난 후 감시당하곤 했다. 그럴수록 더 배움에 집착하게 되었다. 오빠들은 동경으로 유학까지 가는데 여자라는 이유로 공부할 수 없다는 게 억울했다. 어른들 시키는 대로 포기하기는 더더욱 싫었다. 결국, 독학으로 한글과 한문과 일본어까지 깨우치게 되었다. 가을 밤나무에서 영글어 가는 알밤처럼, 밤골 소녀도 포실하게 내면을 채워갔다. 알게 모르게 글 읽는 솜씨가 소문나서 문중 행사가 있을 때면 집안 어른들께 불려 가서 춘향전이며 심청전을 크게 읽어드려야 했다.

일제강점기를 보내고 한국전쟁 후 결혼한 어머니의 인생행로는 만만찮았다. 사랑하고 의지하던 남편이 일찍 세상을 떠났기 때문이다. 장례를 치른 어머니는 영정 사진을 과감하게 장롱 위에 엎어놓고 허리끈을 질끈 동여맸다. 삶에 대한 회의와 고단함에 지칠 때도 있었지만 자신이 이루지 못한 꿈을 자식들에겐 펼쳐주고 싶다는 바람이 어머니를 지탱하게 해주었다. 어머니는 아버지의 종묘상 일을 하다가 후엔 유명 디자이너를 영입해서 가죽옷 공장을 운영하며 가족의 생계를 책임지셨다. 틈틈이 YWCA 주부 강좌에 다니며 자기 계발에도 힘썼고, 교회 중심으로 생활하면서 믿음을 키워나갔다. 중년 이후에는 수지침을 배워서 어르신들을 위해 봉사하던 중에 딸 초대로 미국행 비행기를 타게 되셨다.

어머니에게 조락의 계절이 왔다. 머리는 백발이요 등은 굽고 얼굴엔 주름이 자글거렸으나 마음만은 밤나무골을 날다람쥐처럼 누비고 다니던 소녀 때와 다름없었다. 산수(傘壽)를 훌쩍 넘겼음에도 영어를 배우겠다고 시내버스를 두 번 갈아타고 학교에 다녔다. 젊은 교직원들이 쭈그렁 할머니를 귀엽다 한다며 수줍게 웃으셨다. 나 역시 그리 생각했던 터라 진짜 귀엽다고 맞장구 해드렸다. 노인대학은 평생 공부에 대한 꿈을 놓지 않았던 밤골 소녀의 새로운 놀이터가 되어주었다. 팔십사 세라는 나이에 미국 시민권 시험을 영어로 통과했다. 지역 한인 언론 매체의 인터뷰 요청을 받았으나 시험에 붙은 건 본인 실력이 아니고 하나님의 은혜였다고 한사코 고사하셨다.

어머니를 보면서 나이 먹음에 대해 생각하곤 했다.

수
필

　나이를 먹는다는 것은 훈장을 자랑스럽게 가슴에 달고 다니는 군인처럼, 살면서 터득한 인생 경험을 몸에 지니고 사는 것이다. 이력서에 칸이 모자랄 정도로 쓸 것이 많음을 증명하는 일이다. 나이는 숫자에 불과하다는 말처럼, 나이보다는 삶의 내용이 중요하다. 늙은 자의 아름다운 것은 백발이고 백발은 영화의 면류관이라 의로운 길에서 얻는다고 했다. 백발이 성성하기까지 얼마나 많은 바람의 사연에 귀 기울이고, 따사로운 햇살의 일렁임을 품고 살아왔을까. 젊은이들이 센 머리 앞에서 일어나야 하는 이유는, 그들 안에 지혜의 샘이 흐르고 경험이라는 소중한 자산이 숨어있기 때문이다. 그들은 나무뿌리와 같은 존재요 세상을 버티고 있는 주춧돌이다. 고목의 품이 어떠함은 익히 아는 바다. 기생하는 온갖 군소 동물과 곤충과 미물에 더해 삶이 힘겨운 인간들까지 그 그늘에 품는 그 너른 마음을. 나이 든다는 건 살아온 만큼 그 품이 넉넉해진다는 표시다.

　장례 후, 집을 정리하다가 어머니 손 글씨가 적힌 종이 몇 장을 발견했다. 깨알 같은 글씨로 영어를 쓰고 밑에 한국말 발음을 적은 종이였다. 백내장 수술 후 손바닥만 한 성경책 글씨도 읽을 정도로 눈이 밝으셨기에 그 작은 글씨들을 읽을 수 있었던가 보다. 종이 끝이 나달나달했고 접힌 자리에 있는 글씨는 형체를 알아보기 힘들 정도로 뭉개져 있었다. 미국에 사는데 그래도 영어를 좀 할 줄 알아야 하지 않겠느냐며 굳이 고단한 몸을 쉬지 않았던 어머니, 까막까막 잊기에 바쁘고 기운이 달려서 연필 잡은 손에 경련이 일어도 배움의 끈을 놓지 않으셨다. 조락의 계절에도 끝까지 밤골 소녀의 기개를 마음에 품고 소박한 꿈을 버리지 않으셨다.

내게도 조락의 계절이 찾아왔다. 눈가에 잔주름이 생기고 피부엔 검버섯이 피어오르고 돋보기 없이 글자를 읽을 수 없고 키보드를 오래 치면 손목과 손가락이 아프다. 때론 단어가 생각나지 않아 한참을 멈칫거리고, 서릿발 같은 흰머리에 신경이 곤두서곤 한다.

박완서 작가는 불혹의 나이에 등단했다 하여 늦은 나이에 작가의 길로 들어섰다는 수식어가 따라다녔는데 나는 그보다 이십 년 이상 늦었다. 게다가 이민자로 살았던 세월이 사반세기가 넘어 의식과 인지 감각 수준이 한국을 떠났던 1993년도에 머물러 있다. 과연 내 글을 수용하고 공감할 수 있는 독자가 얼마나 될는지, 젊은 작가의 감성을 담아낼 수 있을지 주눅이 든다. 때론 나이 핑계로 어렵사리 시작한 일을 포기하고도 싶어진다. 그때마다 어머니의 손때 묻은 종이를 꺼내보며 해이해진 마음을 다잡는다. 하늘은 바라보는 자의 것이고 땅은 걷는 자의 것이라는 지극히 평범한 진리 앞에서 더 이상의 투정은 엄살임을 안다.

박완서 작가의 고백처럼 "나는 아직 그 부서운 고통과 고독의 참뜻을 알고 있지 못 하"지만 그녀가 꼴찌에게 보낸 갈채는 최고의 승자에게 보낸 환호만큼이나 "신나는 것이었고 더 깊이 감동스러운 것이었고 더 육친애적인 것이었고 진히 새로운 희열을 동반한 것" 이었다(「꼴찌에게 보내는 갈채」 중에서). 내가 하고자 하는 일도 어쩌면 숱한 고통과 고독을 동반하는 일이요, 갈채나 환호를 받지 못한 채 꼴찌 주자가 될 확률이 99%다. 그럼에도 어머니의 지치지 않던 열정을 닮고 싶다. 꼴찌도 좋으니, 완주하고 싶다. 포기하지 않고 마음 한구석에 자리한 소박한 꿈을 위해 어머니가 건네준 바통을 놓지 않고 달려볼 생각이다. 고목에 새순이 돋기까지.

어느덧 어머니 가신 지 십여 년이 되어 간다. 온 세상 시계가 다 멈추어도 시간은 흐르기 마련이라던 어느 작가의 말처럼 차가운 눈 속에 멈춘듯했던 시간이 속절없다. 미국과 한국에 흩어져 사는 우리 삼 남매는 이날이 되면 대화방에 사진도 올리고 글도 올리며 어머니 자취를 더듬고 되새김한다. 산소마스크 속에서 사라져 버린 어머니의 마지막 말씀을 유추하며 서로를 위무한다. 영상 속에서 만나게 되는 어머니의 모습이 어제 일 같으면서도 새롭다. 생일 축하 노래 후 촛불 끄는 모습도, 손녀에게 라인댄스를 가르쳐주던 모습도. 전각 형상처럼 선명하게 돋아 오른다.

허공을 맴도는 눈발 사이로 웃는 계시는 어머니가 보이는 듯하다.

김추산

『에세이스트』 수필 신인상, 미주중앙일보 신인문학상 소설 수상. 격월간 『에세이스트』 편집장역임, 『달라스문학』 책임 편집인, 『미주문학』 편집국장, 주간포커스 칼럼니스트. 저서 『작가라는 이름으로』 (공저). chusanpark@gmail.com

시가 있는 가을

박인애

가을은 시 낭송하기 좋은 계절이다. 좋은 시를 소리 내어 읽다 보면 마음은 어느새 가을 색으로 물든다. 누군가의 낭송을 듣는 것도 그러하다. 눈감고 귀를 열면 시를 통해 전하고자 했던 시인의 세상이 온몸에 가득 차올라 풍요로운 가을이 된다.

살면서 수없이 많은 사람의 시 낭송을 들었다. 그중, 유독 기억에 남는 분이 있다. 그분은 코비드로 발이 묶였던 2021년, 코위너 문화위원회가 주관한 '제1회 애송시 암송대회' 참가자였다. 대면 행사를 할 수 없었던 시기여서 뭔가 할 게 없을까 의논하던 중, 전 세계에 흩어져 있는 회원들을 대상으로 시 낭송 대회나 디카시 대회를 하면 어떻겠냐고 제언했다. 줌으로 하니 괜찮을 것 같다는 의견에 동의하여 시 낭송 대회를 하기로 결정하고 일을 분담하였다.

공지를 올리자, 세계 각국에서 이메일이 왔다. 아무도 참가하지 않으면 어쩌나 걱정했는데, 기우였다. 중국에서 등록한 분이 가장 많았다. 그분이 그중 한 분이었다. 프로 낭송가도 아니고 말투나 억양이 영락없이 텔레비전에서 보았던 북한 사람과 비슷해서 자기소개를 할 때 낭송에 적합한 목소리는 아닌 것 같다는 생각이 들었다. 그녀가 「나와 나타샤와 흰 당나귀」를 낭송하는 순간 온몸에 소름이 돋고 눈물이 핑 돌았다. 편견이었다. 그분 목소리가 내가 좋

수필

아하는 백석의 시와 그렇게 잘 맞을 거라고는 생각지 못했다. 발음, 의미 전달력, 시의 이해력, 무대 매너 어느 것 하나도 버릴 것 없는 감동적인 무대였다.

그분을 다시 만난 건 두 번째 행사 때였다. 상품으로 받은 내 시집을 여러 사람이 돌아가며 읽고 있다며 고마움을 전했다. 시간이 꽤 흘렀음에도 기억해 주는 마음이 나 역시 고마웠다. 사는 곳은 다르지만, 문학으로 하나 되고 누군가 낭송해 준 시 한 편이 역병으로 인해 닫혔던 마음을 열어주었을 뿐 아니라, 인연이 되는 소중한 경험을 하게 되었다.

제577돌 한글날을 맞이하여 LA 한국문화원과 세종학당이 마련한 '2023 미주 온라인 시 낭송 대회' 심사위원을 맡게 되었다. 1차 심사를 부탁했을 때, 산더미처럼 쌓인 일이 눈에 밟혔다. 2차 심사를 맡으면 1차에서 올라온 사람만 심사하면 되니 부담이 적을 것 같았다. 동영상을 보고 채점표를 작성해 보내려면 시간이 빠듯해서 수강생들에게 양해를 구하고 휴강을 하였다. 동영상을 보면서 부담은 이내 행복으로 바뀌었다. 1차 심사를 맡게 된 것이 얼마나 감사했는지 모른다. 2차 심사를 맡았다면 참가자 전원의 시를 만나는 행운은 절대 누리지 못했을 테니까. 참가자 대부분은 외국인이었다. 한국인도 있었지만, 영어권이어서 한국어 구사가 유창하진 않았다. 외국인들이 이름만 대면 알만한 한국 대표 시인들의 시를 낭송하는데, 얼마나 잘하던지 심장이 쿵쿵 뛰었다. 혼자 크게 웃기도 했다. 한국 사람에게도 어려운 시를 읽고 이해하고 소화하여 자기만의 소리로 낭송하는데, 진심으로 감동했다.

헤드폰을 끼고 반복해 들었다. 배경 음악, 몸동작, 시선, 호흡, 소도구, 의상… 그 무엇 하나도 놓치지 않으려고 집중해서 보았다. 상과 상관없이 최선을 다한 그들의 무대에 기립박수를 보냈다. 한류의 물결을 타고 K-Drama, K-Pop, K-Food 등에 이어 이젠 K-문학도 함께 부상하는 것 같아 문인의 한 사람으로 기뻤다. 참가자 중 한 사람이 이번 대회를 준비하면서 한국 시의 아름다움을 알게 된 계기가 되었다고 말했다. 그렇게 공감하는 사람이 있다는 것만으로도 충분히 의미 있는 행사였다고 생각한다. 아무쪼록 행사 참여에 그치지 말고 계속해서 한국 시를 읽고 한국문화를 사랑했으면 하는 바람이다.

외국인의 낭송에 심히 가슴이 떨렸던 백석의 시를 읊어보았다.

"가난한 내가 아름다운 나타샤를 사랑해서 오늘 밤은 푹푹 눈이 나린다 … 눈은 푹푹 나리고 아름다운 나타샤는 나를 사랑하고 어데서 흰 당나귀도 오늘밤이 좋아서 응앙응앙 울 것이다…"

시가 있어 나의 가을은 행복할 것이다. 누군가의 가을도 그러했으면 좋겠다.

수필

남편을 부탁해

지인의 페이스북을 보다가 '똥차'라는 단어에 눈길이 멎었다. 그분이 올린 게시글에 의하면, 시아버지가 돌아가신 후 아버님이 타던 '다마스'를 가져와 남편이 타고 다니는데, 20년 넘게 탄 차여서 페인트가 벗겨지고 녹슬어 외관이 흉해졌다. 그녀는 똥차가 우아하게 사는 자기 이미지를 떨어뜨리는 것 같아서 싫었다. 긴 얘기 짧게 하자면, 똥차를 바꾸는 것보다 구두쇠 남편을 바꾸는 게 훨씬 빠를지 모른다는 내용이었다. 댓글 창에 의견이 분분했다. 아내의 입장에 공감하는 분이 많았다. 비슷한 경험을 해서인지 나는 부부의 양쪽 입장이 다 이해되었다.

우리 집에도 연식이 오래된 'Chevrolet Express Van'이 있다. 딸보다 한 살 어리니 22년째 남편과 생사고락을 함께하는 업무용 승합차다. 그 차를 왜 '깡통 밴'이라고 부르는지는 모르겠지만, 달릴 때 짐칸에서 깡통 흔들리는 것 같은 소리가 들려서가 아닐지 짐작해 볼 뿐이다. 남편은 깡통 밴, 나는 똥차라고 부른다. 비가 오나 눈이 오나 집 앞 도로변에 서서 제자리 지키는 모습을 보면 우직해 보이기도 하고 대견하기도 하다. 우박이 오면 승용차는 차고에 넣느라 바쁜데, 밴은 얼음덩어리를 맞든지 말든지 신경을 안 쓴다. 키가 작아서 차 뚜껑을 보진 못했지만, 아마도 곰보가 되었을 거다. 세월이 흐르니 우리 차도 페인트가 벗겨지고 검붉게 녹슬기 시작하더니 이내 몰골이 사나워졌다. 먹고살 만한데도 남편은 차를 바꾸거나 도색을 하지 않았다. 잘 굴러가는 짐차에 돈 쓸 이유가 없다고 생각하기 때문이다.

    어렵던 시절, 그 차를 $17,000에 샀다. 얼마나 든든했는지 모른다. 남편에게 그 차는 오랜 세월 생활전선에서 동고동락해 온 전우요, 가족과 직원을 먹여 살리는 데 일조한 공신이요, 돈을 벌게 해준 효자여서 애정이 남달랐다. 그 차가 없었다면 장사하기 힘들었을 거다. 지인들도 우리 밴 신세를 안진 사람이 없을 정도다. 이사할 때나 큰 짐을 옮길 때마다 차를 빌려 갔다. 남자들이 시쳇말로 부인은 빌려줘도 차는 안 빌려준다는데, 남편은 늘 차 키를 흔쾌히 내주었다.

    딸이 어릴 때, 교회 젊은 부부들과 호숫가에 놀러 간 적이 있다. 말이 호수지 강이나 다름없었다. 다른 가족들은 텐트를 가져와서 쳤는데 우리만 없었다. 밴 짐칸에 매트리스를 깔고 자면 된다고 생각했다. 고기 구워 저녁을 먹고, 장작불을 피워 불멍도 하고, 밴 옆면에 프로섹터를 쏘아 아이늘 영화도 보여주고, 별을 보며 이야기꽃을 피울 때까진 별문제가 없었다. 밤이 되니 기온이 뚝 떨어졌다. 늦가을인데도 담요를 덮어야 할 정도로 추웠다.
    모두 텐트에 들이긴 후 우리도 차 인으로 들어갔다. 찬 바람을 막아주니 호텔이 따로 없다며 흐뭇해했다. 잠이 설핏 들었다가 너무

수필

추워서 깼다. 몸이 얼어붙는 것 같았다. 깡통처럼 얇은 차 표면이 얼어 냉동고 역할을 했던 거다. 그때 알았다. 땅바닥에는 지열(地熱)이 있어 차 안보다 따뜻하다는 것을. 텐트에서 잔 사람들은 아침에 삼겹살을 굽고 남은 김치로 찌개까지 해 먹었다는데, 우린 캄캄한 새벽에 집으로 돌아왔다.

똑같은 일을 20년 하면 사람도 병이 날 판에 차라고 멀쩡할까. 천정에서 천이 내려앉고, 브레이크 베어링이 나가고, 범퍼가 망가지고 여기저기 고장이 나기 시작했다. 다행히 좋은 정비소를 찾아 저렴하게 고쳤다. 도색까지 해놓으니 새 차 같았다. 대수술하고 돌아와 제자리에 우뚝 서 있는 걸 보니 오랜 세월 고생만 시키고 도닥여주지 못한 게 짠하고 미안했다.

나 역시 녹슨 차가 꼴 보기 싫고 창피해서 궁상이 백단이라고 구시렁거렸다. 남편이 그 차를 버리지 못하는 데는 그만한 이유가 있다는 걸 모르는 게 아니었는데, 헤아려주기 싫었다. 남에게 부끄러운 짓을 해야 창피한 거지, 주어진 일 잘 해내는 효자 차가 왜 창피했을까. 시간이 갈수록 못난 생각이 부끄러웠다.

남편은 오늘도 손잡이를 손으로 뱅뱅 돌려야 창문이 열리는 똥차를 타고 일터에 나갔다. 그의 사고방식은 여전히 수동식이다. 어쩌면 그런 고지식함이 힘들었던 날들을 버티게 했는지도 모른다.

도와주는 사람 하나 없는 낯선 도시에 빈손으로 와서 우리는 하루도 쉬지 않고 일했다. 삶이 의지만으로 되는 게 아니어서 뿌리내리며 사는 게 쉽지 않았다. 일하는 것보다도 힘들었던 건 인간관계였다. 좋은 사람도 있었지만, 남을 이용하거나 자기의 필요를 채우려고 접근하거나 이간질을 일삼는 사람들이 이민 사회에 많다는 걸 몰랐다. 좋은 사람이라고 믿었던 이들에게 여러 번 뒤통수를 맞고 나서야 정신이 들었다. 마음 문 닫고 주저앉아 운다고 해결되는 건 없었다. 살려면 마음의 나사를 야무지게 조이고, 다시 일어서야 했다. 황소처럼 일만 시켜도 서운해하지 않고 우리 곁에서 효자 노릇을 해온 똥차가 새삼 고마웠다.

사람 마음이 간사해서 등 따습고 배부르면 지난날을 잊는다. 그러지 말아야지, 초심을 잃지 말고 감사하며 살아야겠다. 차는 부의 상징이 아니라 잘 굴러가면 되는 거다. 아무쪼록 우리 효자 차가 아프지 말고 남편 곁에 오래 있어 주었으면 좋겠다.

박인애

경희사이버대학교 미디어문예창작과 졸업. 『문예사조』 시부문, 『에세이문예』 수필부문, 『서울문학인』 소설부문 신인상. 달라스한인문학회 회장 역임, 한국문인협회 해외문학발전위원회 위원장, 미주한국문인협회 부회장 및 디카시분과위원장, 한국디카시인협회 텍사스지부장. 《LA한국일보》, 《KTN》 칼럼니스트. 문예지 편집국장. 수필 강사. 세계시문학상, 해외한국문학상, 정지용해외문학상 외 수상. 에세이집 『인애, 미법의 꽃을 만나다』. 시집 『말은 말을 삼키고 말은 말을 그리고』. 편역 6·25 전쟁수기집 『집으로』. 공저 『작가라는 이름으로』 외.

수필

김치병에 담긴 마음

백경혜

　가게에 물건이 들어와서 며칠간 바빴다.

　오랜만에 들여온 거라 양도 많았고 바뀐 계절에 맞춰 디스플레이도 손봐야 해서 할 일이 많았다. 페덱스 아저씨가 커다란 종이 박스 여러 개를 작은 가게에 쌓아놓고 갔다. 목장갑을 끼면서 박스를 쓱 훑어보았다. 십 년 전부터 거래해 온 운송 회사 차장님은 작은 공간도 남기지 않고 알차고 야무지게 물건을 채워 보낸다. 네모난 모서리가 둥글어질 만큼 뚱뚱한 박스의 배를 커터 칼로 가르니 내 자식 같은 물건들이 쏟아져 나오기 시작했다.

　물건 뭉치들은 여러 겹의 검정비닐에 싸여있고 하나하나가 제법 무거워서 요령껏 들어올려야 한다. 뭉치 몇 개를 꺼내고 난 빈 박스는 복도로 끌고 가서 접착용 셀로판테이프가 붙은 부분을 베고 납작하게 접어 구석에 쌓아두었다. 항공 운송용 박스라 두툼하고 무겁다. 물건을 들어 올려 꺼내고 박스를 정리하는 건 만만찮은 일이지만, 생각할 틈은 없었다. 꺼내놓은 물건에 달려들어야 하기 때문이다. 그다음은 물건 정리 삼매경에 빠졌다. '삼매경'이 '잡념을 버리고 한 가지 대상에만 정신을 집중하는 경지'라는 말이라면, 문자 그대로 그야말로 그 상태에 빠진 거였다.

일에 몰두하면 시간이 어찌 가는지, 배가 고픈지, 화장실에 가고 싶은지도 잊을 때가 많다. 물건을 세어 종류별로 선반에 올리고 손님을 상대하고 새 물건도 진열하다가 빈속이 아우성치면 그제야 시계를 들여다보곤 한다.

다른 일에도 비슷해서 해결할 문제가 생기면 딴생각을 잘 못한다. 나의 이런 면은 전투 중인 백혈구와 비슷하다. 백혈구는 침입한 바이러스, 곰팡이 같은 병원체를 찾아내 공격하고 먹어버린다. 한번 싸웠던 병원체를 기억해서 똑같은 놈이 들어오면 더 빠르고 강하게 대응한다. 허구한 날 "지금 공격하자!" 또는 "이제 진정하자!" 같은 신호를 보내며 사는 녀석인 것이다. 단세포 같은 나도 일에 매달려 초집중한다. 재발하는 일에 재빠르게 대응하지만, 생경한 일에는 패닉이 되기도 한다. 사는 게 뭐냐고 묻는다면, "밀려오는 문제들을 처리하며 세월을 보내는 것이다"라고 대답할지도 모른다.

타국에서 안 되는 언어로 쩔쩔매며 사니까 더 사나운 백혈구가 되었을 것이다. 혼자 힘으로 안 될 때는 영어 잘하는 자식에게 부탁 해놓고 초조하게 발을 구르며 독촉할 때가 많다. 아이들은 자주 "괜찮아. 이건 큰 문제가 아니에요"라고 말한다. 일이 다 해결될 때까지 전전긍긍 끙끙대는 엄마가 자식을 꽤나 귀찮게 하고 있다.

그런데 며칠 전 친구가 그렇게 질주하는 나를 잠시 멈춰 서게 했다. 친구는 종이 가방 하나를 내밀었다. 수줍게 웃으며 내민 가방

안에는 작은 플라스틱병에 담긴 김치가 있었다. 평소에 음식을 잘 안 해 먹는 친구에게서 그런 선물을 받은 게 의외였지만, 모처럼 담근 김치를 나눠 먹고 싶었나보다 하고 고맙게 들고 왔다. 김치가 김치냉장고 안에서 맛있게 발효되고 평소처럼 할 일을 하나씩 해치우던 어느 날 다시 만난 친구가 놀라운 말을 했다. 어느 마트에 갔더니 큰 배추들 사이에 조그마한 배추 하나가 눈에 띄더란다. 그 배추를 보니 내가 떠올랐고 그걸로 김치를 만들어 주고 싶은 마음이 들더라고. 많은 배추로 담근 김치 중 일부를 나눠준 게 아니었다. 배추 한 포기만 사서 한 사람을 위해 담근 특별한 선물이었다.

무어라 할 수 없는 감동이 몰려왔는데, 말없이 눈만 껌뻑였다. 그 정성을 떠올렸다. 나라면 그렇게 할 수 있었을까. 친구는 김치를 담그는 동안 나를 생각했을 것이다. 솜씨가 좋아서도 아니고 익숙한 일도 아니었지만, 주고 싶은 마음으로 담갔다고 했다. 그는 하나님을 섬기고 주변 사람들을 실질적으로 조용히 도와주는 사람이다. 그 친구는 말로 때우는 사람이 아니다. 상대의 필요한 것을 채워주는 것이 기쁘다면 사랑하는 것이다. 돌려받을 것을 계산하지 않는다면 진짜다. 사랑은 정말 주는 것인 모양이다. 전쟁같이 산다 해도, 기껏 나와 내 가족 일에만 열심을 내는 나에게 친구는 잠시 멈추어 서서 주변도 돌아보며 살라고 말없이 가르쳐 주었다.

근래에 끊었던 라면을 일부러 다시 샀다. 하루 종일 물건을 정리하느라 허기진 심신을 달래려 라면을 끓였다. 사실 친구 김치가 먹고 싶었다. 김치는 역시 라면과 먹어야 하지 않겠는가. 계란까지 하나 풀어 넣은 라면에서 김이 모락모락 피어오를 때 김치병을 열었다. 몇 번 안 담가봤다는 말이 무색하게 김치는 정말 깨끗하고 먹음직스러웠다. 서툰 솜씨로 두툼하게 썰린 무채가 사랑스럽게 보였다. 김치는 눈물 나게 맛있었다. 오래오래 아껴먹을 것이다.

여전히 나는 밀려드는 문제들을 상대하느라 앞만 바라보며 살지만, 뒤꼭지 어딘가에서 속삭이는 마음의 소리를 듣기 시작했다.

"문제들에 붙들려 살지 마. 그건 아이들 말처럼 큰 의미가 없을지도 몰라. 대신 네 친구처럼 가끔 주변 사람에게 무엇이 필요한지 알아봐. 말로 때우지 말고, 국밥 한 그릇, 커피 한 잔이라도 사며 그들과 함께해. 그게 배운 대로 사는 길이야."

수필

육개장 한 그릇

아버지 1주기가 다가온다.

겨울도 봄도 아닌 2월, 때아닌 따스한 햇살이 우리 가족의 등을 토닥여주던 날, 가족묘 큰아버지 곁에 아버지를 모셔다드리고 돌아왔다. 아버지는 뇌경색으로 삼 년간 거동이 불편했지만, 주간보호센터에도 다니며 그럭저럭 지내셨는데 목욕탕에서 넘어져 고관절이 부러지면서부터 자리보전을 하셨고 삼 개월간 요양원과 병원을 오가며 고생하다 돌아가셨다.

어린 시절을 만주에서 보냈던 아버지가 서울까지 내려오게 된 여정이 어떠했는지 나는 알지 못한다. 가난했을 아버지는 갖은 고생을 하며 학교에 다니고 군복무를 마친 후 어렵사리 가정을 꾸리게 되었을 것이다. 아버지는 말수가 적은 편이었고, 엄격하셨다. 그 인생을 세세히 알지 못해도, 가족 부양하는 틈틈이 삶을 즐기다 가셨다는 건 알고 있다. 젊어서는 주말마다 낚시하러 다녔고, 운신이 어려워지기 전까지도 즐거운 일을 찾으며 친구와 어울려 산에 다니셨다.

보행 보조기를 밀고 다니며 집에만 계실 때, 어머니는 아버지를 잘 보살펴 드렸다. 몇 년 전 한국에 들어가 친정에 갔을 때 어머니가 맛깔스러운 반찬 여럿을 밥상에 올린 것을 보고 장난삼아 "아버지는 내가 와서 좋겠다. 내 덕분에 이런 진수성찬을 받으니까. 좀 더 자주 올까요?" 했더니 "으흥! 너 없어도 나는 원래 매일 이렇게 먹고 사는데…" 하셨더랬다. 젊어서는 친구들과 그렇게 밖으로만 돌아다니더니 늙어서 나를 이렇게 힘들게 한다고 어머니가 지청구를 주어도 되레 큰소리치며 당당하셨다. 거동이 어려워진 남편을 돌보느라 어머니가 고생을 많이 하셨다. 돌아가시기 삼 개월 전, 누워계신 아버지를 팔순 노모가 일으킬 수 없는 지경이 되었을 때 우리 가족은 아버지를 요양원으로 모셨다. 어머니는 매일 눈물을 펑펑 쏟으며 애달파 하셨다.

장례식을 마치고 아버지를 장지로 모시던 날, 우리 가족은 어머니를 모시고 상조회사에서 준비한 버스에 올랐다. 장지로 향하는 길에서 우리는 모두 침묵했다. 여윈 얼굴로 숨 가빠하던 아버지의 마지막 모습이 우리 가슴 어디쯤 걸려있었을 것이다. 장지까지 가는 길이 멀어 중간에 고속도로 휴게소에 들러 점심을 먹기로 했다. 조카가 무인 단말기에서 음식을 주문했다. 잠시 후 주문한 음식이 하나씩 나오기 시작했다. 돈가스, 제육볶음, 오징어볶음, 유부 국수…. 가게 창구 위에 주문 번호가 뜰 때마다 동생이 음식을 날라왔다. 마침내 모두 주문한 음식을 받았는데, 음식이 하나 남아있었다. 우리 것이 아닌가 하여 영수증의 주문 번호를 확인해도 우리 음식이 맞았다. 주인 없이 남은 음식은 육개장이었다.

조카는 그것을 주문한 적이 없다며 육개장이 메뉴에 있는 줄도 몰랐다고 했다. 젊고 똑똑한 조카가 실수한 것 같지는 않았다. 그리고 하필 육개장이라니. 사흘 내내 장례식장에서 먹었던 것을 한 번 더 먹고 싶어 한 사람은 아무도 없었다. 아니, 생각해 보면 먹고 싶어 할 수 있는 사람이 하나 있었다. 우리는 일제히 주인 없는 그 육개장을 바라보았다. 조카가 말했다.

"할아버지가 시켰나 봐!"

아버지가 이제라도 육개장 한 그릇을 드시게 되었다면 분명 기쁜 일이었다. 아마도 우리는 아버지가 고사리와 쇠고기를 건져 드시고 남은 국물을 들이켜는 상상을 했을 것이다. 우리 얼굴에 드리웠던 그림자가 조금씩 물러나고 있었다.

누워만 계시니 근육이 퇴화했고 음식도 점점 잘 삼키지 못하셨다. 폐렴으로 병원에 거듭 입원했지만, 심각한 질병은 없어서 "아픈 데가 하나도 없는데, 왜 병원에 있는 거냐?"라며 퇴원을 재촉했어도 돌아가시기 얼마 전부터는 적은 양의 음식도 거의 드시지 못했다.

어쩌면 돌아가신 아버지는 한동안 우리 곁에 머물러 계셨는지도 모른다. 우리가 장례식장에서 아버지를 추모하고, 손님을 맞고, 육개장 먹는 모습을 지켜보셨는지도 모른다. 그리고 함께 버스에 올라 우리를 바라보셨을지도 모른다. 승화원에서 내어준 따뜻한 분골 용기를 받아 든 장남을, 눈물 자국이 말라붙은 채 버스 등받이에 기대앉은 두 딸의 얼굴을, 지아비를 잃고 망연히 앉아 있는 어머니의 텅 빈 눈동자를 오래오래 바라보셨을지도 모른다. 그리고 그토록 드시고 싶던 뜨끈한 육개장 한 그릇을 깨끗하게 비우셨을 것이다.

가족 납골묘에 도착하여 아버지를 봉안한 후 고개 숙여 아버지의 안식을 빌었다. 몇 줄기 바람이 머리카락을 만지고 지나갔다. 며칠이 지난 뒤 형부가 말했다. 우리가 머리 숙여 영면을 기원할 때 봉분 위로 밝은 빛줄기가 하늘로 뻗어 올라가는 모습을 보았다고. 과묵하고 지혜로워 평소에도 가족이 의지하는 우리 형부는 평안히 하늘로 오르는 아버지의 마지막 모습을 보았나 보다.

나는 믿는다. 참혹하게 여윈 그 마지막 모습을 두고두고 애달파할 우리를 위해 아버지가 손수 육개장을 시키셨다고. 그리고 "나 이렇게 한 그릇 자알 먹고 간다" 위로한 후 새처럼 가볍게 떠나신 거라고.

언젠가 내가 떠나가는 날에 나를 마중 나오신 아버지를 만나면 웃으며 그날 일을 꼭 여쭈어볼 것이다.

백경혜

계간 『에세이문예』 수필부문 신인상, 재외동포문학상 수필부문 수상. KTN 칼럼니스트. 달라스한인문학회 회원. 수필집 『작가라는 이름으로』(공저).

맛을 봐야 맛을 알지

서경희

　세월이 흘러도 "맛베기"라는 말이 귀에 들려오면 먼저 떠오르는 기억은 우리 시골 마을 엿장수다. 길게 늘인 엿가락을 손수레에 싣고 엿판만큼이나 넓은 가위를 찰각거리며 "엿 사려"를 외치던 장면이다. 간식거리가 귀하던 시절이라 가끔 동네 어귀에 엿장수가 나타나면 아이들은 신바람이 났다. 떨어진 고무신, 쭈그러진 양재기, 어른들이 마시고 버린 소주병을 들고 달려가서 엿장수 아저씨 주위에 빙 둘러섰다. 그 시절 그분은 우리에게 왕 같은 존재였다. 집안에 못 쓰는 물건조차 없는 아이들도 달달한 엿이 만들어낼 군침을 미리 삼키며 달려왔다. 맛베기가 무엇인지 알고 있는 아이들이다. 동네 꼬맹이들이 다 모였을 성싶으면 찰각거리던 가위소리는 멈추고 그 큼직한 가위는 엿 떼는 도구로 변했다. 엿장수가 건네준 새끼손가락 마디 같은 맛베기 엿을 오물거리면서 아이들은 엿 고르기를 시작한다. 들고 온 물건의 가격은 엿장수 맘대로의 계산법이었다. 그래도 누구 하나 불평 없이 손에 쥐어진 엿 크기에 만족했던 것 같다. 지금 생각하면 그 맛베기는 어린 우리를 홀렸던 엿장수 나름의 상술이었나 싶다. 물론 시골 인심이 후하던 시절이라 순수한 선심이 담긴 엿 한가락일 수도 있었겠지만 조금 후 동네 골목을 돌며 어른들을 상대로 이루어질 고가품 물물 교환을 위한 전략도 마음에 두었을 것이다.

나이가 들어 갈수록 옛것에 대한 그리움이 더해간다. 특히 잊어져 가는 우리말에 관한 부분은 아쉬움으로 남는다. 시대의 변천에 따라 자연스레 쓸모가 없어져 버린 언어들이라 누구를 탓할 수도 없는 것이다. 시골 태생인 나도 어떤 단어들은 생소하게 들릴 때가 있으니 말이다. 눈 쌓인 올 정월에 아들네 가족과 함께 혼자 살고 계시는 친정엄마를 뵈러 시골로 내려갔다. 아들에게는 외할머니요, 손녀들에게는 증조 외할머니가 되시는 우리 엄마는 주름진 얼굴에 함박웃음을 띠며 미리 준비해 놓은 봉투를 미국에서 온 딸네 가족 한 사람 한 사람에게 건네주셨다. 우리 손녀들은 세종대왕이 그려진 한국 돈을 처음 보았을 것이다. 눈 덮인 친정아버지 묘에 들러 기념사진도 찍고, 동네 한 가운데 우뚝 서 있는 교회에 가서 예배도 드리고 왔다. 아이들에게 좋은 추억으로 남을 것이다.

미국으로 돌아갈 일정 때문에 하룻밤 머물고 떠나는 아들네 가족을 보내고 부모님의 손때가 묻어 있는 집 안팎을 후루룩 둘러보았다. 한참 호기심이 많은 손녀들이 "할머니 이것은 뭐예요" 하고 물어보았을 물건들이 많았다. 펌프 물을 끌어올리는 우물은 반세기가 넘도록 그 자리를 지키고 있고, 빨간 생고추와 마늘을 갈아 넣은 맛깔스러운 김치를 담그던 설구봉은 장녹대 위에 눈비 맞으며 동그마니 놓여 있었다. 뼈를 푹 고아서 만든 곰국을 도회지에 사는 자식들에게 보냈던 가마솥 두 개는 장작불 피웠던 흔적을 안은 채 아궁이를 벌리고 나란히 앉아 있었다. 기회가 주어진다면 잊히고 사라져가는 손때 묻은 물건들의 이름을 되살려 짤막한 수필을 쓰고 싶다. 우리 손녀들이 앙증맞게 만든 할머니의 핸드북에서 한국의 옛 정서를 배우고 느꼈으면 하는 욕심도 생겼다.

세간에 이름이 알려진 사람이 호객 행위에 끌리어 유명한 명품 가게에 들어갔다는 웃지 못할 일로 신문에 오르내리는 것을 본 적 있다. 호객이란 손님을 부른다는 뜻인데, 그런 의미에서 옛적 우리 동네 엿장수의 맛베기 작전은 호객 행위의 진수를 보여준 것이 아닐까. 찰칵거리는 가위 소리 하나로 자신의 존재를 알렸으니 말이다. 아이러니하게 올망졸망한 우리 세 손녀가 시골 외중조할머니 뵈러 가는 길에 맛베기 엿장수를 만났다. 정확한 상호는 생각나지 않는데 "그 시절 그 맛"이었던 것 같다. 우리나라 전통 엿 원료인 곡물 대신에 여러 과일로 만든 즉석 엿이었다. 의외로 아이들이 인심 좋아 보이는 아주머니가 건네는 쫄깃한 맛베기 엿을 이것저것 먹으며 즐거워하였다. 약간 굳은 엿을 전자레인지에 살짝 돌려주면 엿 풍미가 괜찮아서 우리 며느리는 서울 친정 부모님 드린다고 두세 박스를 고르고, 나는 미국에 가져오려고 샀다가 짐 때문에 시골에 그냥 두고 왔다. 아마도 엄마는 이 신식 엿을 마을 회관에서 어른들과 나누었을 것이다. 후일 우리 손녀들이 목포역 대합실 의자에 앉아 맛뵈기 엿 먹던 일을 기억할지 모르겠다. 참고로 그곳은 엿을 낱개로는 팔지 않고 고급스러워 보이는 선물용 박스만 팔았다. 대신에 맛베기는 눈치 안 보고 먹을 수 있는데 뒤통수가 부끄러워 어찌 빈손으로 돌아서겠는가, 고객의 마음을 사로잡는 애교 넘친 호객 행위였다.

나는 엿장수가 팔러 다니는 딱딱한 엿보다는 겨울이면 집에서 만든 물엿을 좋아했다. 해소 기침을 하던 아버지를 위하여 친정엄마는 농한기인 겨울이 오면 한 아름 크기의 누런 호박으로 엿을 고았다. 기관지가 약해서 찬바람이 불면 콜록거리시던 기침이 어느 해부터 사라진 것은, 어머니의 정성이 담긴 호박엿 때문이었다고 두 분은 믿었다. 나도 그렇게 믿는지 해소 기침으로 고생하는 사람들을 보면 호박엿 민간요법을 권하곤 한다. 그런데 우리 엄마는 약효가 떨어질까 싶어서인지 호박 물엿은 우리에게 맛베기도 주시지 않았었다. 그 대신 내가 좋아하는 쑥떡을 푹 담갔다 먹는, 좁쌀밥으로 만든 조청은 깊은 광속에 숨기지 않으셨다. 아! 지금 먹어도 그 맛일까?

코로나바이러스가 창궐하던 해, 봄에 맛베기 형식을 띤 글 두세 편을 문학회에 올린 적이 있다. 복에 관한 성경 말씀을 토대로 묵상했던 내용이었다. 종교적인 냄새가 풍기지 않는 글이라는 평에 힘입어 그해 겨울에는 백 편의 글이 모아져 두툼한 책으로 엮어졌다. 실은 이번에도 신앙 에세이를 선보이고 싶었는데 어찌하다 보니 맛베기 엿 타령에서 멈추게 되었다. 엄마가 아버지를 위해 숨겨놓으시던 늙은 호박 물엿처럼 약으로 신하게 쓰일 곳이 있기를 바란다.

* 맛베기는 방언으로 표준어는 맛보기다.

수필

사진첩을 넘기며

"사진은 기억보다 더 오래 지속된다."

여드레 동안의 여행길에서 돌아와 여독이 풀리기 전에 했던 일이 사진에 관한 공부였다. 실패하지 않는 다음 여행 준비를 위함이다. 인사치레로 휴가 안부를 묻는 이들에게 마냥 좋았던 날들이었다고 말하기에는 마음 켕기는 일이 있었던 일정이었기 때문이다. 가족여행에서는 아예 염려거리가 될 수 없었던 스냅사진 찍는 일이 그 원인이었다. 여행 가이드가 일러주는 유명 인증샷 장소에 다다르면 사진 찍는 이들로 북적거렸다. 관광명소를 배경으로 실제 자신보다 멋있어 보이는 사진을 추억으로 남기려고 열심히들 카메라 셔터를 누르고 있었다. 우리도 그 분위기에 어울렸다. 그런데 어쩌랴! 사진을 찍는 사람은 사진에 찍히는 사람에게 아무런 책임도 지지 않는다는데 난 그렇지 못했다. "오늘은 몇 장이나 건졌을까요?" 호텔로 돌아와 가벼운 농담으로 하루하루 마무리는 잘하였으나 어느 날부터 책임감 비슷한 부담스러운 감정이 생겼다. 늘 찍히는 대상이었지 찍어주는 사람이 아니었던 나의 사진 실력이 실컷 즐겨야 할 시간을 감소시켰다.

누군가는 그랬다. 여행은 마음이 다시 젊어지는 시간이라고! 확실히 그렇다. 여행지에서 만났던 어느 노신사 부부는 여행은 중독성이 있어서 집에 돌아가면 다녀온 곳을 회상하고, 다음에 갈 곳 계획하느라, 나이도 잊고 산다고 하셨다. 나도 갑자기 버킷 리스트에 밑줄을 그어 순번을 더해가고 있다. 이루어질지도 모르는 꿈을 마음에 품는 것만으로 젊어지는 느낌이다. 미국의 유명한 사진작가 언셀 애덤스(Ansel Adams)는 자신의 삶이 요세미티 시에라의 지구의 제스처에 의해 채색되고 변화되었다고 이야기했다. 그는 떠오르는 해를 동쪽 방향에서 찍기 위해 4일을 기다린 후 5일째 되는 새벽에 그의 대표작 〈겨울 일출(Winter sunrise)〉을 찍을 수 있었다고 한다. 후일 애덤스는 이 사진을 설명하면서 "신이 누군가가 와서 카메라 셔터 누르기를 바라는 순간에 자신이 그 장소에 간 것 같다"라고 했다. 그의 나이 열넷 되던 해에 선물로 받았던 코닥 박스형 카메라를 들고 부모와 함께 요세미티로 여행 갔던 일이 그의 운명이 된 것이다.

사진 찍는 기교를 배우기 전에 익히 알고 있는 상식에 속한 사진의 정의가 "명언"이란 단어로 나를 매료시켰다. 그중 몇 가지를 나눠보자. 사진은 이 세상의 크기를 마음대로 가지고 놀 수 있는 위력이 있으며, 도덕적 한계와 사회적 금기를 넘나들 수 있게 해주는 일종의 여권이다. 사진은 한순간을 간직할 수 있는 매체이며, 과거를 현재로 불러와 우리가 잊었던 순간들을 다시 경험할 수 있게 해준다. 누구나 쉽게 수긍할 수 있는 어록들이다.

누렇게 색이 바랜 신문 사진첩을 들추다가 과거를 현재로 불러와 잊었던 순간들을 다시 경험하는 시간을 보냈다. 기억의 회로는 신문보다 십여 년 전으로 거스르며 올라간다. 거기에 출발점이 있기 때문이다. 미국 정통 사진의 대가라 불리는 애덤스의 사진작가로서 삶이 요세미티 시에라의 지구의 제스처에 의해 영향을 받았다면, 나의 글쓰기 삶은 신의 긍휼함이 묻어 있는 기다림의 영향을 받았노라 말하고 싶다. 생명 연장을 위해 기도하던 간절함의 답은 글을 쓰라는 울림으로 되돌아왔다. 그로부터 십 년이 지난 후 달라스한인문학회의『달라스문학』창간호부터 미약한 나의 글도 실리기 시작하였다. 남편의 담당 의사가 말했던 이생(李生)을 단 하루의 연장(延長)도 허락하지 않으셨음에 서운하여 무수한 밤을 홀로 지낸 후에 주어진 선물이었다.

이스라엘의 시조가 된 야곱은 처가살이 이십 년을 마무리하면서 이런 고백을 한다. "내가 내 지팡이만 가지고 이 요단을 건넜더니 지금은 두 떼나 이루었나이다." 야곱이 소유했던 두 떼는 손에 쥐었던 막대기 한 개와 비교하면 헤아릴 수 없이 많은 것들이었다. 그 중에 소멸하지 않고 길이 남을 족적은 하나님과 사람으로 겨루어 이김으로 얻은 이스라엘이라는 무형의 이름일 것이다. 올해로『달라스문학』제20호를 맞는 감회가 남다르다. 나에게 있어서 달라스한인문학회에 이십 년 몸담아 이룬 떼는 무엇일까? 기억의 사진첩을 되돌려 보니 유형, 무형의 순수한 사진들이 겹겹이 쌓인다. 성경 말씀을 토대로 삼아 교회 게시판에 올렸던 글과『달라스문학』에 실렸던 글을 모아 펴냈던 세 권의 묵상 에세이집이 눈에 보인 한 떼

라면, 시간이 흘러도 과거를 현재로 불러와서 옛일을 회상할 수 있는 달라스한인문학회 회원이었다는 무형의 사진첩이 또 하나의 떼이룸이 아닐까 생각해본다.

십 년 단위의 순이 일곱 번 반복되어 붙여졌다는 칠순을 앞두고 겸사겸사 다녀왔던 여행, 되새김하는 재미가 쏠쏠하다. 7박 8일 동안 세 번의 기회가 있었던 유람선에서는 물보라에 휘날리는 포즈로 여느 연예인 못지않은 멋진 사진도 몇 장 건졌다. 물론 함께 여행한 박 양이 젊은 감각의 솜씨를 발휘했기 때문이다. 다음 여행은 성능 좋은 카메라를 준비하든가 셀프 사진을 찍자고 서로 의견을 모으는 중이다. 먼 미래의 어느 날 오늘이라는 과거를 불러내어 옛일을 회상할 때 만족할 수 있도록 사진 기술을 어서어서 배워야 할 것 같다. 멋있게 찍히는 것도 기분 좋은 일이지만 혼신 다해 피사체에 앵글을 맞추는 사진가들처럼 정성 들여 찍으려는 노력도 상대방에 대한 배려일 것이다.

"사진은 기억을 가진 거울이기 때문에."

서경희

계간 『에세이문예』 수필 등단. 달라스한인문학회 회원. 묵상 에세이 『믿음』(2015), 신앙 에세이 『소망』(2017), 신앙 에세이 『사랑』(2020) 출간.

향기로 남은 언니

오명자

　만물이 소생하는 계절이 돌아왔다. 잠자던 새싹이 땅을 밀치고 돋아나 희망의 봄을 알리는 3월의 마지막 날이다. 1년 전, 만우절을 하루 앞두고 언니는 마치 거짓말처럼 홀연히 세상을 떠났다. 오늘이 기일이다. 언니를 보낸 후 단 하루도 잊은 날이 없다. 세월이 약이라는데, 나는 그 약이 듣지 않았다. 나이 탓일까. 명치 끝에 걸린 그리움이 쉽게 내려가지 않았다. "젊은이는 희망에 살고, 노인은 추억에 산다"라던 프랑스 속담이 절절하게 와닿는다.

　40대 후반이었던 아버지를 여읜 우리 다섯 남매는 맏언니를 중심으로 뭉쳤다. 동기간의 우애도 특별히 돈독하였다. 언니의 희생이 큰 힘이 되었다. 자신의 딸 둘을 키우면서도, 동생 넷을 친자식처럼 사랑하고 물질도 아낌없이 내어주며 보살펴주었던 언니가 그립고 보고 싶다. 참다못해 언니 사진을 꺼내 바라보며 몇 마디 건넸다. 흐르는 눈물을 멈출 수가 없었다. 미국에 사는 이민자들의 생활이 힘들고 고단하다는 것을 아는 언니는 나를 안쓰러워하며 한국에 돌아가서 살자고 했지만, 그러지 못했다. 너무 힘들게 살지 말고 밥 잘 챙겨 먹으라던 음성이 아직도 귓가를 맴돈다.

　정적을 깨고 전화벨이 요란하게 울렸다.

"누나, 저예요. 저…지금 집에 계시죠?"

엘에이 사는 막냇동생인가 했는데, 뜻밖에 큰외삼촌의 아들이자 내 사촌 동생이었다.

"오늘 큰누나 기일이지요? 잠시 후에 잠깐 들를게요."

바로 대꾸를 못 하고 횡설수설하다가 전화가 끊어졌다. 울어서 부은 모습을 보여줄 수 없으니 얼른 씻고 추슬러야겠다는 생각을 끝낼 새도 없이 사촌 동생이 들이닥쳤다.

일흔 살 초반인 사촌 동생은 미국 동부의 음악대학에서 교수로 재직하다가 정년퇴직을 한 후 달라스로 이사 온 지 일 년 가까이 되었다. 요즘도 심포니 오케스트라의 지휘자로 초청받거나 심사위원 자격으로 해외에 나가곤 한다. 얼마 전에는 멕시코에 있는 대학에서 지휘자로 초청받기도 했다.

나와는 나이 차가 십 년인데도 소통이 잘 된다. 신앙관이 확실하고 삶에 대한 철학도 분명해서 때론 존경스럽다. 여섯 남매의 장남이라 그런지 나이보다 어른스럽다. 항상 누나 있는 친구들이 부러웠단다. 우리 집에 잠시 다녀갈 때도 뭐든 도와주려고 애쓰는 착한 성품을 지녔다. 법원 통역도 많이 해보았다며 누나 주위에 어려운 분 있으면 무보수로 도와주겠다고 하니 인간성 또한 나무랄 데가 없다.

사촌 동생은 무거운 쇠솥을 나무 받침 위에 올려 들고 왔다. 뜨거웠는지 두꺼운 장갑을 끼고 있었다. 솥 안에는 카레라이스가 한가득 들어 있었다. 올게닉 채소로 직접 만들었는데, 생긴 건 이래도 영양가 많고, 특히 노인에게 아주 좋은 음식이라며 누나와 같이 먹으려고 가져왔으니, 매형도 함께 드시자고 했다. '안 교수' 표는 특별한 카레 라이스라고 한마디 해주었다. 카레에는 한입에 먹기에는 힘든 큼직한 크기의 브로콜리와 당근, 감자, 고기 등이 들어있었다. 카레 향이 슬픔 가득했던 집안을 포근히 감싸주었다. 그 음식이 내게 전해준 것은 단지 맛이 아니었다. 식당에서 만나도 되고 배달 음식도 있는데, 손수 카레를 만들고 식을까 봐 무거운 솥을 들고 우리 집에 와준 마음과 정성이 감동스럽고 고마웠다.

함께 밥을 먹고 우리는 언니 이야기를 많이 나눴다. 사촌 동생이 대학 시절, 등록금을 못 내 휴학하려고 할 때 언니가 등록금을 내준 덕에 졸업할 수 있었다고 하면서 그 은혜를 잊을 수 없다고 했다. 세상에는 은혜를 받고도 외면하는 이들이 많다. 오죽하면 "머리 검은 짐승은 거두는 게 아니다"라는 속담이 생겼을까. 감사는커녕 은혜를 배신으로 갚는 경우도 허다하다. "원수는 물에 새기고, 은혜는 돌에 새기라"고 했다. 결혼해서 55년 넘도록 살았음에도 불구하고 나는 남편이 끓여준 라면조차 먹어본 기억이 없다. 그래서 사촌 동생이 해다 준 카레 라이스가 큰 감동으로 다가왔을 것이다.

언니 생각에 종일 먹지도 않고 슬픔과 허기로 보냈을 하루를 사촌 동생 덕분에 위로받았으니, 언니의 첫 기일은 좋은 기억으로 남을 것 같다. 나를 위로해 준 따뜻한 마음을 본받아 나도 슬픔과 실의에 빠진 이들에게 또 다른 카레 라이스의 역사를 만들어가야겠다. 음식 한 그릇에 정성과 따뜻한 말 한마디를 담아 배달하면 받는 이에게 감동과 위로가 되지 않을까. 그런 마음이 모이면 세상은 좀 더 밝고 행복해질 것이다.

수필

남미 여행

고대 철학자 성 아우구스티누스는 "여행하지 않는 사람은 세상이라는 책을 한 페이지만 읽은 셈이다"라는 명언을 남겼다. 여행이란 또 다른 삶의 도전이 아닌가. 여행은 언제나 내 마음을 요동치게 한다. 마치 초등학교 때 소풍 가기 전날의 긴장과 설렘으로 잠 못 이루었던 시간처럼 지금도 같은 마음이다. 그런 동심은 세월이 흘러도 변하지 않는 것 같다.

여행할 때마다 색다른 경험을 하게 된다. 때론 힘들고, 예기치 못한 어려운 순간을 맞게 될 때도 있다. 여행하면서 대인관계나 상황에 후회할 때가 전혀 없는 건 아니지만, 그 또한 삶의 교훈이 된다. 우리의 생 전체가 여행이고, 여행자인 것 같다. 보고 느끼고 깨닫는 과정에서 우리의 삶이 성숙해지고 성장하기 때문이다.

오래전부터 계획했던 남미 여행이 팬데믹으로 멈추었다가 드디어 기회가 왔다. 40여 년간 파라과이 선교사로 사역하신 분의 도움으로 파라과이, 아르헨티나, 브라질을 여행할 수 있었다. 유럽이나 아시아 여행은 나름대로 상식이 있지만 남미는 멕시코 외엔 전혀 가본 경험이 없어 호기심이 컸다. 단기 선교를 갔던 경험자들의 조언과 현지에서 생활하다가 미국으로 이주해 온 친지의 경험담이 많은 도움이 되었다.

조언 중에 한가지 공통점은 여행할 때 쓰는 비용은 미국 달러나 크레딧 카드만 필요하다고 했는데 내 경우에는 현지 돈을 사용할 때가 종종 있어 어려움이 많았다. 아르헨티나에서는 자국의 돈보다 달러를 선호했고 달러를 지불할 때는 혜택도 받았다. 한편, 브라질에서는 달러보다 자국의 돈 "헤알"을 요구하는 상점도 많았다. 3개국 화폐를 조금씩 환전해서 갖고 있었다. 화폐를 쓰면서 느꼈던 것은 나라마다 그 나라의 국력이 화폐에 그대로 반영되는 것 같았다.

파라과이 선교사의 안내로 선교지를 방문해 보니, 40여 년 동안 그들이 눈물, 피, 땀으로 이루어낸 흔적들은 노벨 수상감이었다. 자국의 통치자 대통령과 정부가 하지 못한 일들을 한국인이 할 수 있었다는 사실이 얼마나 대단한 일인지 감탄이 저절로 나왔다.

그것은 파라과이 새마을 운동이었다. 첫째로는 영적으로 깨어 있는 선교 사역이요, 다음은 그들의 의·식·주를 해결해 주었던 일이다. 30대 중반에 파송되어 70대 중반이 되기까지 오로지 정열과 희생으로 원주민들의 삶을 발전시킨 모든 사역의 열매를 볼 수 있었다.

한가지 전문 분야에서 희생하고 봉사하는 사람들은 쉽게 찾아볼 수 있지만, 선교사님처럼 학교나 병원을 세우고 전기도 불도 없는 곳에서 자연인으로 살고 있는 원주민에게 수도 시설, 목욕탕까지 만들어주는 것은 쉬운 일이 아니다. 그럼에도 모든 것이 하나님의 은혜라고 말씀하시는 겸손함에 울컥 눈물이 솟았다. 파라과이 역사에 길이 남는 선교사로 기록될 거라고 믿어 의심치 않는다.

　선교지 방문 후, 아르헨티나와 브라질에 있는 이구아수 폭포(일명 악마의 목구멍)를 관광했다. 아르헨티나에서 보는 이구아수 폭포보다 브라질에서 보는 폭포가 크기와 규모에 있어서 더 웅장했다. 매스컴을 통해 보긴 했지만, 언어로 표현하기에는 부족할 만큼 장관 그 자체였다. 누군가 내게 어떻더냐고 묻는다면, 그냥 가보시라는 말 외엔 더 할 말이 없다.
　사자성어에 "신묘막측"이란 표현이 있다. 엄위하고 기이하며 비상하여 감히 헤아릴 수 없을 정도로 묘하다는 뜻이다. 폭포에서 튀는 물방울만도 못한 인간이 감히 창조주가 있다, 없다 논하겠는가. 한국에서 관광 온 한 남성이 이구아수 폭포는 죽기 전에 꼭 보아야 한다면서 오랫동안 벼르다가 갔는데, 폭포를 보고 현장에서 심장마비로 세상을 떠났다고 조심해서 갔다 오라던 말이 생각났다. 진담일 수도 있을 것 같았다.

　이구아수 폭포를 보고는 리우데자네이루에 있는 구원의 예수상(구세주 그리스도상)을 보았다. 거대 예수상은 높이 30m, 대좌 8m, 양팔 길이 28m인 웅장한 석상이다. 자유의 여신상이 뉴욕을 상징하고, 에펠탑이 파리를 상징한다면 예수 석상은 리우데자네이루를 상징하는 랜드마크이며 브라질 전체의 랜드마크이기도 하다.
　브라질이 포르투갈로부터 독립한 지 100주년을 축하하는 기념물로 세워졌다고 한다. 세계에서 가톨릭 신자가 가장 많은 나라라는 게 이해가 된다. 지금까지 보아온 조각품 중에 제일 큰 것 같다.

마음을 가다듬고 두 손 모아 기도했다. 인생의 험난한 여정을 지금까지 지켜주신 주님의 은혜를 생각하니 눈물이 났다. 여생도 책임져주실 주님께 영광과 찬양을 드리며 달라스로 향하는 발걸음이 한결 가벼웠다.

이번 남미의 세 나라 여행은 여러모로 삶의 도전이 되었고, 잊을 수 없는 추억으로 남는 보람된 여행이었다.

오명자

서울 출생. 한양공대 섬유공학과 졸업. 전직 중고등학교 교사. 달라스한인문학회 회원.

수필

내가 나를 마주하는 방법

이경철

새벽녘에 이슬비라도 내렸던 걸까.

길가에 길게 자란 들풀 끝에 맺힌 아침 이슬이 내 종아리를 적셨다. 간지러웠다. 마치 내게 무슨 말을 하고 싶어 알은척하는 것 같아 귀를 기울였다.

"나를 만나서 반갑다고? 그래, 나도 반가워."

어둠이 희미하게 걷힌 이른 아침에 인적 드문 거리를 혼자 걷는 게 참 좋다. 이름 모를 작은 새들의 지저귐을 들으며 들꽃과 인사를 나누고, 운이 좋으면 보슬보슬한 털이 막 돋아난 새끼들을 앞세우고 뒤뚱뒤뚱 걷는 청둥오리 가족의 사랑스러운 모습을 볼 수 있기 때문이다. 아무리 애써도 빠지지 않는 뱃살 때문에 아침 시간에 걷기 시작했는데, 그 무엇보다도 자연이 내 영혼을 맑히고, 마음을 차분하게 가라앉혀주니 더없이 좋은 것 같다. 중년의 뱃살이 꼭 보기 흉한 건 아니지만, 건강에 이롭지 않으니 빼는 게 나을 것 같았다.

'뱃살' 하니 문득 김자경 오페라단의 김자경 씨가 떠오른다. 첫 직장이었던 현대건설 계동 본사에서 근무할 때 사내 합창단에 가입하여 활동했다. 퇴근 후 노래를 좋아하는 남녀 직원들이 모여 수다를 떨고, 화음을 맞추는 그 시간은 황홀하기만 했다. 각기 다른 음색이 하나로 어우러지는 순간의 기쁨과 감동에 빠져 합창 연습에 빠진 적이 없었다. 합창이 내겐 일 순위였다.

어느 날, 우리 단원들을 격려하기 위해 김자경 씨가 방문했다. 그분은 재미있는 이야기로 웃음보따리를 풀어주셨는데, 그중 하나가 호흡법에 관한 거였다. 노래는 복식호흡이 기본이므로 어느 정도 뱃살이 있어야 잘 부를 수 있다고 하시며 자신의 둥실둥실하고 넉넉한 배를 보여주셨다. 그날 이후로 나는 합창 대회나 연주회에서 솔리스트가 노래하는 모습을 유심히 보게 되었고, 대부분이 배가 넉넉하다는 걸 알게 되었다.

그 시절엔 젊었으니 그럴 수도 있다고 치지만, 일흔을 바라보는 나이에 운동을 해도 뱃살이 빠지지 않으니 은근히 걱정되었다. 30년 가까이 마라톤 연습을 해왔고, 매일 30분씩 빠른 걸음으로 걷고, 주중엔 친구와 수영까지 하는 데도 뱃살이 빠지는 데는 도움이 되지 않았다. 그 사실을 깨달은 건, 어느 날 운동화 끈을 묶다 허리가 불편하다고 느껴졌을 때였다. 주위 사람들은 지금도 보기 좋다고 괜히 걱정하지 말라며 속 모르는 소리를 한다. 겉으로 보기엔 옷매무새 단정하고, 키가 있으니 그런대로 봐줄 만해 보이는 모양이다. 하지만 집에 돌아와 옷을 벗으면, 어김없이 이 뱃살을 어떻게 할 거냐고 자문하게 된다. 그럴 때마다 내심 불편했다. 결국, 3개월마다 피 검사를 하러 가는 클리닉 의사에게 고민을 털어놓았다. 그는 대뜸 그건 호르몬의 문제다. 나이가 들면 다 겪는 현상이니 걱정하지 말고 비만 주사를 맞으면 된다고 대답했다. 귀가 솔깃했나. 가려 먹고, 소식하고, 운동해서 뺄 생각은 하지 않고 간편하게 주사로 해결하려는 나 자신이 어리석게 느껴졌다. 쉬운 길엔 늘 함정이 있게 마련이다. 부작용도, 비용도.

　누군가 그랬다. 사람들이 가장 못하는 일은 자기 자신을 사랑하는 일이라고. 그 말에 공감한다. 자기 자신을 아끼지 못하는 이가 남을 진정으로 사랑할 수 있을까. 언감생심이고 이율배반이다. 내 몸매가 마음에 들지 않는다고 무작정 미워하기보다는 열심히 노력하면 원하는 목표에 도달할 거라고 자신을 다독이는 것이 더 효과적이지 않을까. 많은 질병이 마음에서 비롯된다고 한다.
　나는 몸이 아프면 먼저 스트레스를 많이 받은 건 아닌지 내 정신 상태를 돌아본다. 마음이 지치면 사소한 일도 짜증스럽고, 질병으로 이어질 수도 있기 때문이다. 그래서 아침 걷기는 내게 커다란 쉼이다. 30분만 걸어도 머리가 맑아지고, 잊고 있었던 일들이 떠오르고, 때론 글감이 떠오르는 체험도 한다.

　사실 내 문제는 운동량이 부족한 것도, 폭식을 하는 것도 아니다. 퇴근 후 소파에 앉아 간식을 즐기는 습관이 뱃살의 원흉이다. 문제를 알면서도 습관을 고치지 못했다. 예전에 미국 TV 광고에서 텔레비전 앞에 앉아 피자와 팝콘을 쌓아 놓고 맥주를 마시는 비만인의 모습을 본 적이 있다. 그때 난 미국인은 모두 비만하고, 인스턴트 음식으로 인해 병원을 드나드는 사람들일 거로 생각했다. 그러나 막상 미국에서 살아보니 꼭 그렇지는 않았다. 마라톤 대회에 나가 보면 참가자 대부분은 미국인이고, 아시아인은 손에 꼽을 만큼

적다. 한국이나 일본 사람들은 비교적 마른 체형이지만, 운동할 시간을 내지 못하고 스트레스를 쌓다가 결국 건강을 잃는다는 생각이 든다.

아침에 출근하기 위해 옷장을 열 때면, 예전에 입던 슬림한 청바지와 양복바지가 눈에 들어온다. 언젠가 허리가 지금보다 2인치 더 굵었을 때, 백화점에서 마음에 쏙 드는 청바지를 발견했다. 사이즈가 맞지 않아 망설였는데, 결국 입을 수 있는 몸을 만들자는 다짐으로 그 청바지를 샀다. 3개월 뒤, 2인치를 줄였고, 기적처럼 그 바지를 입을 수 있었다. 그 기쁨이란 이루 말할 수 없었다. 하지만 기쁨은 오래가지 않았다. 지금은 다시 그 바지를 입지 못한다. 다리는 맞는데 허리가 도무지 따라주지 않았다. 그래서 나는 다시 살과의 전쟁을 시작하려 한다. 그리고 뱃살로 고민하는 이들에게 마라톤을 권하고 있다.

"3개월만 달려보세요. 체형이 바뀔 거예요."

그 말을 듣고 눈을 반짝이며 다가오는 사람들이 있다. 사실이다. 나는 그것을 몸으로 증명했다. 전쟁이 다 나쁜 것만은 아니다.

빠른 걸음으로 걷고 다시 집으로 돌아오는 길에 보니 들풀은 이미 말라 있었다. 해가 떠오르니 이슬이 모두 마른 거다. 만약 누군가 그 풀들을 깎아 버렸다면, 절대 이슬과 만나지 못했을 것이다. 바람에 흔들리는 들풀 사이로 콧노래를 부르며 집을 향해 걸었다. 나무 그늘 아래를 지나자, 이마에 맺혔던 땀방울이 식으며 시원함이 밀려왔다. 내일 아침에도 이슬은 어김없이 내 무릎을 간질이며 나를 깨울 것이다. 걷는 날이 쌓이고, 숨이 깊어지고, 마음이 맑아지면 언젠가는 문득 "내가 언제부터 전쟁을 시작했더라?" 하고 웃으며 돌아볼 날도 오겠지.

뱃살과의 전쟁은 어쩌면 몸의 문제가 아니라 삶과의 협상인지도 모른다. 나를 더 잘 돌보고, 더 잘 알아차리고, 더 유연하게 살아가기 위한 싸움 말이다. 매일 아침 다시 걸음을 내딛는 일은 그 싸움을 멈추지 않겠다는 조용한 선언이다. 무리하지 않고, 자책하지 않고, 오늘의 나를 있는 그대로 받아들이면서도 조금 더 나아지기를 바라는, 그런 평화로운 전쟁. 그 끝이 어디일지는 모르겠지만, 그 길 위에 선 지금의 나는 분명 어제보다 건강하고, 단단하고, 자유롭다.

기억의 무게, 사랑의 무게

아침부터 화가 났다. 아버지 때문이다. 어젯밤부터 달라스 지역의 기온이 급격히 떨어졌다. 부모님께 교회에 가지 말고 집에서 온라인예배를 드리라고 말씀드렸다. 혹여 감기라도 걸리실까 봐 걱정되었기 때문이다.

아침에 일어나니 날이 추웠다. 아침 식사는 하셨는지, 약은 챙겨 드셨는지 마음이 쓰여 부모님 댁을 찾았다. 요즘 들어 두 분 다 기억력이 많이 떨어지셨다. 마치 누가 더 많이 잊는지 겨루는 '잊어버리기 대회'를 하는 듯하다. 평소 드시던 약이 떨어져서 받아다 드렸는데, "어디에 두었는지 모르겠다." 정도가 아니라 아예 받은 기억조차 없다고 잡아떼신다. 얼굴을 보면, '왜 그렇게 의심하는 표정으로 나를 보느냐?' 하시는 눈치다. 치매도 아닌데 그러시니 팔짝 뛸 일이다.

하는 수 없이 간호사에게 사정을 얘기하고 약국에 연락했다. 다음 약이 나올 날짜를 계산하여 약을 주문했다. 받아 간 지 며칠 안 되었기 때문에 재주문하면 보험 적용이 안 돼서 전액 본인 부담이다. 그래도 아버지가 매일 드시는 약을 못 드실까 봐 일하면서도 종일 마음을 졸였다. 약이 준비되었다는 문자를 받고 점심시간이 되자마자 부리나케 약국으로 가서 약을 찾아 부모님 댁으로 갔다. 숨 가쁘게 들어가 약을 아버지 손에 쥐어 드렸더니 약 찾아서 먹고 있는데, 왜 또 가져왔냐고 하셨다. 다리 힘이 풀렸다. 약을 찾았으면 미리 전화라도 해주시지.

지난번에도 아버지께서 잠들어 계셔서 어머니께 약을 전해드렸는데, 어머니는 그것을 어디에 두었는지도 모르고, 나에게서 받았다는 사실조차 기억하지 못하셨다. 결국 내가 직접 어머니 가방을 뒤져 약봉지를 찾아냈다. 고령이니 그럴 수 있다고 생각했다가도 그런 일이 잦으니 속상하다. 사무실로 돌아오는 길이 피할 수 없는 현실처럼 멀게만 느껴졌다. 일순간 허기가 몰려왔다.

아버지는 아흔넷, 어머니는 지난 1월에 아흔한 살을 넘기셨다. 아흔이 넘은 부모님을 돌보는 일은 생각처럼 쉬운 일이 아니다. 군대식으로 표현하자면, 나는 '5분 대기조' 같은 삶을 살고 있다. 밤중에 적이 들이닥치면 곧바로 대응할 수 있도록, 병사들은 완전무장을 한 채 잠을 잔다. 요즘 나는, 아버지에게 마비 증상이 왔다는 어머니의 다급한 전화를 받으면, 일하다 말고 주저 없이 뛰어나가곤 한다. 운전해 가는 동안 전화를 걸어 상황을 파악한다. 겁많은 어머니가 지레 겁을 먹고 때로 엉뚱한 말씀을 하실 때가 있기 때문이다. 그럴 땐 아버지와 직접 통화를 해본다. 내 말을 알아듣고 대답하시면 일단 안도하고 달린다. 도착 즉시 정확한 상황을 파악하여 911에 연락해 구급차를 부를지 말지를 결정한다.

부모님의 행동이 마음에 안 들면 신경질이 나기도 하고, 화를 내기도 한다. 그럴 때면 내가 자식으로서 노부모님을 돌볼 준비가 되어 있는지 자문하게 된다. 미국에 와서 아이들이 중고등학교를 다닐 때, 야단을 많이 쳤다. 돌이켜 생각해 보면 아이들은 계속 성장하고 있었는데, 나는 그에 맞는 맞춤 교육을 하지 못했던 것 같다. 늘 어린애 대하듯 다루니 아내와 아이들의 불만은 쌓여갔다. 가족과의 관계가 힘들다고만 생각했지, 왜 그런지에 관해 성찰하지 못했다.

지금도 별반 다르지 않다. 귀가 어두워지고 기억을 자꾸 잃는 부모님 앞에서, 나는 여전히 준비되지 않은 채, 그저 모셔야 한다는 의무감으로 하루하루 버티며 살고 있다. 그래서 사람은 죽을 때까지 배워야 한다는 말이 생긴 것 같다.

부모님은 죽음에 관한 생각이 서로 다르다. 아버지는 늘 천국에 가고 싶다시며 병원에 가서도 당신에게 문제가 생기면 연명치료는 하지 말라고 의사에게 신신당부하신다. 어머니는 아버지가 돌아가실까 봐 놀라서 가슴을 쓸어내리곤 하신다. 내가 할 수 있는 일은 어머니를 진정시키고, 아버지께는 아직은 그때가 아니라고 말씀드리는 것뿐이다.

어느 날, 아버지가 온 가족이 모인 자리에서 야곱이 열두 아들에게 유언하듯, 우리에게 유언도 하셨다. 모두가 지켜보는 가운데 하늘나라로 가야 한다고 말씀하셨다. 어머니는 아무 말씀도 없으셨지만, 긍정적으로 받아들이시는 듯했다.

나는, 준비되어 있을까?

언젠가부터 그런 생각을 자주 하게 된다. 아마도 오래전, 캐나다 밴쿠버 지역에서 알래스카로 향하던 여행길에 겪은 대형 교통사고 이후부터였을 것이다. 차는 폐차를 시켜야 할 정도로 망가졌지만, 나는 털끝 하나 다치지 않고 살았다. 그때부터 나는 여분의 삶을 사는 것이라 여겨왔다. 주님이 언제 부르더라도, 이 세상에 대한 미련이나 아쉬움 없이 기쁘게 떠날 준비가 되어 있다고 생각하게 되었다. 그래서 죽음이 두렵지는 않다.

요즘은 지인들과의 모임도 줄이고, 삶의 짐도 내려놓으려 애쓴다. 미니멀한 삶, 소유보다 비움에 가까운 삶. 아직 준비는 되어 있지 않지만, 준비된 삶을 살기 위해 애쓰며 살아가는 중이다. 그것으로도 충분하지 않겠느냐고, 내 안의 나에게 묻는다.

이경철

『시애틀문학』 수필부문 등단, LA 중앙방송 수필공모 당선, 서울 조선일보 마라톤 수기 공모 우수상, 한국문인협회 워싱턴지부 시애틀 문학상 가작, 시애틀 월간지 『리빙센스』 수필공모 당선, 시애틀 한아름마트 주최 백일장 가작, 시애틀 라디오 한국 주최 독후감 응모 가작 당선. 워싱턴 시애틀문학회 부회장 역임. 38대 달라스한인회 수석부회장 역임. 13대 달라스 ROTC 문무회 회장. 달라스한인문학회 회원.

BTS와 클래식의 대결

자스민 리

　맥도널드에서 BTS 세트 메뉴를 판다길래 너무 가고 싶은데 초등 시절 BTS 팬이자 래퍼였던 아들이 한사코 거부했다. 나를 아미의 길로 들어서게 한 장본인이 이제 BTS는 안중에도 없고 클래식만 고집한다. 운전 중에 BTS 노래를 듣고 싶어도 아들은 한사코 클래식만 들으려고 한다. '내가 운전하는 차 안에서는 내 맘대로 음악을 들을 수 있다'라는 내 설득력 있는 주장도 통하지 않는다. BTS 메뉴를 먹으러 가자는 엄마와 가지 않으려는 아들의 실랑이가 맥도널드 앞 주차장에서 펼쳐졌다. 그런데, 아들이 갑자기 제안했다.

　　아들 : 엄마, 엄마가 차에서 BTS 들어도 화 안 낼게. 대신 클래
　　　　　식 공부하는 조건으로!
　　엄마 : 뭐시라??
　　아들 : 클래식 공부해야 한다고!!
　　엄마 : (5초 정적) 그건 너무 어렵지만…. 오케이! 딜!

　아들과 딜을 하고 맥도널드에 들어섰는데 결국 BTS 메뉴를 먹을 수 없었다. 오전 10시 30분이라서 아직 점심 메뉴를 실 수 없다는 거였다. 아들과의 약속 때문에 나는 새끼손톱만큼도 관심이 없었던 클래식을 공부해 보기로 했다. 우선 방탄소년단이 일곱 명이니 아들이 제일 좋아하는 클래식 작곡가 일곱 명을 알아보기로 했다.

수필

아들이 좋아하는 최애 작곡가는 차이코프스키, 리스트, 라흐마니노프, 드뷔시, 파가니니, 쇼팽, 슈베르트였다. 한 명씩 찾아보며 그들이 러시아, 헝가리, 프랑스, 폴란드, 오스트리아에서 태어난 걸 알았다. BTS의 〈피, 땀, 눈물〉을 부르며 춤을 추던 아들의 모습이 아직도 생생한데, 아들은 언제 자신이 그랬냐는 듯 시치미를 떼며 차만 타면 끝도 없는 클래식 장학 퀴즈를 낸다. 내 정답률은 약 15%. 피아노곡을 틀고 어느 시대 곡이냐, 작곡가가 누구냐, 심지어 곡 이름이 뭐냐고까지 묻는데 정말 미칠 지경이다. 이미 7년 전 일이라 요즘의 내 정답률은 거의 50% 이상일 때도 있지만 운 좋게 정답을 맞혔다가 꼭 안 해도 될 말을 해서 아들에게 핀잔을 듣는다.

"엄마! 엄마가 정답 맞히고서 그다음에 하는 말은 정말 상상을 초월하는 엉뚱한 이야기들이야. 항상."

잘난 척하고 싶어서 괜히 덧붙였다가 늘 들통이 나는 나.

아들은 초등학교 5학년 때 학교에서 중학생 형, 누나들이 바이올린 연주하는 모습을 보고 반해서 바이올린을 배웠다. 중학교에서는 당연히 오케스트라로 가겠지 했는데, 웬걸 친구 따라 강남 간다고, 친구들이 다들 밴드를 하니 또 밴드 하겠다고 플루트를 배우겠단다. 사실 아들 다섯 살 때 플루트를 배우고 싶다고 졸라 악기점에 간 적이 있었다. 직원이 아들을 쓱 쳐다보더니 플루트는 너무 어려서 안 된다고 피리를 불라고 해서, 이십 불짜리 피리를 사 오면서 안도하며 내심 좋아했던 기억이 오버랩 되었다.

아들은 중학교 때 밴드에 들어가 플루트를 불었고 칠 학년부터는 밴드와 오케스트라를 병행했다. 그런데 고등학교에 들어와서는 갑자기 피아노에 흠뻑 빠져서 갑자기 피아노를 전공하겠다 했다. 어느덧 12학년이 되어서 한국으로 치면 고 3이 된 아들의 진로는 피아노 전공이 목표다.

가요나 팝을 듣던 내가 이제 운전하며 클래식을 듣고, 웬만한 곡을 들으면 어느 시대 곡인지 또는 작곡가가 누군지 짐작할 수 있다. Oberlin 음대 피아노 캠프에 가 있는 아들의 콘서트 연주를 조금 전 라이브 스트림으로 들을 수 있었다.

BTS 세트 메뉴는 결국 여행 중에 먹을 수 있었다. 치킨너깃에 방탄이들이 좋아하는 소스를 곁들인 거였는데 그 메뉴가 담긴 종이 백이 보라색이었다. 소중히 액자에 간직하려고 했었는데. 어디 갔는지 찾을 수가 없다. 나는 여전히 BTS를 사랑하는 아미이고, 내 라디오 방송에서 월요일엔 클래식 코너를 진행하기도 했다. 과거 BTS를 좋아했던, 현재 클래식을 너무나 사랑하는 아들 덕분에.

다음 주면 돌아올 아들이 많이 보고 싶다.

사오정, 고막을 세우려 학교를 외치다

쟈스민, 하트엉덩이, 언년이, 선샤인, 컵케익, 그리고 또 다른 나의 별명을 소개하자면 20년 전 기억으로 거슬러 올라간다. 내가 조지아주에서 대학원생이었을 때 사오정 시리즈가 유행했다. 그 당시에는 인터넷이 지금처럼 발달하지 않아서 한국에서 유행하고 한참이나 지나서야 미국 유학생들에게 전해졌다. 그날도 한국 학생들이 모여 있었는데, 학교에서 유명했던 커플인 미키와 준이 요즘 유행하는 이야기라며 이야기를 시작했다. 미키와 준은 지금 당장 데뷔해도 무색할 만한 연예인 외모와 몸짱에다 스윗하기가 벌꿀 저리 가라일 정도로 유명한 캠퍼스 커플이었다. 몇 년 후 그들이 헤어질 줄은 꿈에도 상상하지 못했지만…. 준이 격양된 목소리로 외쳤다.

"사오정 개그 왕자병이 나왔대요!"

나는 '엥? 사오정 개그 그건 또 뭐야? 들어나 보자'라고 생각했다.

조금 뜸을 들이더니 준이는 이렇게 얘기했다.

"사오정이 귀 팠대요! 푸하하."

준의 웃음과는 달리 반응은 싸했다. 다들, 허무 개그로 귀를 버렸다는 표정들이었다. 그런데 도대체 나는 이 개그가 이해되지 않았다. 호기심이 많아 늘 손해를 보는 나는 또 이렇게 질문했다.

"그게 무슨 왕자병이야? 귀 팠는데 그게 왜 왕자병이야?"

순간 당황해하는 준을 뒤로 하고 모두 폭소를 터뜨렸다. 선배 오빠는 배를 잡으며 쓰러지는 거였다.

"우와! 쟈스민! 여기 살아있는 사오정이 있었네! 너 완전 사오정이다!!"

"누나, 왕자병 아니고, 완.결.편이라구요!"

허걱, 완결편을 나는 왕자병으로 들은 것이다.

그날 이후로 나는 살아있는 전설의 사오정으로 불리게 되었다. 내 수많은 별명 중 오점을 남긴 별명이었다.

나는 늘 이런 식이었다. 가만히 있으면 2등이라도 간다고 했던가? 이 공식이 나에게는 통하지 않았다. 왜냐고? 궁금한 게 너무 많으니까. 늘 질문해서 망신을 당하거나 너는 어느 별에서 왔냐고 외계인 취급을 받은 적이 한두 번이 아니었다. 사차원, 오차원, 허당으로 분류되기 일쑤였다. 남편은 내가 상대방 이야기를 들을 때 집중하지 않고 공상해서 그런 걸 거라고 했다. 아닌데, 집중 잘하는데… 아주 가끔은 얘기가 길어진다거나 저녁에 뭐 해야 할지 잠시 다른 생각할 때는 있지만(이것도 유전인지, 아들이 초등학생일 때 담임 선생님이 아들이 창조력이 넘치는데 다만 수업 시간에 공상의 나래를 펴는 것 같아 주의가 필요하다고 말한 적이 있었다).

나는 늘 사람들에게 제가 가는 귀가 먹어서요, 하곤 했었는데…

수필

작년, 한국에서 건강검진을 했는데 충격적인 결과에 놀라지 않을 수 없었다. 간호사가 말했다.

"오른쪽이 잘 안 들리시죠?"

"네? 제가 잘 안 들리나요?"

늘 우스갯소리로 "제가 좀 사오정이라서요, 가는 귀가 먹어서요"라고 했었는데 내가 정말 귀가 안 들리는 거였다고?

나는 엄마의 발 빠른 대처로 동네에서 제일 유명하다는, 그런데 예약을 받지 않아 진료를 받으려면 새벽에 번호표를 받아야 한다는 요즘 흔치 않은 아날로그 방식을 쓰는 30년 이상 역사를 자랑하는 이비인후과를 갈 수 있었다. 미국은 병원 한번 가려면 예약을 몇 달 전에나 잡아야 하는데, 한국은 당일 병원에 갈 수도 있으니, 한국에 가면 가능한 모든 병원은 다 들르려고 했다. 동네에서 제일 유명하다는 그 이비인후과는 의사 선생님, 간호사, 모두 여자분이었는데 앞에 "여자들만 일한다고 함부로 대하지 말라"라는 문구가 붙어 있었다. 인상적이었다. 의사 선생님은 아마도 60대 중반쯤 되는 준 할머니 선생님이었는데 환자에게 소요하는 시간이 한 시간이 넘을 정도였다. 요즘같이 바쁜 세상에 어찌 그리 환자들을 정성 들여 꼼꼼히 진료할 수 있는 건지 정말 놀라웠다. 우리 미국 촌놈 가족 셋은 미국에서는 가본 적이 없는 이비인후과에서 진료를 받게 되었다.

피아노를 치는 아들 녀석은 귀가 너무 민감하고 밝아서 우리 집

강아지들 무스, 앨리보다 먼저 아빠가 오는 소리를 알았다. 대신 코가 이상하다는데 미국 이비인후과는 그냥 알레르기약만 처방했고, 청력은 정상이라고 했었다.

아들은 이곳 이비인후과에서 청력 검사를 하고 할머니, 할아버지들과 옹기종기 함께 기다리고 있었다. 의사 선생님이 결과를 기다리는 방문자들 모두 들어오라고 했다. 아마 일곱, 여덟 명 정도였던 것 같다. 선생님께선 검사 결과를 발표하시면서 아들의 청력 성적이 일등이라고 했다. 나는 박수하며 좋아했으나 할머니, 할아버지들을 제치고 청력 테스트 일등 한 게 그리 자랑스러운 일인가 싶어 좀 무안해지기도 했다.

선생님은 아들 성적이 일등이긴 하지만 그래도 이미 청력 부분에서 손상이 시작되었다고 했다. 절대로 이어폰을 쓰면 안 된다면서 아들에게 안 쓸 것을 약속받았다. 아들은 그 와중에 "선생님, 혹시 해드폰은 괜찮나요?"하고 질문했다가 그것도 안 된다는 답변을 받았다. 외부에서 들어오는 소리가 고막에 닿기까지 뭔가 걸러지는 방어막이 있어야 하는데, 이어폰이나 해드폰은 강제로 그 과정을 걸러서 귀에 바로 소리가 전해지니까 귀가 손상된다고 설명해 주었다. 라디오 방송 중에는 이어폰을 꼭 껴야 하는데 어떡하나 하는 걱정과 함께 하루 종일 해드폰을 쓰고 계신 방송국 피디님이 걱정되었다.

나랑 남편도 귀를 검사했는데 내 청력에 정말 문제가 있었다.

내 오른쪽 고막이 누워 있다는 거였다. 다행히 고막을 일으켜 세울 수 있다고 했다. 나는 사방이 유리로 되어 있는 밀실 같은 곳에 간호사와 단둘이 들어갔다. 간호사는 버튼을 누를 때마다 내게 "학교"를 외치면 된다고 했다. 나는 그녀가 버튼을 누를 때마다 있는 힘을 다해 "하악교!"를 외쳤다. 50번, 100번 정도를 외쳤던 것 같다. 젖 먹던 힘까지 몰아와 "학교"를 부르는 내 모습이 얼마나 부끄럽던지. 그래도 밀실이어서 그나마 다행이라며 안도의 숨을 쉬며 나왔는데 아들이 한마디 했다.

"엄마, 학교를 왜 자꾸 외쳐?"

"엥? 소리가 들렸어?"

"응! 엄마가 계속 학교! 하고 외치던데?"

'아이코, 귀가 소머즈인 아들은 다 듣고 있었구나.'

너무 부끄러웠던 나는 빨리 이비인후과를 빠져나오고 싶었지만, 고막이 그리 쉽게 한번 만에 일으켜지는 게 아니라는 의사 선생님의 야속한 말씀을 들은 후에야 이비인후과 문을 나섰다. 한국 방문 일정이 열흘도 채 되지 않았기에, 내년을 약속할 수밖에 없었다.

학교를 얼마나 외쳐야 내 지친 고막은 일어날까. 천 번, 만 번? 그만큼 학교를 외쳐서 내 누워있는 고막이 일어난다면 얼마든지 외칠 텐데… 올여름 한국행 티켓을 샀는데 과연 이번엔 사오정의 오명을 떨쳐내고 올 수 있을까.

쟈스민 리(Jasmine Lee)

달라스 코리안 라디오 DKnet '쟈스민의 기분 좋은 날' 진행자, 브런치 스토리 작가(달라스 Jasmine), DK Foundation 홍보 이사 위촉, 한글학교 교사, SBS 미국 통신원, MBC 월드넷 영파워 애틀랜타 통신원, 백운 프로덕션 카피라이디, Samsung Telecom America, Ericsson, NEC, Epiroc 근무. 『달라스문학』 신인상 수필 부문 대상, 대우그룹 '젊음에게 라디오 캠페인' 카피상 수상.

수필

오늘은 좀 매울지도 몰라

정만진

《오늘은 좀 매울지도 몰라》는 믿고 보는 배우 한석규와 김서형 주연의 Watcha Original 웹 드라마다. 2022년 12월, 12부작으로 첫 방영 이후 2023년 2월에는 채널 A에서 6부작으로 리메이크해 재방영한 휴먼 드라마다. 이 작품은 일본 후지TV를 통해 일본에서도 방영되어 국내는 물론 해외에서도 작품성과 연기력 등을 인정받았다. 이 드라마에 꽂힌 이유는 그 당시 나도 요리에 관심이 생겨 직접 만들어보기 시작했기 때문이다. 그리고 작가이며 블로거인 주인공이 아픈 아내를 위해 정성을 다해 요리를 만든 후에 레시피와 함께 올리는 블로그 글이 초보 셰프인 나에게 주는 울림이 컸기 때문이다.

"맛있는 음식은 마음으로 만들어진다. 평정심을 유지하고 재료와 소통을 해야 한다. 같은 재료로 같은 과정을 거쳐도 마음 때문에 다른 음식이 된다. 사랑과 정성이 깃든 음식이라야 배부르다"라든가 "콩나물과 시금치나물을 처음에는 비닐장갑을 끼고 무쳤지만, 요즘은 손을 잘 씻고 맨손으로 무친다. 소금과 간장은 전혀 쓰지 않는다. 나물은 손맛이 빠지면 섭섭하다"라는 말에 전적으로 공감한다. 나도 채소를 씻고 자를 때 온 정성을 다하고 있다. 나처럼 할 줄 아는 요리라고는 라면이 전부였던 인문학자 강창래가 암 투병 중인 아내의 밥상을 차리기 위해 부엌일을 도맡게 되면서 기록한 일기를 모아 출간한 동명의 책을 각색한 드라마이다.

　암으로 시한부 삶을 살면서 점점 음식을 먹을 수 없는 상태가 되어 가는 워킹 맘인 출판사 사장 김서형의 건강을 챙기기 위해 헤어졌던 남편 한석규가 집으로 돌아온다. 작가이면서 글쓰기 강사이기도 한 남편은 살면서 단 한 번도 요리를 해보지 않았기에 모든 것이 서투르다. 오직 아내의 소중한 한 끼를 위해 좋은 식재료와 건강한 레시피를 개발하는 데 온 힘을 쓰며, 조금씩 가족의 소중한 의미를 깨달아 가기 시작한다. 병이 깊어 어떤 음식도 제대로 소화하지 못하고, 자신이 마음을 다해 만든 음식만 겨우 입에 댈 수 있었던 아내를 위해 정성을 다해 요리하는 영상을 쫓다 보면 수시로 가슴이 먹먹해진다.

　부부는 조그만 출판사를 같이 운영하던 작가였는데 남편의 책 출판 문제로 갈등이 생겨 헤어졌다. 하지만 아내가 병들었고, 아내는 혼자 남겨질 고3 아들을 남편에게 부탁했다. "내가 자기한테 세호를 부탁했을 때 왜 오케이를 했어? 우리가 너무 사랑하는 사이 그런 기 아니겠나"라는 아내의 말에 "사랑보다는 의리 때문이었다"라는 남편의 대답이 쿨했다. 자기도 내가 돌봐 달라면 돌봐줬을 것 아니냐면서… 남자 주인공이 블로그에 올리려다가 삭제한 "남편과 아내, 이들이 꼭 특별한 관계이어야 하는 것은 아니다. 그지 익숙해서 사는 것일 수도 있다"라는 독백에도 끌린다. 그동안 서먹했던 아들과도 마음을 열고 양푼 비빔밥을 같이 먹는 장면에서는 부자간의 정이 배어 나와 훈훈했다. 아들은 대학 합격 소식도 아버지에게 먼저 알리는 사이가 됐다.

나도 어제 한 달 만에 소고기 자장면을 만들었다. 홍합 파스타에 이은 두 번째 요리이다. 아내와 손주들이 맛있었다고 엄지척을 해주어 기뻤다. 친구 집에서 레시피에 따라 조리해서 맛보고 온 바로 다음 날 정성껏 만들어서 식구들한테 대접했다. 소고기를 자르고 소금과 후추를 넣은 다음 채소를 자르는 동안 숙성을 시켰다. 그다음 춘장을 볶고, 냄비에 고기를 볶은 다음 야채가 다 볶아지면 춘장을 섞는데 야채가 타지 않도록 주의해야 한다. 국수는 4분 정도 삶았다. 오이 자른 것을 고명으로 얹어 먹으니 맛깔스러운 소고기 자장면이 완성되었다. 돼지고기를 안 먹는 아내를 위해 소고기 자장면을 만들었지만, 정성이 들어가서 그런지 돼지고기 못지않게 맛있었다. 3월에는 일식에도 도전할 예정이다. 음식을 만들어 본 사람이라면 간단한 한 상일지라도 오랜 시간과 정성을 들여야 한다는 것을 안다. 장을 볼 때부터 좋은 식재료를 고르고 정성껏 씻고 다듬는 일은 물론 재료의 특성에 맞춰 조리한 후 예쁜 그릇에 담아 내놓기까지 음식 먹을 상대를 향한 마음이 없다면 시작을 안 할 것이다.

주인공이 아내를 위해서 돔배국수나 삼겹살 구이 등 여러 요리를 했지만, 그중에서도 "고기와 기름을 쓰지 않은 무염 잡채"를 조리하는 모습과 블로그 글을 보면서 연민과 함께 참다운 부부애란 바로 이런 것이구나 공감했다. 기름을 최대한 쓰지 않고 볶으려다 보니 볶아지는 상태를 눈으로 계속 확인해야 한다. 당면을 볶을 때는 서로 뭉칠 수 있기 때문에 참기름을 조금 쓴다 등 조리 과정은 물론 요리가 끝난 후 맛을 보면서 왜 이렇게 폼이 안 나지, 맛이 너무 밍밍하다, 폼이 안 날 때는 매운맛이 제격이다, 그러면서 쥐똥고추 3개를 썰어 넣는 게 반전이다. 아내도 그동안 닝닝한 것만 먹다가 잡채가 너무 맵다고 하면서도 얼음냉수를 마셔가며 정신없이 먹었다. 어쨌든 아내가 오래간만에 맛있게 먹었다며 만족하는 주인공의 "잡채가 무지무지하게 매웠지만 폼은 딥따 났다"라는 말들은 오랜만에 만난 맛깔나는 우리 말이었다.

슬프지만 감동적인 휴먼 드라마. 나는 이 드라마를 보면서 많이 반성했다. 음식을 만들어보겠다는 내 동기가 순수하지 못했다. 어느 날 갑자기 아내로부터 버림(?)을 받을 수 있겠다는 걱정으로 시작했기 때문이다. 하지만 직접 해보면서 생각이 바뀌었다. "맛있는 음식은 마음으로 만들어진다. 사랑과 정성이 깃든 음식이라야 제 맛이 나기 때문이다"라는 말은 늘 새겨야한다. 나는 이제 막 시작했지만, 좋아하는 아내를 보며 그동안 희생해 준 고마움에 대한 보상이 되었으면 한다. 열심히 정성을 다하겠다.

그 밖에도 남자 주인공이 수강생들에게 글쓰기 지도를 하면서 했던 말도 마음에 남는다. "우리는 보통 글쓰기를 할 때 어떻게? 우린 이런 걸 신경 많이 써요. 그렇죠? 하지만 더 중요한 것은 왜 쓰는 걸까요? 이 글쓰기가 하기 싫은 숙제를 억지로 하는 것 같은 그런 고역이 돼서는 안 됩니다. 예쁘게 잘 쓰려고만 하면 글쓰기 숙제가 되고, 스트레스가 돼 버려요. 그냥 마음 가는 대로 뭐든 써보는 겁니다. 즐겁고 행복하게 바로 그런 글쓰기를 하세요"라는 말은 기본이 되는 좋은 가르침이라고 생각한다. 자기를 성찰할 줄 아는 진솔한 글이 결국 좋은 글이고 읽는 사람들 또한 공감하게 되리라고 생각한다.

드라마가 끝나갈 무렵, 밤새 가슴 조이며 선잠 자고 있던 남편을 비상벨 눌러 오게 한 아내가 "그렇게 걱정되면 베개 갖고 오라며 사랑의 고갯짓을 하던 장면"은 잠자고 있던 내 연애 세포를 깨우기에 충분했다.

브리따 수녀님과의 인연

옷깃만 스쳐도 인연이라는 말이 있듯, 내게는 지난 20년 동안 인연을 이어온 수도자가 있다. 그분은 2002년 11월에 안중 성당에서 세례를 받고 난 후 2003년 1월에 본사로 발령을 받아서 수지 성당에 나갈 때 만났다. 돌이켜보면 한국에서의 인연은 2년밖에 안 된다. 그러나 2004년 11월 미국에 와서도 지금까지 연락하며 지내니 특별한 인연이 아닐 수 없다. 브리따(Britta) 라는 수녀님의 세례명도 특이했다.

브리따는 베아트리체(Beatrice)의 미국식 애칭이다. 천주교 신자는 세례명을 정할 때 신앙적으로 닮고 싶은 성인, 성녀의 이름을 받아 그분들의 행적을 신앙의 지표로 삼는데 수녀님은 '행복을 전하다'라는 뜻이 좋아서 세례명으로 정했다고 했다. '영원한 도움의 성모 수도회' 소속 수녀로서 1995년 수도회에 입회하여 유기서원은 했으나 아직 종신서원을 하지 않은 수도자였기에 더욱 놀랐다. 수도회 설립 정신에 따라 모든 수녀는 본당 사도직뿐만 아니라, 온 인류에게 구원의 기쁜 소식을 선포하는 성서 사도직을 함께 수행하도록 신앙교육을 받으면서 말씀의 봉사자로 양성되었기 때문이다.

나와의 인연 중 제일 크고 단단한 고리는 신앙의 길라잡이다. 수녀님과는 성당에서 눈인사만 하는 정도였는데, 2004년 봄부터 5개월 동안 구약성서 창세기를 배우면서 나의 열렬한 멘토가 되었다. 30대 초반의 앳된 수도자가 갖고 있던 해박한 성경 지식에 놀랐고, 예스와 노우가 분명한 똑 부러진 성격이었다. 그분은 세례 2년 차로서 성서를 제대로 읽어보지도 못하고 무늬만 신자였던 나에게 하느님은 어떤 분이며 하느님의 모습을 지닌 인간이 어떻게 태어났는지를 가르쳐 주었다. 또한 신앙인으로서 가져야 할 사명 4가지도 확고하게 심어주셨다.

"신앙인은 만물을 창조하신 하느님의 뜻에 따라 자연을 보호하고 지켜야 한다. 또한 인간을 창조하신 하느님의 섭리를 가슴에 새겨 참 신앙인이 되도록 노력해야 한다. 아울러 그리스도의 사도로서 주위의 많은 사람이 그리스도의 축복 가운데서 생활할 수 있도록 복음 전파에 힘써야 한다. 마지막으로 세계 곳곳에서 벌어지는 모든 갈등과 물질만능주의는 하느님의 뜻을 거스르는 비인간적인 행위이므로 이를 불식하기 위한 사회 봉사활동에 참여하여야 한다"라는 가르침은 지난 20년간 나의 신앙 여정을 바르게 이끌어 주었다.

두 번째 연결 고리는 인간적인 만남이다. 아쉽게도 성서 공부는 창세기를 끝으로 더 이상 할 수가 없었다. 휴스턴에 주재원 근무 발령을 받아 2004년 11월부터 미국으로 왔기 때문이다. 휴스턴에서 주재원 근무 3년이 끝난 후에도 계속해서 미국 회사에 근무하게 되면서 미국에 머무는 기간이 늘어갔지만, 2년에 한 번 정도는 한국을 방문했기에 수녀님과의 인연이 이어질 수 있었다. 나는 내 신앙의 길라잡이 죽비로 모시고자 계속 만남을 청했다고 하는 것이 맞지만 수녀님도 시간을 기꺼이 내주면서 주위에 베드로 형제 같은 신자가 더 많이 생겼으면 좋겠다는 바람을 얘기하곤 했다. 그동안 수녀님도 2년마다 본당 사도직 임지가 바뀌면서 전라도 광주와 목포 및 부산 영도에 있을 때는 여행을 가서 만났다. 서울에서도 신정동 성당과 한강 성당에 있을 때는 절두산 성지, 북촌과 경복궁 및 국립박물관 등에서 만나 맛있는 것도 먹으며 정담을 나누었다.

서로에게 특별했던 일은 뒤늦게 공부했던 것이다. 수녀님은 사이버대학 사회복지학과에 입학하여 만학도로서 사도직을 수행하며 4년간 형설의 공을 쌓고 사회복지사가 되었고, 나는 가톨릭 교리신학원 통신 신학교육부에 등록해서 6년 과정의 통신교리 공부를 마치고 교리교사 자격증을 받았다. 우리 부부는 청빈 서언을 수도 생활의 원칙으로 삼고 있던 수녀님에게 노트북을 선물해서 교육을 지원했다. 사회복지사가 되어 부산 영도 쪽방촌에서 결손가정 아이들과 생활할 때는 후원자가 되어 도움을 드렸다. 수녀님도 내가 교리교사가 되겠다는 꿈을 가지고 있음을 잘 알았기에 통신 교리교육 6년 동안 중도에 포기하지 않고 마칠 수 있도록 많은 격려와 기도로 이끌어 주었다. 더욱 반가운 소식은 수녀님이 2022년 9월부터 LA 남가주 가톨릭 성서 모임에 피견을 니와 수녀님들과 함께 계시면서 성 토마스 성당에서 사역하고 계신다. 이제는 이역만리가 아닌 미국 땅 한 지붕 아래에 살고 있기에 우리 부부는 2023년 7월에 LA에 가서 반가운 재회를 하고 왔다.

또 다른 인연으로 수녀님은 내가 2016년도에 본당 사목회장 직무에서 갑자기 해임되었을 때 죽비 같은 버팀목이 돼서, 하느님을 원망하며 멀어지지 않도록 붙잡아 주셨다. 나는 해임이라는 사건을 통하여 말씀하시는 하느님의 뜻을 알려고 간절히 기도하며 주님께 매달렸지만, 원망하는 마음도 숨길 수 없었다. 하느님께서 우리에게 베푸시는 한없는 사랑과 용서의 가르침과는 거리가 멀다고 생각했기 때문이다. 평소 영적 지도를 해주시던 예수회 신부님께 찾아가 내가 분별하고 판단한 것들에 대한 고해성사를 드리고 안수도 받았다. "사목회장은 평신도들의 소망을 본당 신부에게 전하는 가교역할에 충실해야 한다. 그것은 신앙인으로서 마땅히 해야 할 소명이며 자신을 드러내기 위한 개인의 공명심이 아니니 크게 자책하지 않아도 된다"라는 말씀도 보속으로 주셨다.

2018년 7월, 새로 부임하신 신부님으로부터 사목회장 직분을 다시 받았다. 하느님의 역사하심이 정말로 오묘함을 절감했다. 그리고 2021년 9월부터는 예비신자들을 가르치는 교리교사의 직분도 받아 네 번째 교육을 마치고 올 9월부터 시작하는 다섯 번째 교육을 기쁜 마음으로 준비하고 있다.

수녀님과 나의 인연은 20년 전 성서 공부로부터 시작해서 이곳

이역만리 미국 땅까지 이어져 왔다. 나이는 나보다도 스무 살이나 적지만 내 신앙의 길라잡이로서 죽비가 되어준 수도자에게 예로써 깍듯이 대한다. 물론 수녀님도 나와 아내에게 특별한 호의를 갖고 신앙생활의 길라잡이가 되어주고 있다. 한 가지 더 특별한 인연은 수녀님도 가톨릭 교리신학원 통신 신학교육부에 등록해서 올해 4학년 과정을 공부하고 계신다고 했다. 이번에는 내가 수녀님의 선배가 되는 셈이다.

지금은 수녀님이 이곳에서의 사역을 마치고 한국으로 가셨지만, LA 방문 시 솔뱅과 산타 바바라 및 말리부 여행을 하면서 수녀님과 우리 부부가 나눈 정담들은 오래 잊히지 않을 것이다.

정만진

서울 출생. 2004년 휴스턴 이주. 제58회 『에세이문예』 수필부문 신인상, 텍사스 중앙일보 예술대전 수필부문 최우수상. 미주가톨릭문인협회원, 미주한국문인협회 회원, 달라스한인문학회 부회장. 전 텍사스중앙일보 문학 칼럼니스트. 고희 기념 자전 에세이 『LNG와 함께한 山水有情 人間有愛』 출간, 공저 『작가라는 이름으로』. peterjung49@naver.com

노을의 어린 벗

최기창

깊은 물 속 같은 오후, 거실의 정적이 온몸을 휘감는다. 무력감에 소파에 휴지처럼 구겨져 하릴없이 창 너머 바깥을 바라보는데, 정적 바깥의 세상은 조용한 생동감으로 가득 차 바람과 나뭇잎이 어울려 나슬거린다.

이때 이제 막 옹알이를 시작한 증손주 유준이가 내 시선을 붙든다. 바람에 나뭇잎이 나부끼면 제 머리를 흔들어대고 바람이 멈추면 저도 멈추었다 다시 나부끼면 제 머리 흔드는 걸 반복하는 것이다.

살아있다는 건 움직인다는 것! 아이구 이쁜 놈, 저절로 미소가 지어진다. 이제 겨우 1m도 안 되는 이 증손주는 유일하게 나를 웃게 해주는 구십칠 세에 만난 나의 벗이다. 지 할미가 "왕할아버지 진지 잡수시라고 해라" 그러면 지 걸음으로는 부엌에서 내 방까지 십리 걸음일 텐데도 한달음에 달려와 "어 어 어 어" 밥 먹는 시늉을 하며 내 손을 잡아끈다. 고사리 같은 손으로 제 키보다 더 큰 내 지팡이를 찾아 손에 쥐여주고 다른 쪽 손으론 내 빈손을 붙잡고 식탁까지 안내한다. 식탁에서도 내 벗의 잔소리는 계속된다. 허리가 굽은 탓에 자꾸만 고갤 떨어뜨리는 날 보고 고개 들고 밥 먹으라며 어! 외마디 훈계를 하는 것이다. 반사신경이 둔해져 나도 모르게 음식을 입가에 묻히거나 흘리기도 하는데 또 그때면 어김없이 "어어" 하며 입 닦으라는 시늉을 하며 냅킨을 건네 주기도 한다. 칠십이 낼 모레인 예순여덟 살 딸아이가 대야에 물을 떠 와서 내 발을 씻겨주는 날엔 그땐 저도 한사코 거든다. 제 주먹보다 더 큰 비누를 아둥바둥 내 발등에 문질러 대는 것이다. 그 작고 꽃잎처럼 여린 손이 내 살갗을 스치는 감동을 무엇에 비하랴. 사무치는 혈육의 뭉클함이 가슴에 돋을새김하는 순간이다. 말을 한마디도 못 하는 놈이 백마디 천 마디의 뜻을 전한다. 수시로 내 방을 방문해 컴퓨터 마우스를 갖고 도망가는가 하면 공이나 장난감을 들고 와 저랑 놀자고 한다. 솔직히 기력이 달려 성가시고 귀찮을 때도 있으나 생각해 보면 얼마나 고마운 일인가. 내 또래 친구들 거의 다 저세상으로 떠나버리고 아무도 놀아 줄 이 없는 처지에 말이다.

지난 이십여 년 달라스한인문학회는 나의 최애 벗이었다. 한 달에 한 번씩 문학회 가는 길은 얼마나 설레었던가. 왕복 8시간 걸려 가는 길이지만 나를 따뜻이 반기는 문우들을 만날 기대감에 들뜨고 부풀었다.

고달픈 이민 세월, 시름을 잊게 하는 문향을 느끼며 벗들과 글을 나누는 일은 그야말로 마약이 따로 없었다. 그 마약에 기꺼이 취하여 깨고 싶은 생각이 없었는데 어쩔 수 없이 점점 멀어져 한동안 매주 달문 가는 꿈의 금단을 겪기도 했다.

달라스행 그레이하운드 고속버스는 때때로 말썽이었다. 어쩔 땐 연착되고 어쩔 땐 서버리고 수십 군데 들러서 가느라 가기도 전에 실신할 지경이었다. 차 안은 또 얼마나 춥던지…. 그래도 다 좋았다. 어떻게든 갈 수만 있다면, 벗들을 만날 수만 있다면 그런 문제들은 사소했다. 달라스에 잘 곳이 없어 오승용 전 문학회장 단칸방에서 신세 지며 온기를 나누던 일, 좋아하는 시를 필사해서 여러 권 책으로 엮어 회원들 한 분 한 분 드렸던 기쁨, 졸작을 내밀고 타작마당에서 실컷 두들겨 맞고도 행복에 겨워 다음이 기다려지던 일, 각별히 노인네를 챙겨주던 박인애 님을 비롯해 묵은등이 김정숙 님, 최정임 님 등 늘 정성스럽던 문우들.

그들과 희로애락을 함께 한 일은 나의 존재감을 부각시켰고 내 생을 성장시켰다. 엉성한 황혼을 더욱 단단하게 여며준 것이다. 그러나 그 고마운 나의 벗을 이제 만나러 가는 일이 쉽지 않아졌다. 몸이 자꾸 기울어 둔해지니 지팡이에 의지해 장거리를 움직이는 게 여간 힘들지 않은 것이다.

더군다나 몸의 요긴하면서 질서정연하던 작용들이 시도 때도 없이 반란을 일으키니 경우에 따라서는 생의 존엄마저 팽개칠 정도여서 여간 곤혹스러운 일이 아닐 수 없다.

오랜 세월 다니던 오스틴 노인회를 가도 벗은 없다. 칠십 대, 많아도 팔십 대 새파란 젊은이들밖에 없어 그들이 나를 어려워하니 자연 놀 자리가 못 되었다. "늙는다는 것은 사랑하는 사람과 헤어지는 것이다"라는 말처럼 나를 떠나간 벗들 혹은 내가 떠나온 벗들이 수두룩하다. 그러나 그 헛헛하고 커다란 빈자리를 나의 새 벗 증손자 유준이가 채워주는 것이다. 나의 시든 몸을 눈부시게 포옹하며 도로 아이가 되게 해주는 아직 젖내가 가시지 않은 이 아이의 향이 근원적인 행복감을 깨닫게 해준다. 아이 하나를 키우려면 온마을 사람이 필요하다지만, 이 노인 하나를 키우는 건 저 아이 하나로 족하다. 이 작은 아이가 주는 행복감은 우주만큼 크다. 도로 아이가 된 나와 증손주인 우리 유준이는 자주 교감한다.

나의 뜻대로 움직여주지 않는 몸의 비애감은 생각보다 컸다. 뭐든 독립적으로, 자립적으로 해내는 걸 좋아하던 내가 나를 스스로 조절하고 통제하지 못할 때가 많다. 번번이 타인의 신세를 져야 한다는 자의식은 자주 나를 괴롭히고 부끄럽게 했다. 하지만, 이 작은 벗 앞에서만은 천성적인 허심의 자유를 누린다. 자연과의 교감이랄까. 신과의 조우랄까. 이 벗은 모든 걸 알려준다. 모든 걸 품어준다. 요즘 이 작은 벗과 나는 우정이 깊어져 간다. 막 해를 뚫고 나온 방년 17개월 우리 증손주가 저물어가는 나의 일몰 앞에 서 있다. 노을의 색채와 풍경을 더욱 곱게 물들여 줄 작지만 큰 나의 어린 벗이 있어, 지는 노을이 기껍다.

최기창

광주 출생. 전직 초등학교 교사. 아동문예 문학상 수상, 『국제문예』 시 부문 신인상 입상. 한국아동문예작가회, 국제문예작가회, 달라스한인문학회 회원. 시집 『도로이이의 노래』, 동시집 『아흔여섯 개의 봄』.

수필

작가라는 이름으로
―7인 수필집

최정임

책이 또 내게 왔다. 성탄이 지나도 일상은 나에게 여유로운 시간을 주지 않았다. 그래도 『작가라는 이름으로』라는 대단한 자존감을 느끼게 하는 책, 달라스한인문학회 문우가 네 사람이나 함께한 수필집인데 하며 다정한 사람들의 글부터 펴서 읽기에 들어갔다.

작가마다 각각 6편의 작품을 수록한 책, 42편을 다 읽었다. 빨강 볼펜으로 밑줄 긋는 버릇이 나의 존재를 확인하게 했다. 우선 박인애 작가의 책 표제 작품부터 읽어 들어갔다.

"문구 아트 박물관"이라⋯. 솔직히 말하자면 책 제목에서부터 뭐야, 작가라는 이름으로라니 하고 생각했는데 다섯 장의 긴 글을 다 읽고 그 감동과 느낌이 나의 심장을 관통하여 흐느낌이 되었다. 서울에 가면 꼭 문구 아트 박물관을 방문하리라. 한 문장 인용한다. "창작의 고통을 감당하며 작가라는 이름으로 자신만의 문학세계를 개척해 가는 모든 작가를 추앙한다." 오랜 시간 함께한 박인애 작가의 수필에서 성숙한 글 「고구와 구마」를 읽으며 세상에는 글감이 되지 않는 게 없다는 사실을 새삼 느꼈다. 「해바라기」. 참으로 글로써 남길 수 없는 아픈 심련, 다 읽고 허무함으로 내가 무너졌다. 작가란 어떤 것도 글을 쓸 용기가 있어야 작가이다. 「조우」는 근래의 작가 작품 중에 수작이다. 조각구름이 연출한 소나기 공연,

몸 예보, 천루, 마지막 문장에 기가 딱 막혔다. 꼭 읽어보길 권한다.

　김추산 작가의 여섯 편 작품 모두가 글 읽는 내게 신선한 자극을 주었다.
　「신풍 종묘사」는 생태를 보존하기 위한 씨앗에 관한 이야기다. 아버지의 생업은 곧, 자연에 귀의할 오묘한 신비요 곧 하나님의 창조품인 씨앗이 상품이 되는 종묘사 주인이었다. 씨앗이 그 생명의 끈으로 이어지듯 인간도 자손을 통해 대를 이어가며 창조의 원리에 순응해 간다는 이야기의 확장이 흥미로웠다. 글을 읽다 보니 나도 어느새 씨앗이 된 느낌이었다.
　「잉걸불」이라는 작품은 탈북자들을 위한 그림을 그리는 화가의 전시회로부터 이야기가 전개된다. 전시 중인 작품 한 작품 한 작품이 제목부터 그림까지 보는 내내 살을 에듯 가슴이 조여왔다. 글을 다 읽고 마치 내가 그 전시장에 서서 얼음 사람이 된 듯했다. 나의 시선은 고정된 채 그곳에 오래 머물렀다. 수필 한 작품에서 역사와 탈북민의 아픔이 보는 듯 느껴졌다. 단순한 그림 한 편 보는 감상이 아니라 생살을 쪼이듯 탈북민들의 삶 그 자체가 잉걸불 되어 가슴에 남았고 그 긴 여운이 남은 불씨를 내 가슴에 담았다.

　백경혜 작가의 「백련사 가는 길」에서는 강진 다산초당 정약용을 만나고 목민심서, 차와 혜장 선사, 한국 천주교 순교자 정약종, 정하상(제가 다니는 성당 주 보성인), 정약전(정약용의 형제들)을 만나고, 흑산도 유배지에서 '자산어보'와 수많은 글을 남긴 이들이 등

수필

장한다. 수필이 이렇게 역사의 시공을 넘어 독자를 다산 초당에 초대하다니, 여행길에서 얻은 수필 한 편이 샘물 한 그릇으로 목마른 자의 갈증을 해소하듯 한다. 「필모그래피」와 「게임하는 엄마」를 보며 작가와의 세대 차이가 많이 느껴졌다. 특히 '게임하는 엄마'라는 제목에서 내가 뒤처진 늙은이구나 하는 잔잔한 미소를 띠며 글을 읽었다. 가게를 운영하면서 손님들과의 만남도 영화의 한 장면처럼 그려졌다. '오늘은 오늘의 영화를 찍는 것처럼 살고 싶다'라는 영상 자막이 바로 우리들의 인생살이가 아닐까. 독특한 수필 제목에 매료되었다. 내 인생 필모그래피는…

이지원 작가의 여섯 편의 작품을 읽고 작가에게 박수를 보내고 싶어졌다. 글을 읽는다는 것은 이리도 내가 살아보지 못한 길을 걷게 하는 것이다. 멋지게 도전하는 삶에의 그 용기가 내게 없는 새로운 밥상을 차려준 느낌이다. 「첫 손녀 하린이」을 보며 이 할미도 첫 손녀 가은이를 만나던 때의 그 할미 마음이 절절하다.

「한류의 신호탄」을 보니 올림픽에서 통역사 역할을 하셨다니. 이렇게 유능한 존재감을 글로 쓴 그 자신감에 나는 무엇을 하며 살았나 하고 자책하게 한다. 발랄 유쾌한 생을 살아가는 작가임이 수필 전체에서 감지된다.

전명혜 작가의 이름은 내 친구의 이름과 같다. 친구를 생각하며 빠르게 글 속으로 빨려 들어갔다. 「늘목 산장에서 별을 보다」 아! 감악산에 그런 산장이 있다니! 글이 참으로 부드럽게 내 가슴에 스며온다. 알퐁스 도데의 '별'이 나오고 그곳이 바로 아버지의 누옥이었고 하늘의 별보다 가슴에 간직한 별이 더 아름답다. 이 글에서 작가는 최상의 문장으로 끝을 내렸다. 훈훈하게 내 가슴에도 별들이 하나둘 빛나게 하는 작품이다.

「찻집 주인」은 좋은 인간관계에 관한 글이다. 우리 곁을 둘러보고 나는 누구에게 이런 친구였는지 나 자신을 돌아보게 하는 글이다.

「민망한 기억」은 한 번도 가보지 못한 뉴욕, 똑똑한 할머니임을 내려놓은 뉴욕의 지하철. 이 글에서 내 이민살이의 민낯을 다시 느끼게 된다.

「고래를 만나다」에는 작가적 정신이 스며있다. 고래에 관한 글에서 「모비딕」을 읽고 간단히 분석해서 수필의 주제와 이어가는 순발력을 보여준 작품이다.

정만진 작가의 글 「새장골의 여름」에 나오는 서대문구, 불광동, 녹번동, 갈현, 박석고개 너머 등 유장한 세월을 넘어온 그 이름들이 아릿하다. 청춘 시절에 진관사 절에도 갔고 불광동 사는 친구와 저녁이면 개구리 소리 요란한 논에 발을 담그곤 하던 지나온 추억을 소환한다.

「추억 속의 한강 에어쇼」 와! 와! 감동적인 글이다. 한강, 용산, 삼각지, 남영동, 서울역, 서대문, 홍제동, 불광도, 녹번동, 그 머나먼 길을 그 어린 것이 밤길을 걸어 집에 도착하다니 상상이 안 된다. 이 어린 소년이 어른 되면 어떤 어려운 일도 해낼 힘이 거기서부터 올 것이다. 소년의 내적 강인함이 놀라운 글이다.

「LNG와 첫 만남」을 다 읽고 내 생에 수많은 책을 읽었다고 하지만 이렇게 나 자신이 무지하다는 걸 알게 해준 수필이다. 이 수필은 문학성보다 사실성 그 자체로 몰입하게 한다. 잘 배우고 간다.

「우리 가락 좋을시고」를 읽고 휘몰이 장단에 푹 빠졌다. 노년에 자기 인생의 획을 긋는 광장이 있어야 한다. 이민 오기 전 공간 사랑에서 어느 날 김덕수의 '사물 놀이패' 공연을 보고 그 흥에 젖었던 그날처럼 객석에 내가 있는 착각, 그리운 추억을 불러온 수필이다.

「페루 여행기」는 별점 다섯을 주고 싶다. 작가 부부와 제가 함께 페루 여행을 다녀온 것 같이 감동적 서사의 기행 수필이다. 인류 역사에 잉카 문명을 다시 가슴에 차곡차곡 담아두었다. 현대사의 첨단 물질문명이 조롱당하는 이 느낌은 뭘까. 고대 잉카 문명을 세운 사람들의 지혜로움이 놀라움을 안겨주었다. 정만진 작가님께 인사말이라도 드리고 싶다.

"페루 여행 잘 다녀왔습니다."

정은희 작가의 「고모님의 청국장」은 시작부터가 댓돌 위의 여자 신발이다. 대가족의 화기애애한, 보지 않아도 그날의 상황이 그려져서 이 핵가족 시대, 이민자의 외로움이 단번에 그 분위기로 나를 몰고 갔다. 문장이 그 분위기를 살려서 재미에 푹 빠졌다. 수필 한 편이 웃음꽃을 피우게 한다. '속전속결 주방장으로 승격했다.' 나는 한평생 주방장인 것을.

「네 번째 아내」에서 인생무상을 느낀다. 월남전에서 살아 돌아온 박 대위, 그 치열한 죽음의 전장에서도 살아 돌아온 자가 가정이라는 꿈, 돈, 그 물리적 위력감에 어쩌다 그리되었는지, 한 생의 질박함을 무겁게 느끼며 읽었다.

「접지」는 평범한 노년의 일상 글이라지만 제목에서 주는 이상한 기류를 따라 끝까지 읽었다. 인간 노년의 생리적 변화와 자연과의 조합, 숲속 맨발로 걷기, 결국 의지대로 해내고야 마는 작가의 필생이다. "신발을 두 손에 들고 접지를 시도했다." 맨발에 느껴지는 촉감과 함께 지구를 접하고, 천지인 자연인 자유인이다. 맨발의 청춘이 아닌 맨발의 흙과 접지라니 상상력의 최고치다. 이 글을 읽다 작가에게 박수를 보내고 싶었다. 아스팔트, 자동차, 어디서 흙과의 접지가 쉬 가능하지 않다. 그대만이 자연인이다.

7인의 소설집, 하나의 멋진 이벤트이다. 7인 수필가들에게 문우의 우정이 더 깊어지시길 바란다. 영롱한 새벽하늘 별의 그 정기가 7인의 작가들의 글에 처음처럼 스며들기를 염원하며 미려한 후기를 마친다.

수필

이순신의 난중일기(亂中日記)

역사를 잊은 민족들에게 미래는 없다. 이웃 나라 일본에게 말해주고 싶다. 참 수상한 시절이다. 한일 무역 분쟁으로 갈등의 골이 깊어지고 있다. 가깝고도 먼 이웃 일본은 위안부 문제, 강제 징용, 보상 판결과 관련해 국제 협약을 어기고 기어이 화이트 리스트로 제외시킨 나라다. 우리나라가 반도체 수출 강국으로 이미 일본을 제압하고 있는 현실을 인정할 수 없어 수소 불화 등 반도체 부품으로 무역 분쟁을 선포했다. 이에 대응해 일본상품 불매운동 일본 여행을 포기하는 국민의 시위가 확산되고 있다.

지금은 다시 이순신을 불러올 때이다. 오래된 장롱을 박차고 고전으로 먼지가 쌓인 『난중일기』를 읽을 때이다. 이순신의 지혜와 위용으로 이 난국의 돌파구를 찾아보자, 나의 서재에 서해 문집 오래된 책방 시리즈로 『난중일기』, 『징비록』, 『한중록』, 『북학의』 등 한 시대를 관통하며 성찰한 고전 중에 『난중일기』가 나의 시선을 사로잡는다. 『난중일기』는 1592년 임진년의 아침이 밝아오다, 초 1일로 시작된다. 삼도수군통제사 이순신이 임진왜란 7년의 일기이자 조선 정치 경제 군사상 뿐 아니라 이순신의 인간다운 면모를 우리에게 남겨준 귀중한 자산의 역사서이다. 이순신은 무관으로 삼도수군통제사이기 전에 부모에 효를 다하고 나라에 충으로 목숨을 바쳤다. 군사와 백성들을 네 몸같이 대하고 목민관의 사표가 된 인간 이순신은 그뿐 아니라 시인의 감성을 지니기도 했다.

　　한산섬 달 밝은 밤에 수루에 홀로 앉아
　　큰 칼 옆에 차고 깊은 시름 하는 차에
　　어디서 일성호가는 남의 애를 끓나니

　한산도 제승당에서 견내량을 내다보며 걸려있는 이순신의 시조 한 수, 그의 시적 여린 떨림의 감성이 여기저기 나타난다.
　임진년 2월 23일 일기에는 이런 구절도 있다.
　"비가 몹시 쏟아져 아래 윗사람 구분 없이 일행은 꽃비를 흠뻑 맞았다."
　삼월 봄을 재촉하는 비를 꽃비라 했다.
　"달빛이 맑고 밝아 티끌 하나 일지 않네."
　"가을 기운이 바다에 들어 나그네 가슴이 어지럽다."
　이순신은 군사 독재 시대에 구국의 영웅으로 정권 강화 유지를 위해 영웅으로만 인식되었다. 그러나 이순신은 군사를 호령하고 노량해전에서 승리한 성웅 이순신 장군만은 아니다. 구국과 헐벗고 굶주린 백성들과 함께 아파했다. 어머니에 내한 효와 자식을 사랑하는 아버지의 고뇌와 아파 몸져누운 인간의 모습도 담겨 있다. 왜적을 물리치고 나라를 구해야 한다는 깊은 충절을 기억하며, 지금 우리는 난중일기를 읽어야 할 때인 것 같다.

수필

    1593년 6월 12일 자 일기, "비가 오락가락하였다. 아침에 흰 머리털 여남은 오라기를 뽑았다. 흰 머리카락이 있다고 하여 어찌 싫어할 일이겠냐만 위로 늙으신 어머니가 계시기 때문에 뽑은 것이다." 효의 근본을 깨치게 하는 문장이 서늘했다.
    이순신도 사람인지라 자기를 모함하고 장수답지 못하게 행동하는 원균을 향한 '가소롭다'라는 말이 그의 인격에서 나온 적대적 표현 중 최고의 표현이다. 1597년에 통제사가 된 원균은 칠천량에서 대패했다. 1백여 척의 전함이 모두 깨어지고 바닷속에 가라앉아 남은 것이 없었다. 이순신이 다시 풀려나서 통제사가 되어 거의 초토화된 수군을 수습하고 한 척의 거북선도 없이 전선 13척을 가지고 명랑싸움에 승리했다. 이순신의 용맹과 전략은 타고난 것이 아니다. 그것은 철저한 준비에서 비롯된 것이다. 병선을 수리하고 무기를 관리하며 병사들에게 잘못이 있으면 엄하게 처벌하였다. 이순신은 1591년 전라 좌수사가 되었을 때 전쟁을 직감하고 새로운 배를 만드는 일에 착수했다. 판옥선에 쇠로 뚜껑을 만들어 덮으니, 형상이 거북이 엎드린 것 같아 거북선이 되었다. 『태종실록』에 처음 선보인다. 전래 거북선을 다시 개량하여 칠갑선을 만들어 실용화한 것도 이순신이다. 일본 조총을 본떠서 개량하여 정철 총통을 만들었다. 그는 전장의 승리만이 아닌 무기 개발에도 애쓴 장수다. 부산 앞바다 싸움에 크게 승전하고 한산대첩의 승전과 당산포, 옥포 등 작은 싸움에도 왜적은 섬멸되었다. 『난중일기』 중에 가장 중요한 건 날씨이다. 맑음, 비, 바람의 강약, 수군은 날씨와 아주 밀접하기에 하루도 날씨를 기록하지 않은 날이 없다.

이순신은 전술에 밝았고 전쟁을 수행하면서 지휘관이나 부하들에 대한 신뢰도 깊었다. 동명인 이순신(방답 첨사)을 비롯해 정운, 어영담, 김인용, 나대용, 권준, 백홍립, 이언량 등 그의 충실한 부하 지휘관들이다. 녹도 만호 정운의 죽음에 "지극히 슬프고 가슴 아팠다"라며 정운의 초상을 각별하게 치르라 하고, 조방장 어영담의 죽음에 "이 슬픔을 어찌 말로 다 할 수 있으랴" 하며 승전의 기쁨에 이어 함께한 지휘관들의 죽음 앞에 슬퍼하는 이순신은 비통한 인간적인 모습을 보였다.

이순신은 당쟁의 희생물이 되어 관직이 파직되고 서울로 끌려가 감옥에 갇혔다. 한 달여 만에 풀려나 원균이 칠천량에 패하여 도원수 밑에서 다시 백의종군하였다. 1597년 1월부터 3월까지 일기가 빠져 있다. 4월에 겨우 풀려나지만, 어머님은 돌아가신다. 여기서 잠깐 이순신의 어머니 이야기를 한 줄 옮긴다. 설날 왜적을 물리칠 일이 급해 아침을 먹은 뒤 어머니께 돌아가겠다고 말씀을 드렸더니 "잘 가서 나라의 욕됨을 속히 씻어라" 하고 말씀하시며 서운함을 보이지 않으셨다는 일기를 읽다 어머니는 위대하다는 사실을 다시 한번 깊이 새겼다. 역사에 길이 남은 영웅의 뒤엔 조선 여인, 어머니가 있어 난중일기가 더 깊숙이 파고들었다.

마지막 왜적과 싸움은 노량해전이다. 이순신은 임진왜란 중 23전 23승으로 세계사의 3대 해전으로 기록되어 있다. 1598년 8월에 풍신수길이 죽으면서 조선에 철병할 것을 명령했다. 그해 11월 18

일 노량해전에서 새벽부터 조선과 명 연합 함대가 진격하여 왜적을 크게 쳐부수나, 선두에서 싸움을 지휘하던 이순신은 유탄에 맞아 노량에서 쓰러졌다.

"방패로 나를 가려라, 내가 죽은 것을 알리지 말라"라고 비장한 유언을 남기고 54세에 전사했다. 그러나 그는 죽지 않았다. 『난중일기』 책으로 내가 만난 이순신은 성웅 이순신이 아니라 인간 이순신이었다. 조국 수호의 염원이 담긴 그 혼이 지금도 면면이 살아 우리 국토를 지키고 우리 가슴에 살아 있다.

최정임

『에피포도』 문학상 시, 『해외문학』 신인문학상 수필 등단. 제4회 미주카톨릭문학상 시부문 신인상. 칼럼니스트. 달라스한인문학회 회원. 에세이집 『책 읽는 여자』.

국화꽃 피는 동산

함영옥

실개천을 따라 오솔길로 한참을 걸어 가면 오른쪽으로 농잠고등학교 운동장 끝자락에 대나무숲이 우거져 있어 대나뭇잎이 바람에 스치는 소리가 스르륵 사르륵 대낮에도 움찔하게 만드는 한갓진 길이 나온다. 조금만 더 올라가면 왼쪽으로 산등성이를 오르는 작은 길이 논밭을 가로질러 놓여있다. 그 논밭을 지나면 소나무 숲 우거진 산자락이 눈에 들어오고 높은 남산의 꼭대기가 "나 여기 있네" 하는 식으로 빨리 오라는 듯 기다리고 있다. 아직도 내 친구 국화네 집은 이 산등성이를 절반은 올라가야 보일 것 같다.

하굣길에 딱 한 번 와 본 적이 있는데 이렇게 한적한 산속에 사람 사는 집이 있으리라고는 생각도 못 했고, 그렇게 자주 동네 친구들과 이산 곳곳을 누비고 다녀도 그 집은 본 적이 없었다. 그렇게 깊은 산속에 집이 있으려면 이런 시골에서야 당연히 작은 초가집이 있어야 할 터인데 국화네 집은 그렇지 않았다. 정갈한 기와집과 반듯하고 넓은 집터엔 앞이 탁 트인 시야가 얼마나 아름다운지 모르겠다. 한눈에 윗마을 아랫마을이 다 보일 뿐만 아니라 농고, 여고 그리고 그 옆의 국민학교까지 다 볼 수 있어 처음 와 보았을 때부터 정말 좋다고 생각되었다.

수필

앞마당에 피어있는 여러 가지 꽃들과 그중에서도 노란 국화는 향기와 색깔이 너무 고왔다. 국화네 집에서 보는 하늘은 손을 쭉 뻗으면 금방 닿을 것처럼 가까워 보였다. 밤이면 하늘의 별들이 국화네 집 마당으로 모두 내려와 앉을 만큼 가까워 보일 것이다. 이 산속에 있는 모든 나무와 새와 들꽃들이 모두 국화의 친구일 것이다. 그뿐만 아니라 밤이면 저 하늘의 수많은 별과 달도 모두 국화의 친구가 될 것이다.

그런데 이 아름다운 국화네 집은 이웃이 하나도 없었다. 그 주위론 아무리 둘러봐도 집이라고는 하나도 보이지 않았다. 조용하고 쾌적한 주위 환경에 비해 좀 외롭지 않을까 생각이 들었다. 이런 곳에 국화는 아빠와 단둘이 살고 있었다. 아무도 그 이유를 물어보지 않았지만, 5남매로 북적대는 아랫마을 우리 집에 비하면 정말 외로울 것 같은데 국화는 어떻게 여기에서 살 수 있었던 걸까.

우리는 학교가 끝나면 언제나 함께 가다가 우리 집이 있던 큰길에서 남산으로 갈 수 있는 작은 갈림길을 만나면 헤어지곤 했다. 그러므로 국화네 집을 윗마을 어디쯤으로 생각했으나 이렇게 외진 산속, 이웃 하나 없는 외딴집에 살고 있을 줄은 생각하지 못했다. 봄이 오면 남산은 복숭아꽃, 살구꽃, 그리고 진달래, 개나리꽃이 만발하여 울긋불긋 그야말로 꽃동네가 되어 언제나 우리들은 그 꽃 속으로 달려가지 않을 수 없었다. 우리는 남산을 오르는 지름길을 딱 한 군데 알고 있었다.

윗동네 서 부잣집 할아버지네 뒷마당을 지나면 가파른 길이 아닌 오솔길이 나오는데 아마도 이 길은 할아버지 댁 머슴이 나무하러 다니던 지름길이었는지도 모르겠다. 사람들은 이 댁을 서 부잣집이라고 불렀다. 여느 집과는 달리 큰 담장 안엔 집이 여러 채 있는데 기와집으로 된 본채 외에 초가집이지만 조금 큰 집이 두어 채 있었다. 산밑 뒤편으론 작은 토방이 있는데 그 토방 뒤로 우리들이 자주 오르는 지름길이 있었다. 풀뿌리와 나뭇가지를 잡고 잡초 속을 헤치고 기어 올라가는 길이지만 이리로 올라가면 정상적인 길로 올라가는 것보단 훨씬 빨리 산 정상에 올라갈 수 있었다.

산 정상에만 올라가면 우리들 세상이었다. 꾸중 들을 어른들도 없고 개구쟁이 동네 남자아이들도 없었다. 하루 종일 머루랑 산딸기와 오디를 따먹기도 하고 달래나 쑥을 뜯어다가 엄마에게 드리기도 했다. 특히 나는 소나무 등걸에 기대어 노래 부르는 것을 좋아했다. 깊은 산 속 맑은 공기를 음미하며 부르고 싶은 노래를 맘껏 소리 내어 부를 수 있다는 것이 무척 나를 즐겁게 했다.

그런데 할아버지 댁 뒷마당 오솔길로 오르다가 할아버지에게 발각되는 날이면 모든 게 도로아미타불이었다. 할아버지의 불호령에 모두 혼비백산할 수밖에 없었으니까. 그러던 내가 국화네 집을 와본 후론 생각이 달라졌다. 산속에 그저 대충 지은 집이 아닌 잘 닦여진 너른 터와 탁 트인 아름다운 정경 그리고 잘 가꾸어진 정원이 무엇인가 예사로운 것 같지가 않았다. 어린 국화와 재잘대며 놀다가 맛있는 간식까지 먹고 해 질 녘에야 우리 집으로 돌아왔다.

그 후론 다시 한번 국화네 집을 가볼 기회가 없었지만, 친구들 사이에선 국화 이야기가 심심찮게 들려왔다. 이유가 있어 그곳에 숨어 산다느니, 또는 옛날엔 잘 살았었는데 어쩌다 산속에 빈집을 발견하고 임시로 그곳에 살고 있다느니, 아니면 아버지가 매우 편찮으셔서 요양차 그곳에 살고 있다느니… 등등. 어느 것 하나, 확인되지 않은 소문만 무성할 뿐 아무도 진실은 알지 못했다.

그래도 국화는 내 친구다. 하굣길엔 언제나 둘이 손잡고 깔깔거리며 들녘을 지나 농잠고등학교와 여자고등학교가 있는 갈림길에 들어서면 "잘 가 국화야" 하고 헤어졌다. 그래도 국화는 농잠고등학교 옆 작은 도랑을 따라 대나무숲이 있는 곳까지 혼자 걸어가야 했다. 대나무 숲이 나오면 왼쪽 들길을 지나 산밑까지 와서 거기서 또 산 중턱 국화네 집까지 가야 했으니, 한참을 더 가야 집에 다다를 수 있었다. 한참을 국화의 뒷모습을 보다가 또 산 중턱 아름다운 국화네 집이 생각났다.

"내일 또 국화네 집에 놀러 가야지."

나는 국화네 집 대청마루에 앉아 산밑을 바라보는 것을 좋아했다. 멀리서 들려오는 대나뭇잎을 스치는 바람 소리도 좋았다. 지저귀는 새들과 저녁이면 램프 불 위로 쏟아지는 수많은 별을 보는 건 더더욱 꿈만 같았다.

그런데 다음날 국화는 학교에 오지 않았다. 그다음 날도 그다음 날도 국화는 학교에서 볼 수 없었다. 할 수 없이 나는 하굣길에 국화네 집으로 가보기로 결심했다. 먼 길을 지나서 산 중턱 국화네 집 황톳빛 마당으로 들어서자, 앞뜰에 피어있는 노란 국화꽃이 어서 와 하는 것처럼, 향기를 품고 있었다.

나는 조용한 국화네 집 앞으로 다가가 "국화야 놀자" 하고 불러 보았지만, 아무 기척이 없었다. 다시 큰소리로 "국화야 놀자" 불러 보았지만 아무도 인기척이 없었다. 언제나 먼저 토방 문을 여시고 "어 국화 조금 있으면 와" 하시던 국화 아버지도 기척이 없었다. 나는 한참을 툇마루에 앉아 국화를 기다리다 그냥 집으로 돌아왔다. 그 이후로도 몇 번을 더 국화네 집을 들러보았지만, 시들해진 앞마당 국화꽃만 힘없이 서 있을 뿐 끝내 누구의 얼굴도 볼 수 없었다.

그 이후론 우리 개구쟁이들은 악착같이 산등성을 오르는 일을 더는 하지 않았다. "야호" 하고 소리쳐도 대답할 줄 모르는 산처럼 자꾸 국화네 집이 썰렁해 보여서였다.

함영옥

『미주문학』 수필부문 등단(2001). 한국외국어대학 졸업, UT Pan American University Accounting 수료. 달라스한인문학회 회원.

수필

우리가 사모할 은사

홍마가

　이제는 성년이 된 아들이 대학 다닐 때(2010년), 델타항공에서 1년간 인턴으로 일했다. 그는 일을 성실히 하여 매년 여름방학 때 인턴으로 4년간, 대학을 졸업할 때까지 계속 일했다. 덕분에 우리 부부는 무료 항공 특혜를 5년간 누릴 수 있었고, 여러 곳을 여행하게 되었다. 때로는 비즈니스석을, 때로는 일등석을 타며 고국에까지 다녀왔으니, 이는 평생에 한 번도 누리기 어려운 특혜였다.
　아들은 주말이면 배낭을 메고 세계 각지를 무료로 여행했다. 잠은 공항에서 해결하고 저렴한 방법으로 세계를 다니며 견문을 넓히는 모습을 보며 흐뭇했다. 한 번은 아들이 로마에 간다며 혹시 그곳에 아는 지인이 있는지 물어보았다. 나는 우리 선교단체에서 자비량 선교를 하며 한국 식당을 운영하는 선교사 한 분을 떠올리고, 그분의 연락처를 알아보겠다고 했다. 그 분께 이메일을 보냈고 답장이 왔지만, 이미 아들은 항공기에 탑승한 상태였다. 지금처럼 SNS가 발달하지 않았던 때라 아들에게 연락할 방법이 없었다. 그렇다면 어떻게 되었을까?
　아들이 로마 공항에서 잠을 잔 후 후줄그레한 모습으로 친구와 무작정 찾아간 식당이 바로 그 선교사의 식당이었다. 아들이 물어본 것인지, 그분이 알아본 것인지는 모르겠으나, 그곳에서 아들은 그 선교사의 극진한 섬김을 받았다. 이후 그분이 내게 이메일을 보내왔다. 아들이 용케 그의 식당을 찾아왔다고.

아들이 이런 식으로 무전여행을 할 때마다 나는 염려가 많았지만, 이렇게 만나게 된 것을 나는 하나님의 기적이라 표현하고 싶다. 벌써 15년 전의 일이지만, 아들은 그 선교사께 지금도 무척 감사한 마음을 가지고 있다.

그 선교사는 식당 운영하며 선교하며 바쁜 와중에 틈틈이 두 권의 책을 출판했다. 그분의 글을 읽어보면 기억력이 대단한데, 최근 그때의 일을 물어보니 기억이 가물가물하다고 하였다. 우리는 대개 베푼 것은 기억하고 받은 것은 쉽게 잊어버리기 때문에 서운해하거나 화가 나기도 한다. 그런데 이분은 베푼 것을 곧 잊는 은사를 가진 것 같다.

우리가 베푼 것들을 빨리 잊고 받은 것을 기억하다 보면 마음이 저절로 감사로 채워지고 행복해지지 않을까. 그런 사람의 주변에 있는 사람들도 덩달아 행복을 느낄 것이다. 그러면 주변에 사람이 많아지고 외롭지 않을 것이다. 특히 노인의 반열에 들어선 나 자신에게 이런 마음가짐이 절실히 필요함을 느낀다.

그렇다. 베푼 것은 빨리 잊고, 받은 것을 잘 기억하며 감사하는 마음이야말로 우리가 사모할 은사라고 여겨진다. 곳곳에 한파가 몰아치는 1월, 이곳 텍사스도 아직 동토의 땅이지만, 우리 마음이 감사로 채워지길 기대한다. 그러면 어느새 찬란한 봄을 맞게 될 것이며 우리 마음도 노란 개나리처럼 활짝 피어나게 되리라.

* 이 글에 언급된 선교사는 25년간 로마에서 아리랑 식당을 운영하며 선교하고 있다.

홍마가

청주 출생. 크리스천 문학 시부문 등단(2014), 크리스천 문학 작가상(2017), 국민일보 신춘문예(2019). 한·아세아포럼 문학상 수상(2024). 시집 『민들레 홀씨의 노래』, 『기적소리』, 『그리움을 향한 노래』. markhong255@gmail.com

콩트

김양수

콩트

위대한 순이

김양수

목적지도 방향도 정하지 않고 무작정 길을 떠나는 것이 취미인 김 교수는 그날도 아침 일찍 혼자 길을 떠났다. 텍사스 주립대학에서 사회학을 가르치고 있는 그는 은퇴를 일 년쯤 앞두고 마지막 연구논문에 전념하고 있었다. 그 논문은 한국 이민자들의 미국 생활 적응 실태에 관한 것이었다. 제각기 다른 배경을 갖고 이민 온 교민들을 각자의 교육 정도, 직업, 종교, 경제적, 사회적 지위 등을 분류하여 그들이 미국 사회에서 어떻게 적응하며 살아가는지, 이민 생활의 만족도, 자녀 교육, 경제적 성취도 등을 취합하여 유의미한 통계적 결론을 얻어내는 것이 그 논문의 목적이었다. 그것을 위해 방대한 자료수집과 수없이 많은 인터뷰도 필요했다.

그에겐 가끔 머리가 복잡해지면 무작정 차 타고 길을 나서는 게 머리를 식히는 최고의 방법이었다. 판에 박힌 일상을 떠나 자유롭게 배회하다 보면 머릿속은 많은 생각으로 꽉 차게 된다. 대부분 쓸데없는 잡념이지만 가끔 어떤 난해한 주제를 제법 논리적으로 정리할 기회를 얻기도 하고, 다음 주 강의 내용이 처음부터 끝까지 잘 엮어지기도 한다.

고속도로보다는 이름 모를 시골길을 좋아하는 김 교수는 돌아갈 길을 잃을까 걱정하지도 않는다. 모든 길은 로마로 통한다는 말을 믿기 때문이다. 자유로운 배회는 그가 누릴 수 있는 최고의 사치인 거다.

그렇게 집을 떠나 다섯 시간쯤 지났을까, 그는 서부 텍사스의 황량한 벌판을 달리고 있었다. 갑자기 심한 시장기가 느껴졌다. 그러고 보니 길을 떠나면서 주유소에서 들고 온 커다란 커피 한 잔 외에는 아무것도 먹은 게 없었다. 그러나 아무리 둘러봐도 사람 사는 흔적이라곤 보이지 않는 벌판에서 그의 시장기를 달래줄 곳이 있을 리 없었다. 구글 지도를 들여다보았다. 그는 텍사스주도 86번 선상에서 서쪽으로 달리고 있었다. 20마일가량 더 가면 주민이 500명가량 되는 실버톤(Silverton)이라는 작은 마을이 나온다. 그는 그곳에서 허기를 달래고 쉬어가기로 했다.

마을 어귀 오른쪽 길가에 오래된 목조건물 앞에 '마마스 카페(Mama's Caffe)'라는 입간판이 보였다. 그 간판 아랫부분엔 '텍사스 최고의 햄버거'라는 문구도 보였다. 촌마을 햄버거를 좋아하는 김 교수는 맛있는 시골 햄버거를 맛보게 될 행운을 기대하며 자갈 덮인 주차장으로 들어섰다. 오랜 세월의 흔적을 간직한 음식점 내부는 모든 게 낡았지만 아늑한 분위기였으며 무엇보다 깨끗하게 정리되어 있어 그를 안심시켰다.

그를 테이블로 안내한 이는 중년의 동양인 여사였다. 종업원에게 지시하는 것으로 보아 여주인인 듯 보였다. 아무리 한심한 촌 동네라도 중국인들이 들어와 영업하는 것을 가끔 보아왔기 때문에 김 교수는 그녀가 중국인이라고 짐작했다. 심하게 굴리는 영어 발음이었지만 의사소통엔 지장이 없었다. 김 교수는 환하게 웃으며 손님을 대하는 그녀의 태도에 호감을 느끼게 되었다.

그녀는 부단하게 테이블을 오가며 손님들과 대화를 나누었다. 손님들 역시 그녀와의 대화를 즐기는 듯했다. 때론 농담으로 폭소가 터지기도 했고 때론 제법 심각한 표정으로 대화를 나누기도 했다. 식당으로 들어서는 여자 손님들은 그녀를 반갑게 포옹했고 남자들은 그녀를 마마라고 불렀다. 그들 사이엔 손님과 여주인 이상의 끈끈한 인간적인 관계가 있어 보였다. 김 교수는 '장사 참 잘하네'라고 생각했지만 한편 저러한 관계를 만들어낸 동양인 여주인에 대해 호기심이 생겼다. 그의 연구논문에 혹시 도움이 되지 않을까 하여 틈을 보아 그녀를 인터뷰하고 싶어졌다.

그가 메뉴판을 보고 있던 때 아내로부터 전화가 왔다. 식당이 왁자지껄하는 소음으로 가득 차 있어서 그는 목소리를 높여야 했다.
"뭐라구? 좀 크게 말해 봐."
여주인은 통화하는 김 교수를 흘끔흘끔 쳐다보았다.
"세진이가 집에 왔다구? 그 자식 또 새 직장 때려치운 거야? 참, 나이 사십 다 되도록 아직도 뜬구름만 쫓아다니고 있으니… 알았어. 밤늦게 들어갈 거 같으니까, 저녁은 세진이 하고 먹어요. 거 괜히 애 좀 잡아대지 말구요."

통화를 끝낸 김 교수에게 여주인이 환하게 웃으며 다가와 외치듯 말을 걸었다.

"어머머, 한국 분이시네요? 세상에, 세상에, 우리 식당에서 한국 손님을 보다니… 이 식당 생긴 후로 처음이네요. 반갑습니다. 고맙습니다."

"저도 놀랍군요. 이런 곳에서 한국 사람이 식당을 운영하다니. 이 식당 얼마나 오래됐나요?"

"시부모님이 사십오 년, 그리고 우리 부부가 이십 년 넘게, 그러니까 거의 칠십 년 되었네요. 한국 손님으론 선생님이 처음이에요. 어머머, 그러고 보니 저도 오랜만에 한국말을 하네요. 한국 드라마를 보고 가끔 킬린에 있는 언니들하고 전화하고 달라스에 사는 아이들과 통화는 하지만 이렇게 얼굴을 대하고 한국어로 말하기는 정말 정말 오랜만이에요."

그녀는 금방이라도 울음을 터뜨릴 표정을 지으며 숨도 쉬지 않고 빠르게 말을 쏟아냈다. 김 교수는 쉴 새 없이 쏟아내는 그녀의 말을 간간이 미소 짓고 고개를 끄덕이며 듣고 있었다. 그리하는 게 수없이 많은 인터뷰를 통해 알게 된 상대방이 편하게 말할 수 있는 분위기를 만들어 주는 노하우였고, 한편으론 얼마나 한국 사람이 그리웠으면 처음 보는 사람에게 저렇게 신명 나게 말하겠나 싶어 그녀를 방해하지 않고 듣고 있었다.

김 교수는 그녀가 미국 최대 군사기지 중 하나인 킬린을 언급한 것으로 보아 그녀는 주한 미군 병사를 만나 미국에 들어온 국제결혼한 여자라는 걸 눈치챘다. 오랜 세월 미국에서 살아온 그는 그러한 여성들에 대한 편견은 없었으나 연민이 느껴지는 건 사실이었다. 그러나 그 연민이라는 것도 편견에서 비롯된 것이리라. 그는 점점 그녀의 말에 빠져들었고 그녀의 삶에 대해 알고 싶어졌다.

"제 이름은 김지호라고 합니다. 어떻게 불러드려야 할까요? 미세스…?"

"맨스필드요. 단 맨스필드(Don Mansfield)가 남편 이름이에요. 그런데 그냥 미키라고 불러주세요. 스무 살 때 미군들을 만나기 시작한 이후 지금까지 사람들은 저를 미키라고 불러요."

김 교수는 그녀의 거침없는 솔직함에 또 한 번 놀랐다. 하기야 또 만날 일 없는 나그네에게 그동안 감추며 살아왔던 속내를 털어놓은들 무슨 흠이 되랴 싶었다.

"그래도 한국 이름이 있으실 텐데?"

"순이요. 박순이. 보육원 원장 선생님이 그렇게 지어주셨어요. 저는 부모 없이 혼자 자랐거든요. 촌스럽죠? 박순이가 뭐예요, 박순이가."

"저한텐 정겨운 이름으로 들리네요, 순이 씨."

순이는 두 손을 입에 대고 울 것 같은 표정을 지었다.

"정말 몇십 년 만에 들어보는 제 이름이네요. 좀 이상해요."

"그런데 순이 씨."

"네?"

"주문은 언제 받으실까?"

"어머, 내 정신 좀 봐. 얘기하느라 정신을 놓아버렸네요. 죄송해요. 뭘 드시겠어요?"

"뭘 추천하고 싶으세요?"

"저기 메뉴판 맨 밑에 '김치버거'라는 게 보이죠? 그게 이 동네 사람들에게 인기 짱이에요. 제일 많이 찾아요. 한번 드셔보세요. 제가 직접 만들어드릴게요."

"좀 생소하게 들리긴 하지만 맛있을 것 같군요. 그걸로 주세요."

순이는 신바람 난 듯 종종걸음으로 주방 안으로 들어갔다. 김 교수는 아직도 인종에 대한 편견이 남아 있는 텍사스 촌에서 잘 적응하며 살아가는 듯한 한국 여인에 대해 점점 흥미를 갖게 되었다. 잠시 후 순이는 주문했던 햄버거를 쟁반에 얹어 들고 왔다.

"잘 익은 김치를 얇게 썬 삼겹살하고 양파를 넣고 버터에 볶았어요. 한국 분이시니까 입맛에 맞을 거예요. 그리고 이건…."

순이는 시원해 보이는 물김치 한 사발을 내려놓았다.

"아니, 햄버거에 물김치?"

"네. 궁합이 잘 맞아요. 저는 음식은 무엇하고 같이 먹느냐가 중요하다고 생각하거든요. 이곳 사람들이 한번 맛보고는 환장을 해요."

김 교수는 햄버거를 크게 한입 베어먹고 목이 말랐던 차라 물김치 사발을 들고 크게 한 모금 마셨다.

"우와! 이거 대박이네요. 이 기름지고 깊은 맛의 김치버거와 시원한 물김치야말로 환상의 궁합이군요. 이곳 사람들이 좋아하는 이유를 알겠습니다. 그런데 이 동네 사람들이 한국 음식을 좋아하는 모양이죠?"

"그럼요. 김치, 떡볶이, 김밥, 라면, 불고기, 삼겹살… 좋아하지 않는 게 없어요. 제가 여기 오고 나서 이십 년 넘는 동안 얘네들 입맛을 싹 바꿔 놓았죠, 하하하. 사람들이 이젠 제가 없으면 못 산대요 하하하."

"그럴만하겠네요. 그런데 순이 씨, 뭐 좀 물어볼게요. 혹시 큰 도시로 나가 한국 사람들과 어울려 살 생각은 안 해보셨나요?"

"왜 안 했겠어요. 전 한국 사람들을 늘 그리워했거든요. 남편이 제대하고 나서 외로워하는 저를 위해 달라스로 가서 살자고 했어요. 그래서 달라스에서 잠시 산 적이 있었어요. 저는 그곳에서 교인이 이천 명이나 되는 큰 한국교회에 나갔죠. 이왕이면 한국 사람들하고 신물 나게 어울려 볼라고요. 그런데 그게 생각대로 안 되더라구요."

"왜요? 무슨 일이 있었나요?"

"저는 사람들과 잘 어울릴 수 없었어요. 지금 생각하면 제가 문제였죠. 전 그 교회에서 제가 할 수 있는 일을 찾아 친교실 커피 담당을 했어요. 예배가 끝나면 한꺼번에 몰려드는 교인들 커피 대주는 게 보통 일은 아니죠. 커피통 다섯 개를 쉴 새 없이 갈아대며 프레시한 커피를 만들어대느라 열심히 일했죠. 그런데 반년이 지나도록 저한테 말을 거는 사람이 아무도 없었어요. 주방 관리하시는 권사님 말고는요."

"저런, 순이 씨가 말을 걸어 보지 그랬어요. 먼저 인사도 하고요."

"전 그냥 그럴 수가 없었어요. 아시잖아요, 전 그렇구 그런 여자니까요. 사람들은 말 안 해도 다 알아요."

"그렇구 그런 여자라뇨? 순이 씨와 비슷한 처지의 여신도들이 잘만 어울리기도 하던데."

"전 그게 잘 안 돼요. 제가 제일 힘들었던 건 예배 후 성경공부반에 들어갔을 때였어요. 전 거기서 늘 한마디도 못 하고 앉아 있어야만 했어요. 그 사람들은 저하고 쓰는 말이 다른 거 같았어요. 전 중학교도 제대로 마치지 못했거든요."

김 교수는 가끔 천장을 올려보며 한숨 쉬듯 말을 이어가는 순이의 표정에서 오랜 세월 그렇고 그런 여자로 살아야 했던 그녀의 감추어진 슬픔이 배어 나오는 걸 엿볼 수 있었다.

"반년 만에 우린 다시 짐을 싸서 남편 고향인 이곳에 왔죠. 시아버지는 한국전 참전용사셨어요. 그래서 그런지 저를 따뜻하게 맞아주셨어요. 시어머니도 저를 엄청 사랑하셨구요. 물론 순둥이 남편은 저 아니면 못 산다 하구요. 저는 처음으로 사람 사는 맛을 알게 되었어요. 우린 식당을 도맡아 열심히 일했죠. 매상도 많이 늘었구요. 손님들 절반은 이 주변 사람들이고 나머지 절반은 이 앞길을 지나 먼 곳으로 다니는 길손님들이죠. 소문이 좋게 났는가 봐요 하하하."

김 교수는 시간 가는 줄 모르고 순이 이야기에 깊게 빠져들었다. 오후 세 시가 넘었다. 식당은 왁자지껄하던 손님들이 썰물 빠지듯 다 나가고 갑자기 조용해졌다. 아침과 점심만 영업하고 세시면 문을 닫기 때문이었다. 손님들이 다 나가자, 식당 뒷문으로 한 남자가 휠체어를 타고 들어왔다. 순이는 그에게 다가가 가볍게 입을 맞추고 등을 쓰다듬었다. 몸 한쪽을 못 쓰는 반신불수인 그는 어눌한 표정이었지만 환하게 웃었다.
"제 남편 단이에요. 삼 년 전에 풍을 맞아 이렇게 됐어요. 그래서 우린 세 시면 문을 닫아요. 저녁엔 제가 남편을 돌보아야 하거든요. 목욕도 시켜주고, 단이 좋아하는 음식도 만들어 주고요. 어때요, 우리 남편 잘생겼죠?"

김 교수는 웃으며 단에게 다가가 손을 잡고 인사했다. 순이는 단에게 그 식당에서 처음 맞는 한국 손님이라고 설명했다. 단은 아주 천천히 반갑다고 말하며 선한 표정으로 웃었다.

그때 식당으로 한 남자가 들어섰다. 청바지에 부츠, 체크무늬 셔츠에 카우보이모자를 쓴 영락없는 텍사스 토박이었다. 순이는 환하게 웃으며 말했다.

"시계처럼 정확하군요. 고마워요, 조지."

"오늘 단이 좋아 보이는군요. 내가 저 녀석한테 재미있는 얘깃거리를 갖고 왔지요."

그는 순이에게 한 마디 건네고 휠체어를 밀고 식당 밖으로 나갔다.

"단하고 어릴 때부터 함께 자랐던 형제 같은 친구예요. 학교도 같이 다니고 군대도 한 날에 지원해서 갔어요. 남편이 풍 맞아 쓰러지자 조지는 저보다 더 많이 울었어요. 웬 남자가 눈물이 그렇게 많은지. 조지는 매일 이맘때면 와서 남편 휠체어를 밀고 두어 시간 동네를 여기저기 다니면서 말을 나누어요. 그래야만 단이 우울증에 빠지지 않는대요."

"참으로 의리 있는 친구군요. 나는 지금껏 살면서 그런 친구를 갖지 못했는데…."

 김 교수는 갑자기 가슴이 먹먹해지는 것을 느꼈다. 저렇게 아름다운 관계를 보면서 순이가 이곳에 온 후 사람 사는 맛을 알게 되었다고 한 말을 이해할 수 있었다.

 조지와 단이 나간 지 얼마 지나지 않아 식당으로 챙 넓은 밀짚모자를 쓴 곱게 생긴 할머니가 들어왔다. 손에 든 커다란 바구니엔 각종 채소가 가득 담겨 있었다.

 "안녕, 조안 이모. 오늘 채소는 유난히 싱싱해 보이네. 고마워요, 이모."

 순이는 빈 바구니에 이것저것 챙겨 넣으며 말했다.

 "이건 이모가 지난번 갖다준 오이로 만든 김치야. 잘 익었으니까 맛있을 꺼야. 이모. 이 김치 이름이 뭐라구?"

 "오이소배기, 내가 제일 좋아하는 건데 왜 몰라? 고마워 미키, 잘 먹을게. 오이소배기."

 할머니는 오이소배기를 정확한 발음으로 말하며 밖으로 나갔다.

 "조안 이모는 혼자 사는 할머닌데 취미가 채소 키우는 거예요. 온종일 뒤뜰에 나가 각종 채소를 자식처럼 가꿔요. 마트에서 사는 채소와는 비교가 되지 않을 정도로 알차고 싱싱해요. 그리고 이렇게 저한테 갖다주고 이웃집에도 나눠 주세요. 논을 준다면 화를 내고 받지 않아요. 자기가 키운 채소를 남들이 맛있게 먹을 수 있다면 그게 행복이라면서요."

 "마음이 참으로 아름다운 할머니시고요. 부럽습니다, 순이 씨. 저는 그런 이웃이 없어요."

"몇 년 전만 해도 날이 추워지면 할머니는 우울해하셨어요. 겨울이 되면 채소를 가꿀 수 없잖아요. 그래서 남편은 조지하고 할머니 뒤뜰에다 그린하우스를 만들어드렸어요. 그 후로 할머니는 일 년 내내 행복해하세요."

이야기를 듣는 김 교수는 점점 생각이 깊어졌다. 순이의 이야기를 들으면 들을수록 그에게 남아 있던 연민이라는 것이 부질없는 거라 생각되었다. 오히려 순이의 삶이 부럽다고 느껴졌다.

잠시 후, 또 다른 방문객이 들어섰다. 젊은 남녀였다. 그들은 순이를 보자 두 팔을 벌리고 달려들며 제각기 외쳤다.

"해피버스데이 엄마!"

그들은 오래도록 순이를 껴안으며 뺨이 닿도록 입을 맞추었다. 잘 생긴 아들이 주변을 두리번거리며 물었다.

"아빠는? 요즘 괜찮아?"

"조금 전 조지 삼촌하고 나가셨어. 요즘 많이 좋아지셨어. 웃음도 많아지고 운동도 열심이야. 그런데 애들아, 그거 아니? 이분은 우리 식당에 한국 사람으론 처음으로 오신 손님이서. 인사드려. 선생님 우리 애들이에요. 내일이 제 생일이라고 달라스에서 이렇게 왔어요."

"아, 그렇군요. 생일 축하드립니다. 남매가 영화배우처럼 잘 생기고 예쁘군요."

남매는 조금도 어색하지 않은 한국어로 김 교수에게 인사했다.

"안녕하세요. 한국 손님이 오시다니 우리 식당 역사를 새로 써야겠네요."

"그래서 그런지 오늘 엄마 표정이 유난히 환하네, 하하하."

김 교수는 흐뭇한 표정을 감추지 못하는 순이를 바라보며 말했다.

"자녀분들을 잘 키우셨네요. 저렇게 한국말을 잘하다니."

"뭐 다른 큰 뜻은 없고요, 제가 영어가 서투르다 보니 애들하고는 한국말만 할 수밖에요. 그런데 얘네들이 잘 받아들이더라고요. 얘네들은 한국 드라마를 저보다 더 많이 봐요. 요즘 사귀는 애들도 다 한국 애들이고요."

남매는 봄에 태어난 염소 새끼들을 본다며 뒤뜰로 나갔다.

"자녀들이 지금 뭘 하는지 물어봐도 될까요?"

"에이, 애들 자랑하면 돈 내야 된다는데…. 공짜로 해도 돼요? 하하하. 큰딸은 학교 선생님이에요. 고등학교에서 수학을 가르친대요. 내년에 결혼해요. 한국 남자하구요. 작은 녀석은 작년에 의대를 졸업하고 지금은 베일러 종합병원에서 인턴하고 있어요. 걔도 사귀는 애가 한국 여자예요."

"대단하십니다. 이런 촌에선 쉽지 않았을 텐데 어떻게 그렇게 잘 키우셨어요?"

"못 배운 저의 한을 애들한테 모두 쏟아부었죠. 남편도 같은 생각이 있구요. 이곳엔 제대로 된 학교가 없어서 고등학교부터는 한 시간 반쯤 걸리는 위치토 폴에 있는 사립학교에 보냈어요. 아이들은 학교 다니기 위해 하루에 세 시간씩이나 길에서 보내야 하는 것을 전혀 불평하지 않았어요. 아빠는 그보다 두 배나 되는 시간을 운전하며 오갔거든요. 애들을 학교에 데려다주고 집에 와서 식당 일을 돕다가 오후에 또 애들을 픽업하느라 다시 먼 길을 오갔지요. 매일 여섯 시간씩 길에서 보냈어도 순이는 늘 즐거운 마음으로 둘째가 졸업할 때까지 그 일을 몇 년을 해낸 거예요."

이야기를 듣고 있던 김 교수는 백수가 되어서 집에 와 있는 아들을 생각하며 문득 부끄러움을 느꼈다. '나는 아들을 위해 저들처럼 희생했던가?' 그는 순이야말로 행복을 스스로 개척한 여자라고 생각했다. 그동안 수많은 이민자의 삶을 보아왔지만, 순이처럼 완벽하게 적응하며 살아가는 케이스는 처음이었다. 못 배우고 척박했던 과거의 삶을 뒤로 하고 생면부지였던 이웃과 녹아들어 사람 사는 맛을 나누면서도 한국인이라는 정체성을 잘 지키고 있지 않은가?

순이와 많은 이야기를 나누는 사이 시간은 다섯 시를 넘기고 있었다.

"순이 씨. 전 이만 일어서야겠군요. 갈 길이 멀어서요. 김치버거와 물김치 맛이 생각나서 다시 올 것 같습니다."

"어머나… 먼 길 가시는 분을 붙들고 수다를 떨었네요. 그런데 섭섭해요. 꼭 다시 오세요. 다음엔 사모님하고 같이 오세요. 그땐 제가 실력 발휘 제대로 할게요."

"그렇게 하지요. 그런데 순이 씨."

김 교수가 진지한 표정을 짓자, 순이는 눈을 동그랗게 뜨고 바라보았다.

"순이 씨는 절대로 그렇고 그런 여자가 아닙니다. 제가 미국에서 보아왔던 수많은 한국 여성 중 가장 위대하고 자랑스러운 여자라고 생각해요."

"뭐래시나? 저 놀리시는 거죠?"
"아니, 진심입니다. 그러니 제가 다시 올 때엔 절대로 그렇고 그런 여자라는 말을 입 밖에 꺼내지 마세요."

위대한 멍게

갤버스턴 바닷가의 한 낚시터. 네 명의 남자가 모여 앉아 낚시하고 있었다. 십여 년 만에 만난 절친 중의 절친. 중고등학교 시절 늘 붙어 다니며 우정을 쌓았던 사이였다. 십여 년 전 그들은 각자의 사연을 안고 미국으로 이민을 왔다. 제각기 바쁜 이민 생활 중, 그해 봄 그들은 큰맘 먹고 텍사스 휴스턴에 사는 친구한테 모여 그간의 회포를 풀기로 했던 거다.

대부분의 남자가 어린 시절에 서로를 별명으로 불렀듯이 그들도 각기 개성에 맞는 별명이 있었다. 똘바, 똘게, 멍바, 멍게가 그들의 별명이었고 성인이 되어서도 그 별명은 변함없이 불렸다.

똘바. 머리가 명석해서 똘똘한 데다 바지런하기까지 해서 똘바라 불렀다. 잘생긴 데다 도대체 모르는 것이 없고 못 하는 것도 없는 완제품이었다. 똘바는 친구 중 리더 역할을 담당했고 각종 문제를 도맡아 처리하는 해결사이자 멘토였다. 욕망이 원대해서 대학을 졸업하고 대기업에 취직할 수도 있으련만 그에 만족하지 않고 일찍이 사업 길로 나섰다. 무슨 IT 계통의 벤처 기업을 차리고 한동안 잘 나가는 듯했다. 그러나 욕망이 너무 큰 게 문제였다. 머리 좋고 부지런한 자가 욕망이 지나치다 보면 사기꾼으로 빠지거나 크게 사고 치기 십상이다. 그는 투자가들의 돈을 빼돌려 또 다른 벤처 기업을 설립할 종잣돈으로 유용하려다가 그 계획이 발각되어 사기 혐의로 고소될 위기에 처했으나 결국 그가 소유한 회사의 모든 지분을 포기하는 조건으로 사기 사건은 마무리되었다. 졸지에 무일푼이 되어버린 똘바는 더 큰 물에서 놀기로 결심하고 미국 달라스로 이주해 살게 되었다.

똘게. 머리는 똘똘한데 천하에 게으른 녀석이라 별명이 똘게다. 취미가 낮잠이라는 녀석은 세상만사 모든 이치가 머릿속에 있는 것 같았다. 아무리 어려운 책이라도 하루 만에 독파하고 그 내용을 모두 머리에 차곡차곡 저장하는 천재형이다. 박식함에는 똘바 한 수 위였지만 도무지 움직이질 않는 위인이다. 어쩌다 행동할 때면 보는 사람 속이 터질 정도로 느릿느릿 나무늘보가 형님이라고 부를 지경이다. 그의 눈엔 열심히 일하며 쉬지 않고 움직이는 사람들이 그저 부질없는 자들처럼 보였다. 쓸데없는 잽만 남발하며 에너지를 소비하는 것보다, 급소를 노려 한 방에 끝내려는 권투선수처럼 그는 한탕주의자다. 그러한 똘게에게 가장 알맞은 일이 있었는데 그것은 바로 도박이었다. 머리 좋은 그의 도박승률은 비교적 높았다. 빈둥빈둥 놀나가 돈이 필요할 때면 도박장으로 나가 몇 시간 놀다 보면 또 한동안 먹고 지낼 돈이 생기곤 한다. 그러나 도박 역시 욕망을 제어하지 못하면 낭패를 면할 수 없기 마련이다. 늘 크게 한탕을 바라던 그는 베팅 역시 크게 해왔다. 똘게가 아무리 머리가 좋다 해도 매번 이길 수 없는 것이 도박판이다. 욕망의 유혹을 이기지 못한 그는 결국 가진 게 아무것도 없는 알거지가 되었고 이민 보따리를 싸서 뉴저지로 와서 살게 되었다.

　멍바. 멍청한데 바지런은 하다 해서 멍바. 아는 게 별로 없어 스스로 결정을 못 하고 남의 말에 의존하는 팔랑귀. 이것저것 남들이 좋다는 건 다 해봐야 직성이 풀린다는 멍바는 손대는 일은 많지만 제대로 되는 게 하나 없는 초래 방정 사고뭉치였다. 그래도 그에게 끝없는 도전의 힘을 주는 말이 '세상은 넓고 할 일은 많다'였다. 차라리 똘게처럼 아무것도 하지 않고 엎드려 있으면 돈 많은 처가 덕분에 사는 데엔 아무 문제가 없으련만, 머리는 아둔한데 욕심이 과하다 보니 하는 것마다 폭망이다. 그는 있는 돈 없는 돈 다 날려 먹고 처가 돈도 적지 않게 털어먹고 나서 결국 미국 애틀랜타로 이민 길을 나섰다.

　멍게. 멍청한 주제에 게을러터졌다고 별명이 멍게다. '아무것도 하지 않으면 아무 일도 일어나지 않는다'가 좌우명이라는 그는 발등에 불이 떨어졌어도 움직일 생각을 하지 않는다. 똘게가 나무늘보라면 멍게는 뽕 맞은 나무늘보인 셈이다. 다행히 바지런한 와이프 덕에 그런대로 먹고 사는 데엔 지장이 없었다. 굼벵이도 구르는 재주가 있다고 했던가, 그러한 멍게에게도 한가지 예외는 있었다. 그것은 낚시였다. 낚시를 나가는 날이면 뽕 맞은 나무늘보는 부지런한 다람쥐가 되어 새벽부터 부산을 떨어댄다. 물고기 낚아 올리는 실력 또한 타의 추종을 불허할 정도다. 빈손으로 집에 오는 날 없이 언제나 아이스박스엔 커다란 물고기들을 가득 채워 돌아오곤 했다. 그의 아내는 백수로 나이 먹어가는 남편을 위해 미국에 가면 할 일이 있지 않을까 생각하고 처가가 있는 휴스턴에서 이민 생활을 시작하기로 했던 거다.

별명들이 말해주듯 도저히 어울릴 수 없을 것 같은 네 명의 남자를 하나로 묶어 놓은 것은 그들 모두 낚시만큼은 공통으로 진심이었기 때문이었다. 주말이면 가까운 강이나 호수로, 방학 때면 먼 바다로 나가 며칠씩 야영하면서 낚시하곤 했다. 그렇게 많은 시간을 함께 보낸 그들은 피를 나눈 형제처럼 서로를 잘 알고 이해하는 끈끈한 사이가 되었다. 그러나 멍게를 제외한 세 친구는 늘 멍게를 걱정하곤 했다. 낚시밖엔 할 수 있는 게 아무것도 없고 또 아무것도 하지 않으려 하고 태평세월을 보내는 멍게의 앞날이 친구로서 걱정이었다.

그들은 미국에 와서도 자주 연락하며 이것저것 사는 이야기를 나누었지만, 멍게만은 어떻게 살고 있는지 자세하게 말하지 않았다. 그저 휴스턴에서 튀김집을 겸한 생선가게를 하며 그럭저럭 밥은 먹고 산다는 게 그들이 아는 멍게 이민 생활의 전부였다. 워낙 말수가 적기도 했지만, 친구들은 낚시밖에 모르는 멍게가 그나마 번지수를 제대로 찾아 생선 파는 일을 할 수 있다는 것에 안심하고 자세한 내용은 묻지 않아 왔다. 다만 천히에 게으른 멍게가 가게 일은 열심히 하는지가 궁금할 뿐이었다.

콩트

　　자동차만 한 돌들을 길게 쌓아 만든 피어의 맨 끝에서 네 명의 친구가 제각기 낚싯대를 걸어놓고 그동안 쌓였던 이야기보따리를 풀어나갔다. 이야기를 나누는 와중에도 멍게는 연신 커다란 도미를 끌어 올려댔다. 멍게를 제외한 세 명의 친구는 각자의 별명대로 낚시 방법이 달랐다. 똘바는 낚싯바늘을 세 개씩이나 달아 놓고 잘 잡히는 멍게 쪽으로 던져놓았다. 멍게는 옛날을 회상하며 웃었다.

　　"똘바 너, 예전이나 지금이나 변함없이 내 옆을 치고 들어오는구나. 그런다고 잘 잡히냐?"
　　"넌 고기 모으는 재주가 있잖냐. 니가 모은 고기 좀 낚아보겠다는데 뭐 안 되는 거 있냐?"
　　"안 되는 거야 없으나 왠지 사기당하는 느낌이라서 말야, 하하하. 그런데 니 얘기 좀 들어보자 어떻게 지냈는지 말야. 나는 너를 볼 때마다 친구로서 존경심을 갖곤 했었지. 역시 아는 게 힘이로구나 하고 부러워했거든."
　　"아는 게 힘이라고? 야, 웃기지 마라. 아는 게 개고생이더라. 한마디로 폭삭 망했수다."
　　"아니, 너처럼 머리 좋고 매사에 적극적인 녀석이 뭘 잘못해서 망했다는 거야?"
　　똘바는 한숨을 크게 쉬고 사정을 털어놓았다.
　　"난 달라스에서 부동산중개업을 했지. 한때는 달라스에 인구가 몰려들어 부동산붐을 이뤄 중개업이 그런대로 잘 됐거든. 돈을 좀 모으자, 간덩이가 부어올라 부동산개발사업을 한 거야."

"역시 생선가게나 하는 나와는 스케일이 다르군. 역시 너답다. 그래서?"

"콘도사업을 시작했어. 이백 유닛 정도로 제법 규모가 됐지. 그럴듯하게 사업계획을 걸어놓고 입주자들을 모았지. 부동산 가격이 하늘로 치솟는 와중에 가격상승을 기대하는 입주자들이 떼로 몰려드는 거야. 두 달 만에 이백 유닛 계약이 다 완료됐어. 입주자들한테 계약금으로 10만 불씩 받아놓았고 은행에선 건축자금 융자를 건축허가 조건으로 내준다는 약속을 받아 논 상태란 말야."

"탄탄대로였겠네. 근데 뭐가 잘못된 거야?"

"욕심이 문제였지. 건축허가가 예상외로 늦어진 거야. 생각해 봐. 계약금으로 받아둔 돈 이천만 불이 회사 계좌에서 썩고 있지, 허가 얻으려면 최소 육 개월은 더 있어야 되지, 항상 뭔가를 해야 직성이 풀리는 나는 무슨 생각을 했을까?"

"계약금을 돌려쓴 거야?"

"썼다기보다는 투자를 했지. 불법인 줄 알지만 놀고 있는 돈을 회사 자본 증식에 써보자고 욕심낸 거야. 마침 주식 시장이 호황이고 부동산 시장도 잘 나가던 때라 미국 최대 개발회사에다 칠백 정도를 몰빵했단 말이야. 그런데 그게 잘못된 거야. 그 회사가 갑자기 파산 신청을 하고 법정관리로 들어가면서 주가가 반토막이 났지. 그런 가운데 건축허가는 나왔고 은행에서는 클로징하겠으니 준비하라는 거야. 주식으로 잃은 3백만 불을 마련하느라 그동안 모았던 내 재산을 다 급매로 팔아넘겨서 일단 사기꾼으로 넘겨지는 일은 면했어."

"야, 똥줄이 타들어 갔겠구만. 그래도 해결됐으니 된 거 아냐?"

"그렇지 않아. 낌새를 눈치챈 은행이 문제 삼은 거야. 법적책임을 면하는 조건으로 나는 그 사업에서 손 떼고 앞으로 그 업계엔 발도 들여놓지 못하게 된 거야. 한마디로 개털 된 거지. 모든 게 다 내 헛된 욕망 때문이었어. 지금은 보험 팔면서 그런대로 먹고는 살아."

"음, 원숭이도 나무에서 떨어지는구나."

멍게는 낚싯대를 걸어놓고 먼바다를 멍때리며 바라보는 한탕주의 똘게를 보며 웃음을 지었다. 큰 거 한 마리 낚아보겠다며 커다란 미끼를 통째로 끼워 멀리 던져놓고 마냥 기다리는 모습이 예나 지금이나 변함이 없기 때문이었다. 그는 깊은 명상에 빠진 듯한 똘게를 불렀다.

"야, 똘게야. 너 지금 낚시하는 거 맞냐?"

"어, 어… 물론이지. 큰 거 건지는 데엔 참을성이 필수라는 거 몰라?"

"알지. 그런데 너 미끼 떨어진 거 아냐? 아까부터 빈 낚시만 담그고 있더구만…."

"그래? 야, 진작에 좀 알려주지…."

"어차피 안 걸릴 거, 빈 낚시는 그대로 담가 놓고, 니 얘기 좀 해 봐라. 어떻게 지냈냐? 너는 나처럼 게을러 터졌지만, 머리는 좋잖냐? 그동안 큰 거 한탕 했으련만…."

"게으르고도 밥 먹고 산다는 건 좋은 거지. 그런 점에서 너랑 나는 축복받은 거야. 어떻게 지냈냐고? 한마디로 개털 됐지. 쫄딱 망했다 이 말이야."

"그 명석한 두뇌는 어디에다 써먹고 쫄딱 망해?"

"미국에 와서 내 적성에 맞는 일이 뭐겠냐? 한국에서 집 팔아온 돈으로 주식 놀이를 했지. 한국에서 했던 도박보단 주식 놀이가 더 매력이 있더라고. 좀 있어 보이기도 하고 말야. 하기야 도박이나 주식 투자나 기본 심리는 그게 그거지. 처음엔 잘 나갔어. 종일 놀면서 잠깐 들어갔다 나오면 돈이 벌리는 거야. 내 적성에 딱 이었지. 가끔 큰돈도 만졌거든. 그런데 그놈의 욕심이 문제였어. 똘바 얘기가 남의 얘기가 아닌 거야. 돈이 잘 벌리자, 욕심이 발동했지. 크게 한번 놀아볼 셈으로 당시에 뜨겁게 달아오르던 비트코인에 올인을 한 거야. 여기저기에서 돈을 끌어다 판을 크게 벌였지. 내가 돈을 잘 번다는 소문이 나자 주변 사람들이 주저 없이 나한테 돈을 맡기는 거였어."

"음, 역시 머리 좋은 녀석들은 노는 게 우리와 달라. 그런데 무슨 문제가 있었어?"

"멍게야. 너는 머리 좋은 도박꾼이 패가망신하는 이유를 아니? 그건 욕심 때문에 멈출 때를 놓치기 때문이야. 나도 코인값이 최고에 달했을 때 나오지 못하고 더 오를 거라는 희망으로 붙들고 있었던 거야. 그러던 와중에 세계 여러 나라 정부가 비트코인을 정상적인 통화 수단으로 인정하지 않는다는 발표를 하기 시작했지. 그러자 코인값이 순식간에 날개 없는 추락을 하네. 어, 어, 하다가 쏠딱 망한 거지. 나에게 돈을 댔던 사람들이 아우성치는 바람에 갖고 있던 코인을 똥값에 처분하고 빌렸던 돈을 돌려주고 나니까 남는 건 아무도 원치 않는 개털뿐이더라고."

"이지컴 이지고(easy come easy go). 쉽게 들어온 건 쉽게 나간다는 얘기였군. 그래서 지금은 뭐하냐?"

"온라인 세일을 하고 있어. 중국에서 싼 물품을 들여다가 그럴듯하게 사진을 찍어 인터넷에 올려놓고 눈먼 자들한테 파는 거야. 걱정마. 불법은 아니니까. 하루에 두어 시간 일하면 그럭저럭 밥은 먹고 살지."

멍바는 그 별명이 무색하지 않게 한 군데에 앉아 있지 못 하고 여기저기 옮겨 다니며 부산을 떨고 있었다. 멍게는 그러한 멍바를 보자 웃음을 참지 못했다.

"하하하. 멍바야, 너 촐랑거리는 것두 옛날하고 똑같구나. 그런다고 고기가 잡히냐?"

"한 우물을 파는 것보다 여러 곳 쑤셔보는 게 내 신조 아니겠냐. 담가 봐서 입질이 없으면 재까닥 옮기고 보는 거야."

"자알 한다. 그러니까 너는 항상 우리 중에 꼴등을 하는 거야. 야, 부산 떨지 말고 여기 앉아서 니 얘기나 풀어봐라, 그동안 어떻게 지냈는지."

멍바는 모처럼 궁둥이를 붙이고 앉아 이야기를 풀어놓기 시작했다.

"미국에 와서 이것저것 안 해본 게 없었지. 세탁소, 도넛가게, 신발가게, 건물청소업, 조경업 등등 남이 좋다고 하면 그걸 꼭 해봐야 직성이 풀리거든. 내가 알다시피 귀가 얇아 팔랑귀잖니."

"응, 니 원래 별명이 팔랑 멍바였지. 그런데 돈도 없는 니가 무슨 돈으로 그렇게 여러 가지를 할 수 있었는지 그게 궁금해."

"처갓집이 짱짱하잖니. 내가 다른 건 몰라도 와이프는 극진히 모시거든. 그게 내 생존 전략이란 말야. 장인 장모도 딸을 공주처럼 모시는 내가 너무 좋은 거야."

"그래도 한계가 있을 텐데? 사고뭉치 사위가 밑 빠진 항아리라는 걸 모를까?"

"왜 모르겠니. 삼 년 전에 좋은 커피 샵이 나와서 그걸 해보고 싶다니까 장인어른이 그게 마지막이니까 그것도 말아 먹으면 다시는 볼 일 없을 거라고 최후통첩을 주신 거야. 와이프도 그 말을 진심으로 받아들이고 아예 커피 샵을 폐차고 들어앉아 나는 그저 뒤에서 허드렛일만 시키는 거야."

"그래서 불만 있니?"

"아니. 처음엔 그랬는데 지나고 보니 오히려 잘된 거란 생각이 들더군. 멍청한 놈이 욕심만 많으면 사고 치기 십상이라는 걸 뒤늦게 깨달은 거야."

"너나 나나 처갓집 신세 지는 건 똑같군."

"그래, 멍게야. 니 이야기도 좀 들어보자. 넌 그 생선가게를 이민 온 이후로 십 년 넘게 변함없이 하고 있다며? 난 도무지 이해할 수 없는 일이야. 그러구 넌 가게는 어떡하고 맨날 낚시만 다니는지 그게 궁금해. 그 비결이 뭐야?"

멍게 이야기를 들어보자 발을 들고 놀바와 똘게는 의자를 들고 와 멍게를 바라보며 앉았다. 그들도 멍게의 사연이 궁금했던 차였다.

멍게는 친구들을 바라보며 그동안 지내왔던 이야기를 풀어놓기 시작했다.

"와이프 등쌀에 미국으로 오긴 왔는데 뭘 해야 할지 모르겠는 거야. 한 두어 달 한국에서처럼 빈둥거리며 낚시만 하러 다녔더니, 하루는 장인께서 당신이 운영하는 생선가게를 넘겨줄 테니 맡아보라는 거야. 물고기 다루는 일이야 늘 해오던 거니 마다할 이유가 없었지. 우리 부부는 가게를 넘겨받고 열심히 일했지. 솔직히 머리털 나고 그렇게 열심히 일한 적은 없었던 것 같아. 바쁠 땐 장모님도 나와 도와주셔서 가게는 그런대로 잘 굴러갔어. 매상도 늘고 말야."

"놀랄 노 자로다. 멍게가 그렇게 열심히 일을 하다니 인류사에 불가사의가 하나 더 추가되겠네."

"왜, 나답지 않아서 실망했냐? 실망할 것 없어. 그것도 잠시뿐이었으니까."

"내가 이러려고 미국에 왔냐, 에라 모르겠다 하고 낚시 들고 땡땡이라도 쳤냐?"

"그게 아니구, 한번은 이런 일이 있었지. 그날은 내가 카운터를 보게 됐어. 손님이 생선하구 튀김을 샀는데 물건값이 85불이었거든. 백 불짜리를 내길래 나는 아무 생각 없이 거스름돈으로 85불을 내준 거야."

"거스름돈이 15불인데 물건값을 거스름돈으로 줬다구? 얘 완전히 중증이네."

"내가 아무리 멍청해도 그 정도 계산을 못 하겠냐? 다만 내 머릿속은 푸른 바다에서 낚시하는 상상으로 꽉 차 있었던 거야. 그뿐이 아냐. 계산대에서 쫓겨 난 나는 생선 다듬는 일을 하게 됐지. 손님이 생선을 가져오면 비늘 벗기고 내장 빼고 대가리와 지느러미 잘라내고 잘 씻어 토막 내서 싸주는 일이지. 그런데 난 또 아무 생각 없이 토막 낸 생선은 쓰레기통으로 던져놓고 내장, 대가리, 지느러미를 박스에다 얼음 채워 잘 싸서 손님한테 준 거야. 물론 손님은 집에 갔다 돌아와서 펄펄 뛰며 난리를 쳤지. 난 그저 다듬는 생선을 보면서 그걸 끌어올리는 짜릿하고 황홀한 손맛을 상상히며 아무 생각이 없었던 거였어."

"너무했네. 과연 그동안 우리가 걱정했던 일들이 벌어지고 있었군 그래."

"그렇게 몇 번 사고를 치니까 나를 아예 가게에서 퇴출시키더군. 가게에 있어봤자 별 도움이 안 되니까 나가서 좋아하는 낚시나 하라고 말야."

"드디어 소원 풀었네. 너 그걸 노리고 일부러 그런 거 아냐?"

"나한테 그런 머리가 있어 보이냐? 나 멍게야 멍게. 사연이야 어떻든 난 매일 낚시나 하면서 세월을 보내게 됐지. 그렇다구 밥만 축내는 백수는 아냐. 내가 잡아주는 물고기가 제법 됐거든. 그러다 아예 낚시 보트를 사서 본격적인 어부로 나서게 된 거야. 배 타고 한참 나가면 나만이 아는 명당 자리 몇 군데가 있지. 그야말로 물 반 고기 반이거든. 엄청 잡혀요. 이 근처에서 잡히지 않는 참치, 연어, 킹크랩 같은 것들은 어판장에서 구입하지만, 그 외 것들은 거의 다 내가 잡아준단 말야. 집사람이야 신바람이 나서 나를 극진히 모시더라고. 처음으로 남편 구실 하게 된 기분이야."

"그걸 매일 하다니 힘들 텐데… 그래서 행복하냐?"

"내가 좋아하고 잘할 수 있는 일을 하는데 뭐가 힘들겠냐? 행복해. 나는 이제 아침이 기다려지는 남자라니까 하하하."

말없이 듣기만 하던 똘게가 입을 열었다.
"내가 좋아하고 잘할 수 있는 일을 하면 행복해진다는 말인데, 내가 만약 그런 일을 찾을 수 있다면 게을러터진 내가 멍게처럼 신바람 나서 부지런해질 수 있을까?"
촐랑 멍바가 껴들었다.
"넌 안 돼야. 머리에 든 게 너무 많아서 한 가지에 몰빵하지 못할 걸? 그런데 멍게야. 장사는 잘되는 거냐?"
"그런대로 잘돼. 내가 대주는 물고기 덕분에 값싸고 신선한데 안 될 리 있겠나? 이젠 종업원도 넉넉히 쓰고 애들 키우면서 그럭저럭 사는 데엔 문제없어."
"그렇게 잘되면 지점 하나 더 내지 그래? 나 같으면 제2, 제3 지점을 늘려 나갈 텐데 말야."
"과연 멍바다운 발상이네. 아니, 난 이대로가 좋아. 난 너희들처럼 머리가 좋다거나 매사에 적극적이지도 못하잖니. 그래서 애당초 욕심이라는 게 없이 살았어. 나는 그저 욕심 없이 이대로 사는 게 행복해."
머리를 끄덕이며 듣고 있던 똘바가 진지한 표정으로 말을 꺼냈다.
"욕심 없이 사니 행복하다… 우린 그놈의 욕심 때문에 다 망했는데. 멍게야. 솔직히 우린 그동안 니 걱정을 많이 했지. 척박한 이민 생활을 잘 헤쳐 나갈 수 있을지, 왜 하필이면 생선 장사를 하냐 하면서 걱정했거든. 그런데 이젠 그 생각을 바꿔야겠다. 고백건대 난 처음으로 너를 부러워하게 된 거 같아."
그러자 갑자기 똘게가 일어나 멍게 앞에서 두 팔을 벌려 외쳤다.

"욕심을 버릴 수 있는 자는 위대하느니, 멍게여, 그대 이름이 위대하도다!"

촐랑 멍바도 일어나 외쳤다.

"멍게 만세! 위대한 멍게 만세!"

"왜들이래? 단체로 돌았나? 저기 갈매기가 웃고 가는 거 안 보이냐? 헛소리들 집어치우고 그만 가자. 위대한 집사람이 너희들 왔다고 만찬을 준비했단다."

김양수

서울 출생. 1976년 도미. 휘문고, 경희대 중문과 졸업. University of North Texas에서 경영학 석사(MBA).. 달라스한인상공회 회장 역임. 달라스한인문학회 회장.

내가 시를 고쳐 쓸 때마다

내가 시를 다시 쓰는 순간마다
그건 잘못이라 말하는 벗들이여
무엇이 진짜 중요한지를 알았으면 좋겠네
내가 다시 쓰는 것은, 시가 아니라 바로 나 자신이라는 걸

The friends that have it I do wrong
Whenever I remake a song
Should know what issue is at stake:
It is I myself that I remake.

−윌리엄 버틀러 예이츠(William Butler Yeats)

소설

백남규

소설

위험한 여자

백남규

그녀는 오르기 위험한 산이었다. 미로와 절벽과 가파른 길엔 무서운 짐승들이 도사리고 있었다. 길을 잃기 일쑤였고 많은 남자가 실종되었고 흔적도 없이 사라졌다. 그녀의 매력은 너무나 압도적이어서 어떤 남자도 그녀의 유혹을 거절하기가 어려웠다. 하루 종일, 일주일 내내 그녀 생각이 떠나지 않았다. 아니 평생 지워지지 않을 것이다. 유혹은 넋을 빼가는 것이다. 번지 점프를 하는 것, 에베레스트산을 오르는 것 같은 유혹이었지만 올라가지 않을 수 없었고 눈을 감고서라도 뛰어내리지 않을 수 없었다. 그녀를 껴안고 있는 순간은 해가 동창에 빛나는 것처럼 확실했지만 헤어진 후의 느낌은 '내가 저 여자를 껴안았던가?' 그런 비현실적인 느낌, 곧 사라져 버리는 신기루 같았다. 분명 1분 전까지 홀랑 벗고 같이 있었는데 말이다. 참 희한한 여자다. 그녀는 통제 불가능한 쵸음 향이요, 기존의 질서를 무너지게 하고 상식과 관습을 벗어나게 하는 존재였다.

마흔세 살에 재호는 채영을 만났다. 붐비는 인천공항 대합실에서 출발시간에 너무 일찍 나와 남아도는 시간을 주체하지 못하여 어슬렁거릴 때 한 여자가 눈에 띄었다. 그 여자의 첫인상은 뭐랄까, 신분이 아주 높은 여자와 맞닥뜨린 것 같았다. 품위 있고 도도하고 우아한 인상이었다. 그럼에도 손을 내밀면 거절하지 않을 것 같은 따뜻함이 느껴지는 여자였다. 가슴이 철렁 내려앉는 느낌이었다. 그의 인생에 깊숙이 개입할 여자임을 첫눈에 알아차렸다. 투명한 봄 햇살이 비치는 입구에서 누군가를 기다리는 모습이었다. 재호는 그녀에게 가까이 다가가 넓은 유리창 너머의 비행기에 잠시 눈길을 주다가 그녀의 모습을 찬찬히 관찰했다.

갸름한 얼굴, 촉촉하고 부드러운 피부, 혈색이 좋고 건강하고 어려 보였다. 끝이 살짝 올라간 버선형 코, 도톰한 입술, 볼이 통통하면서도 턱은 날렵했다. 눈은 크고 콧날이 오뚝했다. 눈매가 고왔다. 검정 재킷, 검정 셔츠, 검정 바지를 입고 있었다. 얼굴이 눈처럼 희었다. 가녀리고 섬세한 손가락이 눈에 들어왔다. 가슴과 허리, 둔부로 흘러내리는 곡선이 환상적이었다. 너무나 아름답고 관능적인 모습에 감탄사가 절로 나왔다. 이 여자는 재호의 인생에 그냥 지나칠 여자가 아니라는 것을 그는 본능적으로 감지했다. 가슴 깊은 곳에서 서늘한 느낌이 머리로 올라왔다.

생각에 잠겨 잠시 한눈을 파는 사이 그녀의 모습이 시야에서 사라졌다. 깜짝 놀라서 여기저기 허둥대며 찾아보았지만 허사였다. 가슴 한구석이 싸하니 아파왔다.

보들레르의 시 「지나가는 여인에게」가 생각났다.

    주위에선 귀가 멍멍해지게 거리가 노호하고 있었지
    상복 차림의 날씬한 여인이 엄숙한 고뇌의 모습으로

꽃무늬 레이스와 치맛자락을 화사한 손으로
살짝 쳐들어 흔들며 지나갔었지

조각 같은 다리로 민첩하고도 고상한 걸음으로
나는 머리가 돈 사람인 양 부르르 떨며
태풍이 싹트는 납빛 하늘 같은 그녀의 눈에서
넋을 빼는 감미로움과 뇌쇄의 쾌락을 마셨어

번갯불… 그리고 어둠! 그 시선이 홀연
날 되살려놓곤 한순간에 지나친 미녀여,
영원의 저승이 아니고는 다시는 못 볼 것인가?

딴 곳, 아득히 멀리! 이미 늦었지! 아마 영구히 못 만나리!
그대 사라지는 곳 나 모르고, 내 가는 곳 그대 알지 못하니
오! 내가 사랑할 수도 있었을 그대, 오 그것을 알고 있던 그
대였거늘!

그로부터 한 달 뒤 엘에이의 커피숍에서 우연히 그녀를 다시 만났다. 그가 한인타운 6가의 새로 생긴 커피전문점에 들어서자, 막 계산대를 돌아 나오는 여자가 그녀였다. 그는 얼굴이 붉어질 만큼 반가웠지만 그녀가 그런 눈치를 알 까닭이 없었다. 우연한 만남이 부여하는 의미는 의미를 부여하는 사람에 따라 다르겠지만 그는 그녀와의 우연한 조우에 특별한 의미를 부여하기로 작정했다.

유리문을 열고 밖으로 나가는 여자를 불러세웠다.

"여보세요."

여자는 자기를 부르는지 알아채지 못하고 계속 걸어 나갔다. 두어 발짝 빠른 걸음으로 다가가 여자의 어깨를 살짝 잡았다. 그녀는 고개를 돌려 경계하는 눈빛을 띠었다.

"누구시죠?"

"아, 한 달 전 인천공항에서 뵈었습니다."

여자는 어깨를 으쓱하며 경계의 눈빛을 풀지 않았다.

"그런데요. 어떻게…."

"…."

겨울이 되면 눈이 내리고 봄이 되면 개나리가 피듯 혼자 사는 남자가 젊고 이쁜 여자를 찾는 것은 자연스러운 일이다. 그는 솔직하게 이유를 말하기로 했다.

"예뻐서요."

"…."

그녀는 말없이 그의 눈을 한동안 들여다보았다. 그녀는 다른 사람의 눈을 들여다볼 줄 아는 것 같았다. 그리고 핸드백에서 명함 크기의 종이를 한 장 꺼내어 건네주었다.

"시간 나시면 한 번 오세요."

그러고는 뒤도 안 돌아보고 회전문을 열고 사라졌다.

너무 순간적으로 일어난 일이라 멍하니 서 있다가 따라갈 생각도 하지 못했다. 명함을 보니 그것은 초대장이었다.

'원시에의 초대'라. 재호는 혼잣말로 중얼거렸다. 기계문명이 따라잡기 버겁도록 빠르게 발전하는 시절이라 아닌 게 아니라 옛날이 그립기는 하다. 그러나 자연의 횡포에 알몸으로 던져졌던 문명 이전의 시대로 돌아가고 싶지는 않았다. 그러나 어떤 모임일까 궁금하고 호기심이 생겼다.

일주일 후 재호는 휘파람을 불며 집을 나섰다. 미국에서 가장 경치가 좋다는 1번 도로를 따라 한 시간가량 북상했다. 몽환적인 저녁노을이 수평선에 붉게 타고 있었다. 공연히 마음이 설레었다. 잠시 후에 만날 그녀를 생각하니 저절로 휘파람 소리가 났다. 파도 소리와 함께 바다 냄새가 코에 느껴졌다. 낮과 밤이 바뀌는 저녁 시간은 사람을 공연히 싱숭생숭하게 만든다. 산타모니카 해변을 지나 길을 찾느라 잠시 헤맸다.

말리부 대저택은 개인 소유지여서 일반인들은 갈 수 없는 바닷가에 있었다. 제복을 입은 수위에게 초대장을 보여주니 게이트를 열어주었다. 어떤 장소는 특별히 사람을 설레게 한다. 저녁의 붉은 햇살이 잘 가꾸어진 정원을 비추고 있었다. 일상에서 벗어난 곳으로 들어서는 느낌이었다. 미지의 세계와 조우하는 기대와 설렘이 가슴을 흔들었다. 이름 모를 화사한 꽃들이 만개한 정원길을 따라 한참 들어가니 덕수궁 석조전 비슷한 대저택이 보였다. 문을 열고 들어서자 넓은 로비와 긴 복도가 보였다. 군데군데 조각상이 서 있었다. 넓은 로비 중앙에는 청동 조각상이 버티고 서 있었다. 그리스 조각처럼 벌거벗은 건강한 남녀의 조각이었다. 자세히 들여다보니 사랑의 행위에 열중해 있는 남녀의 얼굴이 보였다. 신기하게도 그 얼굴에는 신성함이 깃들어 있었다. 섹스 행위를 하고 있지만 그들의 얼굴은 환희-오르가슴과는 다른-에 가득 찬 즐거운 표정이었다.

넓은 홀에는 파티가 한창 무르익고 있었다. 많은 사람이 춤을 추고 있었다. 세련된 옷차림의 선남선녀들이 음악에 맞춰 몸을 유연하게 움직이는 모습이 보기 좋았다. 음악이 바뀌자, 반라의 무희가 완전히 몰입된 표정으로 춤과 일체가 된 모습을 보여주었다. 넋을 잃고 바라보는 중에 보기 드문 미녀가 곁으로 다가와 자리로 안내했다. 테이블에 앉아서 술을 마셨다.

재호의 인생은 한마디로 표현하면 순풍에 돛단배였다. 시련과 고통은 눈을 씻고 찾아봐도 찾기 어려웠다. 태어날 때부터 금 숟가락을 입에 물고 태어났다는 옛말에 부합되는 사람이었다. 그러나 그의 내면까지 행복한 건 아니었다. 남들이 보기엔 순풍에 돛이었고 고통과 거리가 먼 사람이었을 뿐이었다. 그의 아버지는 뼈대 있는 집안의 장손이었다. 경상도 안동에서는 누구라 하면 다 알만한 유림의 선비였던 할아버지는 내내로 물려받은 전답이 많았다. 자유당 시절 국회의원이었던 조부는 이재에도 밝아 경제개발이 시작되던 박 대통령 때 울산 지역에 사두었던 땅이 금값이 되자 누구도 무시하지 못할 재력가가 되었다. 일찌감치 고향을 떠나 서울에서 공부한 아버지는 학부 시절에 사법시험에 합격하여 고향에서 일주일 넘도록 잔치를 하였다.

　재호의 형은 평범한 사람이 아니었다. 어릴 때부터 가슴에 큰 뜻을 품었고 출중한 재능을 보였다. 그리고 세상 사람들이 다 인정하는 둥글게 둥글게 살아가는 처세술의 달인이었다. 형의 장기는 증권 거래였다. 재벌기업 중역들과 사교클럽이나 골프장에서 수시로 만났다. 거기서 증권거래소 관계자들에게 고급 정보를 수집하여 큰돈을 쉽게 벌었다. 물론 겉으로만 둥글게 둥글게 일뿐 실상은 우정이 아니라 질투와 증오가 사람들의 내면에 깊이 자리 잡고 있다는 것도 잘 알고 있었다. 형과의 대화에서 기억에 남는 건 형의 성공에 대한 말이었다. 성공이란 무엇인가? 먹이사슬의 꼭대기에 오르는 것이 성공이라고 역설하는 형의 얼굴이 오랫동안 잊히지 않았다. 형은 동생에게 세상사는 법을 자상하게 가르쳐 주었으나 재호는 별 관심이 없었다. 대학 재학시절 아버지가 돌아가시자 가족들은 원수가 되었다. 많은 재산이 문제였다. 한 푼이라도 더 가지려고 모두가 인격을 쓰레기통에 내다 버렸다. 그러나 착한(?) 형 덕분에 자신의 몫을 차지할 수 있었고 물려받은 빌딩 관리도 재호 대신 자상스럽게 해주었다.

　재호는 물질적으로 풍족하게 자라났으므로 경제적으로 살아남는 문제에 골몰하지 않아도 되었다. 무엇 하나 아쉬울 게 없었고 마음먹어 못한 일이 없었다. 그러다 보니 자연히 취미생활에 관심을 가지고 살았다. 이것저것 다 해보았지만 '여자'만큼 재미있는 게 없었다. 재호의 어머니는 극성 엄마였다. 중학 시절까지 그는 모범생이었다. 철이 나지 않아서였겠지만 선생님이나 어른이 하는 말씀을 잘 듣고 따랐다. 그러나 고교진학 후 사춘기가 시작되고 닥치는 대로 읽은 책과 친구들 덕분에 일찌감치 여자를 알았다. 고등학교 근처인 명륜동에 집을 마련하고 시골에서 참한 식모를 딸려 보냈는데 어느 날 재호가 학교에서 돌아와 현관문을 열고 들어섰다. 소파에서 낮잠 자는 순이를 보자 엉겁결에 그녀를 범하고 말았다. 울고불고 난리가 났으나 어머니가 어떻게 처리했는지 사건은 유야무야 잊히고 식모가 늙수그레한 아줌마로 바뀌었을 뿐이었다.

재호는 세상을 이렇게 살아도 되는 건가? 나는 누구인가? 같은 생각은 별로 하지 않았다. 순풍에 돛 단 듯이 매끄럽게 살아온 터라 절망감이나 우울감에 빠져 본 기억도 별로 없었다. 그런데 두 달 전에 친한 친구가 갑자기 저세상으로 떠났다. 그 소식을 듣는 순간 얼마나 놀랐는지 며칠 동안 아무것도 할 수 없었다. 왜 친구의 죽음에 그토록 놀랐는지 처음에는 몰랐다. 그동안 살아오면서 주변 사람들의 부고를 여러 번 받았다. 그러나 지금처럼 놀라지는 않았다. 강 건너 불처럼 아무런 가슴의 동요도 없었다. 그저 세상 어디서 불이 나고 사고가 터지고 홍수, 가뭄, 테러로 사람이 죽었다는 신문에 난 소식으로 알았는데 친구의 죽음은 그렇지 않았다. 죽음이 삶 속에 숨어있었다는 사실에 경악했다. 한순간에 쾌활하게 웃던 재진이가 죽었다는 동구의 전화 연락에 까무러칠 뻔했다. 며칠 전만 해도 골프장에서 장타를 날리던 힘이 센 그였는데…. 집채만 한 트럭과 충돌하여 순식간에 저세상으로 떠났다고 한다. 그 친구는 고향 친구였다. 어려서부터 같은 동네에서 자랐고 같은 초등학교, 중학교에 다녔다. 단짝이었으며 라이벌이었다. 초등학교 3학년 때 서울에서 발행되는 어린이 잡지에 재호의 글이 사진과 함께 실린 적이 있었다. 그런데 몇 달 뒤 친구의 글이 같은 잡지에 실린 것을 보고 놀랐다. 아마도 그의 어머니가 힘을 쓰신 모양이었다. 그리고 서울의 사립학교로 바로 전학했는데 그 친구도 다음 학기에 올라왔다. 그의 아버지는 시골에 정미소와 막걸리 공장을 여러 개 가지고 있었다. 시내에 극장도 하나 가지고 있었는데 그 친구 덕분에 공짜 영화도 많이 보았다. 아무튼 그는 친구였지만 친구 이상의 관계였다. 그런 친구가 갑자기 죽었다니 믿어지지 않았다. 한 쪽 팔이 떨어져 나간 듯 허전하고 허전했다. 아무것도 손에 잡히지 않았다.

그 사건 이후 재호는 인생이 무엇인지, 산다는 게 뭔지 궁금해지기 시작했다. 그리고 죽음이 두려워졌다. 마음이 급해졌다. 뭔가 중대한 위기라고 느껴지는 것이 마음속에서 생겼다. 실직이나 실연 같은 것이 아닌, 인생무상이랄까, 모든 것이 부질없다는 그런 느낌이 불쑥 들었다. 한순간에 이 세상에서 사라질 수 있다는 것이 충격이었다. 삶의 의미가 무엇일까, 죽음은 또 무엇인가, 이런 생각이 한동안 머릿속에서 떠나지 않았다. 장례식장을 나서는 순간 다시 일상으로 복귀하는 사람들과 달리 재호는 모든 것이 무의미해지는 충격 속에서 한동안 헤어나지 못했다. 그래서 다니던 학교에 휴직계를 내고 당분간 쉬기로 했다.

갑자기 실내가 조용해지고 사회자의 목소리가 울려 퍼졌다.

홀 전면에 위치한 무대의 커튼이 올라가고 조명이 밝아졌다. 여러 명의 무희가 소리를 지르면서 뛰어나와 한바탕 춤을 추면서 왼쪽에서 오른쪽으로 사라졌다. 무용인지 요가인지 체조인지 구별이 안 되지만 아무튼 많은 연습을 하지 않으면 보일 수 없는 동작을 보여주었다. 무대 배경으로 스크린 화면이 나타났다. 봄의 화사한 정원에 꽃들이 만발한 모습과 어린 소녀들이 천진난만하게 웃으며 뛰어다니는 정경이 보였다. 이어서 천둥, 번개가 요란하게 울리며 소낙비가 내리는 장면으로 바뀌었다. 홍수가 나서 집들이 떠내려가고 태풍에 집들이 날아가고 사람들의 아비규환 소리가 아프게 들렸다. 이어서 하얀 뭉게구름이 평화롭게 떠 있는 태평양의 섬 모습이 보였다. 황금물결의 들판, 눈 내리는 겨울 풍경 등이 차례로 반복되고 있었고 그사이에 실오라기 하나 걸치지 않은 건장한 장년의 남자와 먼 곳에서도 금방 눈에 띄는 미녀가 알몸인 채 각자 그네를 타고 내려오고 있었다.

'퍼포먼스인가?'

알몸의 배우들이 선정적인 동작을 보이는 전위극을 몇 해 전 뉴욕에서 본 기억이 났다. 별 감흥이 없었던 그때와 달리 지금 눈 앞에 펼쳐지는 연극은 왠지 눈동자가 커지는 느낌이었다. 그런 생각이 머릿속에 흘러가는 중에 무대 위의 배우들은 서로의 눈을 몹시 사랑하는 남녀의 눈빛으로 그윽이 쳐다보고 있었다. 연기를 잘해서인지 두 남녀의 눈빛이 정말 사랑하는 사람 사이의 정다운 눈이었다. 둘 사이의 감정 외에 아무것도 생각지 않는 눈빛, 그는 그런 눈빛을 사랑했다. 현재에만 집중하는 것, 그러나 결혼은 내일을 걱정한다. 미래를 걱정하는 순간 행복은 사라진다. 내일을 위해 오늘 무언가를 참는 것-세상은 그런 것을 장려하지만 진정한 행복은 현재에 있는 것이라는 것을 그는 오래전에 알고 있었다. 내일 빚을 갚아야 하는데 오늘 무엇을 할 수 있겠는가? 맛있는 것도 못 먹고 영화 구경도 못 하고 행복을 미루는 것은 마음이 즐겁지 않다. 지금 돈이 없는 사람이 내일 빚 갚을 돈으로 애인과 영화 구경을 하는 사람과 그렇지 않은 사람이 있다. 세상은 빚 갚기 위해서 오늘의 행복을 참는 사람이 좋은 사람이라고 한다. 그런 면에서 재호는 조상에게 감사했다. 충분한 재물로 오늘의 행복을 유보하지 않을 수 있게 많은 재물을 남겨주신 것은 정말 고마운 일이었다.

남녀 배우들이 무대에서 성행위를 실제 하고 있었다. 한국이라면 난리 날 일이 눈앞에서 벌어지고 있었다. 나중에 안 사실이지만, 배우들이 보여주는 것은 섹스 수행법이었다. 인도 카주라호의 사원 벽면에 새겨진 섹스하는 남녀 조각상들이 보여주고 있는 것처럼 깨달음을 얻는 방편으로서의 섹스를 소개하는 연극이었다. 섹스 수행법이 사회에서 인정받기 어려운 이유는 여러 가지 있겠지만 육체적 쾌락을 위해 섹스 수행법을 이용하는 땡초들이 압도적으로 많기 때문이지 않을까, 그런 생각이 들었다. 은밀하게 섹스를 즐기려는 저급한 영혼 때문에 사회적으로 인정받기 어려웠을 것이다.

연극이 끝나자, 사회자의 아나운서가 흘러나왔다. 바깥마당에서 뒤풀이 모임이 있으니 한 분도 빠지지 말고 참석해 달라는 부탁이었다. '그녀는 어디에 있을까?' 궁금했다. 그래서 로비의 안내 부스 직원에게 초대장을 보여주며 그녀가 어디에 있는지 물어보았다. 어디론가 전화하더니 그에게 "뒤풀이 모임에 찾아갈 것이니 거기서 기다리면 된다"라고 예의 바르게 대답해 주었다. 밖으로 나오니 시원한 바람이 얼굴을 스치며 지나갔다. 밤하늘의 별들이 쏟아질 듯이 반짝거리고 있었다. 바닷가로 이어진 오솔길에는 히피 스타일의 젊은이들이 걸어가고 있었다. 눈이 마주치자 한 손을 치켜들고 브이(V) 자를 만들고 '피스(Peace)' 하며 지나갔다. 장발에 선한 눈빛 청년은 아주 행복해 보였다. 해맑은 웃음을 보이며 걸어가는 그들이 부러웠다. 잘 손질된 나무들이 빽빽하게 늘어서 있었고 나무마다 탐스럽게 익은 열대과일들이 주렁주렁 매달려 있었다. 정원 곳곳에 심어놓은 꽃들에서 바람은 향기를 실어 나르고 있었다. 군데군데 조각상들이 서 있었고 가로등의 은은한 빛 아래 아름다운 밤이 무르익어가고 있었다.

태평양이 보이는 언덕에서 수십 명의 무희들이 장작불 중심으로 원을 그리며 춤추고 있었다. 가까이서 보니 그로테스크한 화장, 탐스러운 긴 머리카락들이 흘러내려 엉덩이를 가리고 있는, 반나체 차림의 그녀들이 추는 춤은 아프리카의 원시적 춤인 것도 같고, 하와이의 훌라춤 같기도 했다. 쿵쿵대는 북소리와 괴성은 정말 여기가 원시시대 어느 부락에 온 것 같은 착각을 일으키게 했다. 원시에 초대된 손님들도 어깨를 들썩이며 같이 춤을 추었다. 언덕 한 편엔 진수성찬이 차려져 있었고 각종 술이 지천으로 놓여있었다. 재호는 우선 시원한 맥주로 목을 축였다. 일상에 매인 도시 생활이 지겨워질 때 한적한 시골이나 산골로 한동안 떠난 적이 있었다. 투명한 햇살, 새 소리, 바람 소리가 얼굴과 귀를 적실 때 아, 좋구나 라는 감탄이 절로 나온 것처럼 이렇게 자유로운 사람들의 모습이 보기 좋았다. 그래서 자기도 모르게 옷을 벗어 던지고 춤판에 끼어들어 소리 지르며 몸을 흔들어대었다. 흥에 겨워 춤을 추는 재호의 등 뒤에서 "잘 추시네요"라며 누군가가 말을 걸어왔다. 고개를 돌리니 그 여자가 환하게 웃으며 서 있었다. 채영은 같이 춤추고 소리치며 사람들과 혼연일체가 되었다. 그녀는 파도가 육지로 밀려오듯이 그렇게 그에게 왔다.

그녀는 탄트라 요가의 강사였다. 세계 곳곳의 아쉬람(사원)에서 특별한 사람들에게 요가 강습을 하는 여자였다. 여러 나라의 부호, 할리우드의 유명 배우, 중동의 왕족, 중국의 신흥 부자들도 그녀를 스승으로 모셨다. 물론 한국의 지배계층에 속한 사람 중에서도 제자가 있었다.

그날 밤 어떻게 그녀와 몸을 섞게 된 것인지는 이해가 되지 않았지만, 재호의 인생에서 섹스의 참맛이랄까, 진정한 운우지락을 맛본 것은 사실이었다. 정말 마법 같은 하룻밤이었다. 여자의 몸을 모르는 나이가 아니었는데도 그녀와의 교합은 이상한 황홀함을 느끼게 했다. 이전에는 느껴보지 못한 기쁨이었다. 오래전에 읽은 최승자 시인의 「누군지 모를 너를 위하여」라는 시구절이 생각났다.

    내가 깊이 잠들었을 때
    나의 문을 가만히 두드려 주렴

    내가 꿈속에서 돌아누울 때
    내 가슴을 말없이 쓰다듬어 주렴

    그리고서 발가락부터 하나씩
    나의 잠든 세포를 깨워주렴

    그러면 나 일어나
    네게 가르쳐 줄게
    어째서 사교의 절차에선 허무의 냄새가 나는지,
    어째서 문명의 사원 안엔 어두운 피의 회랑이 굽이치고 있는지
    어째서 외곬의 금욕 속엔 쾌락이
    도사리고 있는지,
    나의 뿌리, 죽음으로부터 올라온
    관능의 수액으로 너를 감싸 적시며
    나 일어나
    네게 가르쳐 줄게

소설

그녀에게는 사람의 마음을 뒤흔들어 사로잡는 무엇이 있었다. 보통 사람들의 마음을 흔들어 놓는 건 부귀영화일 것이다. 큰돈, 권력, 지위, 명예 같은 것들을 추구하는 사람들이 많은 것은 그것들이 세속적으로 매력이 있기 때문일 것이다. 여자의 매력은 흔히 미모라고들 하지만 꼭 그런 것은 아니다. 남들이 이쁘다고 침이 마를 정도로 칭찬하는 배우나 모델도 별로 마음이 가지 않을 수도 있다. 그래서 만들어진 말이 인연일 것이다. 누군가의 영혼에 밝음 혹은 어둠을 드리울 매력을 가진 여자를 만나기는 흔한 일이 아니다. 아무튼 재호에게 사랑이 찾아왔다.

40년 넘게 살아온 그에게 사랑이라고 불릴만한 사건이 없었던 건 아니었다. 초등학교 시절 그의 눈동자를 크게 한 홍숙이로 시작하여 고교 시절 서클 후배 정란과 대학 시절 서너 명의 여자들이 있었다. 마음에 드는 여자들과 만나고 이야기하는 것이 그렇게 즐거울 수 없었다. 친구들 머릿속이 온통 취직 준비로 가득 차 있을 때에도 그는 어떻게 마음에 드는 여자와 자주 만날 수 있을까 걱정했다.

새장 속의 새, 우리 속의 짐승 같은 결혼생활을 누구나 견디며 산다지만 재호는 그러기가 싫었다. 부모님의 성화로 유학을 마치고 귀국하자마자 결혼한 적이 있었다. 일 년도 채 되지 않아 헤어졌지만, 자유를 구속하는 결혼은 다시는 하지 말아야겠다고 결심했다. 일단 새장 안으로 들어간 새가 새장 밖으로 나오려고 하면 수많은 총구가 그 새를 겨냥한다.

중매로 결혼한 정숙은 현모양처형 여자였다. 부모에게 순종하고 규율을 거스른 적이 없는, 착한 여자였다. 당시 재호는 서울의 한 대학에서 학생들을 가르치기 시작했는데 방학을 맞이하여 설악산 등반을 하던 중 신흥사 입구에서 대학 후배를 만났다. 친구들과 함께였다. 오랜만에 만난 후배와 즐겁게 이야기한 것이 그토록 질투심을 자극하는 커다란 사건이 될 수도 있다는 것을 몰랐다. 정숙은 숨겨둔 애인을 만난 것처럼 온갖 비난과 욕설을 쏟아부었다. 어디선가 읽었던 '질투하는 여인네의 독설이 섞인 악다구니는 미친개의 이빨보다도 더 치명적인 독과 같다'라던 말이 떠올랐다. 결혼이 구속이 될 수 있다는 것을 경험하고 나서 한동안 고민에 빠졌다. 재호는 결혼한 이후에도 지나가는 이쁜 여자에게 눈길이 가는 걸 숨길 수 없었기 때문이다. 다른 사람들처럼 적당히 숨기고 아닌 척하며 살고 싶지 않았다. 헤어지기로 결심한 후 주위의 비난과 욕설이 엄청났다. 그럼에도 각종 규범과 관습에서 어느 정도 떨어져 살 수 있다면 굳이 그 속으로 들어가고 싶지는 않다고 생각했다. 개인이 사회에서 아주 벗어나 살 수는 없겠지만 될 수 있는 대로 평행선을 유지하며 살고 싶었다. 그러려면 결혼은 하지 말아야 했다. 온갖 속박이 거기서 출발하는 것 같았기 때문이다. 뺀질이 친구들처럼 이중적으로 처신하며 즐길 거 다 즐기며 살기는 싫었다. 겉으로는 점잖은 채 폼 잡으며 속으로는 아주 음탕한 변학도 스타일의 친구가 하나 있었는데 그 자식은 정말 보기가 역겨웠다. 주위의 반반한 여자들을 건드리지 않고는 지나가지 못했다. 섹스의 어둡고 고통스러운 면은 다른 게 아니라 힘의 균형이 깨진 경우이기 때문이다. 권력이나 금력으로 상대의 의사를 무시한 채 강압적으로 관계를 가지려 할 때 기쁨은 사라진다. 인간이기를 포기한 놈들이다. 짝짓기 놀이가 이 세상에서 가장 재미있는 놀이지만 놀이에도 규칙이 있다. 가장 치사한 것이 돈이나 권력으로 상대의 뜻을 강압적으로 꺾는 것이다. 돈이 최고로 우대받는 세상이 되어 스스로 자존심을 꺾는 여자들이 많아지고 있는 것이 슬픈 현실이지만, 아무튼 배우 장자연을 농락한 자들이 처벌받지 않고 사는 세상은 잘못된 것이라 생각했다. 어떻든 인간이 태어난 곳의 관습과 제도에 구속되지 않을 수 없겠지만 그럼에도 인간의 영혼과 육신은 제도와 관습에 얽매이지 않는 자유를 갈망하는 존재이다. 옛날 왕들이 백성들 위에 군림한 것은 그들은 힘없는 백성들처럼 살고 싶지 않았기 때문이었을 것이다. 군자는 무치라면서 상식이나 윤리위의 존재처럼 살았는데, 인간이라면 누구나 얽매임 없이 살고 싶은 것은 자연스러운 일이다. 다만 몇몇 소수의 사람만이 그 자유를 누리는 것이 예나 이제나 마찬가지지만 말이다. 지금 그녀의 제자들이 힘과 권력을 가진 계층인 것도 비슷한 이유일 것이다. 돈과 권력은 어느 정도 자유를 보장해 준다.

지난 십여 년의 학교생활이 몇 년 전부터 지겨워지기 시작했다. 귀국 후 몇 차례의 개인전과 국전 입상, 그리고 대학 부임으로 시간 가는 줄 몰랐다. 그리고 작품활동도 왕성하게 해왔다. 그 사이 분에 넘치는 국전 대상도 수상하여 이름도 알리고 승승장구하였는데, 어느 날인가 술에 취해 집으로 돌아가는 길목에서 불쑥 허무한 감정이 가슴을 스치고 지나갔다. 뭐라 말할 수 없는 쓸쓸한 느낌에 콧날이 시큰해졌다. '이 무슨 감상인가.' 남들이 알면 배부른 소리하고 자빠졌다고 욕하겠지만, 아무튼 그는 쓸쓸하고 외로웠다. 이유가 없는 건 아니었다. 3년간 사귀던 희경이와 헤어졌기 때문이다. 경탄에서 시작한 만남이 차츰차츰 너절한 타성에 빠져들어 그저 생리적인 욕구나 채우려고 만나는 관계로 변했음을 알아차렸기 때문에 미련 없이 헤어졌다. 그래도 꽤 괜찮은 여자였는데 헤어지고 나니 아쉬웠다. 좋은 여자를 만난다는 게 쉬운 일이 아니라는 걸 그는 알고 있었다. 성격이 화통하고 내숭도 없고 술도 잘 마셨다. 무엇보다 섹스 궁합이 좋았다. '보내고 그리워하는' 황진이의 마음을 이해할 것 같았다. 그러나 떠남은 두렵지만 황홀하다고 생각했다. 습관화된 것으로부터 떠남은 새로운 것을 맞이할 마음의 여백을 주기 때문이다. 그는 연애 주의자였다. 지루한 인생이 갑자기 밝아지고 말라비틀어진 일상이 찬란한 세상으로 바뀌는 순간을 그는 사랑했다. 사랑에 빠지는 순간 인간은 영롱한 존재로 바뀐다. 문제는 그 찬란한 빛이 오래 가지 않는다는 것이었다. 세상에는 그의 가슴을 설레게 하는 여자들이 너무나 많았다. 세상은 넓고 할 일은 많다가 아니라 세상에는 그가 다가가야 할 여자들이 너무 많다는 것이 문제였다. 그래도 그는 양다리걸치기는 하지 않았다. 설렘이 지속되는 동안 한 여자에게 집중하는 것을 신조로 했다. 세월이 흐르고 흘러 여러 여자를 만나고 헤어지다 보니 연애 자체가 조금 시들해지기도 했다. 맛있는 사과도 많이 먹으면 물리지 않던가. 그러던 중에 친구가 저세상으로 떠나고 보니 화들짝 놀라게 되었다.

생. 로. 병. 사. 이것이 인간의 갈 길인 게 가슴으로 체험되니 이렇게 살아도 되는 건가 하는 생각이 불쑥 들었다.

재호는 중학교 졸업할 때까지는 모범생이었다. 부모님 말씀을 잘 들었다. 그런데 대학교 진학 때 처음으로 부모님 말씀을 거역했다. 가고 싶은 미대 진학을 반대했기 때문이다. 어머니는 형과 같이 법대에 진학하여 검사가 되기를 강하게 원했다. 그러나 그는 어머니 말씀을 듣기 싫었다. 인간은 타자의 욕망을 욕망한다지만 그렇게 살기 싫었다. 그때 어머니에게 대들면서 외쳤다. "엄마는 내가 언제 행복한지 몰라." 그리고 가출했다. 친구 집에서 아침밥을 먹을 때 어머니가 찾아왔다. 그 후 재호는 자기가 하고 싶은 걸 하면서 살기로 결심했다. 그는 피카소를 좋아했다. 그의 그림보다 그의 연애담을 처음 접했을 때 가슴이 후끈해짐을 느꼈다.

그날 밤 뒤풀이 후 태평양 바닷물이 보이는 해변의 오두막에서 그녀는 재호에게 물었다.

"왜 살고 싶으시지요?"

무엇엔가 홀린 듯 몽롱한 기분으로 사방을 둘러보던 그는 흠칫 놀라서 '왜 사느냐?'라는 낯선 질문에 대답을 못 하고 머뭇거렸다. 아닌 게 아니라 이렇게 살아도 되는 건가 하는 생각이 머리에 떠나지 않던 그는 '금방 왜 살아야 하는지 알게 되었어요. 당신 때문에 살고 싶어요'라고 말하고 싶었다. 그러나 입으로는 다른 말을 하고 있었다.

"글쎄요. 하고 싶은 것이 있으니까 사는 게 아닌가요?"

그녀는 나직한 목소리로 말했다. 재호를 처음 본 순간 '벽에 부딪힌 것 같은 눈빛'을 읽었다고 했다. 인생에 대한 의문, 나란 누구인가? 이런 근본적인 질문을 앞에 두고 있는 것을 그녀는 알아차린 것 같았다. '무서운 여자군. 흘깃 본 사람의 마음을 읽다니.' 아무 생각 없이 인생을 사는 사람이라도 어느 순간 근본적인 질문에 맞닥뜨릴 때가 있다. 곧 잊어버리고 일상으로 돌아가 아무 일 없었던 것처럼 살지만 누구나의 마음속엔 왜 사느냐의 대답을 찾고 있다. 다만 문을 두드리는 강도의 차이가 있을 뿐, 인생이 바둑에 비유되기도 하는데 18급에서 초단으로 도약하려면 바둑의 정석과 방편을 공부해야 하듯이 인생의 급수를 올리려면 그에 상응하는 공부를 해야 한다고 했다.

창밖의 하얀 파도가 휘몰아치는 풍경을 내다볼 때 그녀의 당돌한 질문이 귓가에 들렸다.
"애인 있어요?"
"많았지요."
"그럼, 섹스 경험도 많겠네요."
"네, 많이 해 봤지요."

"저랑 한번 해보고 싶지 않으세요?"

재호는 이게 무슨 말인가, 하고 잠시 당황스러웠다. 아닌 게 아니라 늘씬하고 매력적인 그녀의 몸에서 눈을 떼지 못하고 있었는데, 불감청 고소원(不敢請 固所願)이란 말이 떠올랐다. 어색한 침묵이 두 사람 사이를 강처럼 흘렀다. 창밖의 파도 소리가 크게 들려왔다.

그녀의 희고 고운 손가락이 그의 뺨에 닿자, 그는 흠칫 몸을 떨었다. 곧이어 뜨겁고 촉촉한 것이 그의 입술을 덮었다. 아랫도리가 금방 딱딱해짐이 느껴졌다. 세상에는 생각대로 되지 않는 일이 다반사지만 예상치 않은 일도 가끔 일어난다. 그녀의 손길이 귓바퀴를 지나 목과 가슴을 간질이듯 애무하며 아래로 내려갔다. 그것은 욕망이 깃든 몸놀림과는 사뭇 달랐다. 지극히 아끼고 위하는 것을 정성껏 보듬는 듯한 진지하고 경건한 행위로 보였다. 사실 말은 안 했지만, 그녀도 재호를 생각하고 있었던 것 같았다.

며칠이 지났다. 황홀한 꿈을 꾼 것 같은 그날 밤의 일이 뇌리에서 떠나지 않았다. 그 여자에 대한 궁금증이 구름처럼 부풀어 올랐다. 도대체 어떤 여자인가? 분명 호감을 넘어서는 경탄을 자아내게 한 여자였다. 사랑이란 감정은 어디서 왔다가 어디로 가는 것이며 무엇이란 말인가? 스쳐 지나가는 바람이나 변화무쌍한 하늘 위의 구름 같은 것이 사랑이란 감정인지도 모른다. 그러나 인생을 송두리째 바꾸어 놓을 수 있는 불길일 수도 있다.

유학 동기인 철민이를 만났다. 그는 졸업 후 엘에이에 주저앉아 결혼도 하고 전공과는 달리 크게 사업에 성공한 친구였다. 웨스턴 길에 있는 찻집에서 그와 마주 앉았다.

"오랜만이군, 그래 연락도 없이 갑자기 웬일이냐?"

그녀 생각에 사로잡힌 재호는 다짜고짜 물었다.

"너, 탄트라에 대해 들어본 적 있냐?"

친구는 멀뚱하게 쳐다보면서 말했다.

그는 무슨 소리냐며 점심이나 먹으러 가자고 친구를 일으켜 세웠다.

섹스라는 게 원래 은밀하고 자극적인 성질을 갖고 있기에 친구 사이라도 터놓고 이야기하는 게 어렵다. 함부로 말하면 안 되는 것이지만 한 번 입 밖에 내면 저마다 한마디 하고 싶은 것이기도 하다. 우리는 이런저런 시시한 이야기를 주고받은 후 헤어졌다. 서점에서 탄트라에 관련된 책을 몇 권 구입하여 호텔로 돌아왔다.

탄트라는 5천 년 전 인도에서 '시바'라는 신이 그의 연인 '데비'에게 전수한 방편을 적어 놓은 것이다. '왜 태어나고 죽는 것인가?', '지금 나는 왜 살고 있는가? 이런 특별한 질문에 대한 해답을 마련해주는 책이다. 보통 사람들은 이런 근본적인 실문을 곧 잊어버린다. 먹고 사는 문제에 골몰해야 하기 때문이다. 이런 질문을 끝까지 추구하는 사람들을 '구도자'라고 한다는 것을 재호는 처음 알았다. 그리고 섹스에너지를 이용하여 깨달음을 추구하는 것이 목적이라는 데에 깜짝 놀랐다. 섹스는 자식을 얻거나 혹은 쾌락에 관계

되는 것으로만 알았는데, 구도의 방법으로도 사용될 수 있다는 사실에 호기심이 발동되었다. 말리부의 모임은 이런 것에 관심을 가진 사람들의 비밀모임이었던 거다. 책을 읽고 있는데 그녀에게서 전화가 왔다. 내일 떠나기 전에 한번 만나고 싶다고 했다.

"어디로 떠나는데요?"

"내일 만나서 말씀드리지요."

약속 장소에 가니 그녀가 먼저 와서 기다리고 있었다. 여전히 재호를 감탄시키는 미모였다. 세련된 정장에 고급스러운 구두를 신고 있었다. 그녀의 말을 요약하면 그녀는 출가한 비구니나 수녀 같은 신분이었다. 그리고 자신의 이력을 간단하게 설명해 주었다. 대학교 2학년 때부터 열성적으로 자신을 따라다니던 남자와 결혼했는데 결혼 5년이 지나도록 아이를 가질 수 없었다는 것. 그것 때문에 헤어질 수밖에 없었고 많이 방황했다는 것. 지금 재호가 느끼고 있는 인생무상이랄까, 삶과 사랑, 인생이 무엇인지에 대한 고민 때문에 여기저기 많이 돌아다니다가 인도에서 우연히 탄트라 마스터를 만났다는 것, 거기서 몇 년 수련을 거쳐 탄트라 요가의 강사가 되었다는 것을 조용히 이야기해 주었다.

어린 시절 꽃밭의 채송화나 달리아, 봉선화, 맨드라미, 나팔꽃이 아름다워 가까이 다가가서 꽃잎을 만져보고 코를 대어 냄새를 맡아본 기억이 있었다. 호감, 관심, 흥미를 느낀 대상에게 사람들은 다가가고 싶어 한다. 꽃잎을 더 알아보기 위해 어떤 이는 꽃을 찢거나 짓이기기도 한다. 삶의 진실에 다가간다는 것은 무엇일까? 갑자기 머리가 어지러워지고 모든 것이 안갯속같이 뿌예지는 것을 느꼈다. 이 세상은 금기와 금지가 너무 많다. 이건 이래서 안 되고 저건 저래서 안 된다. 왜 복잡하고 얽매이는 게 이토록 많은가. 누구 말대로 별것도 아닌 인생이 왜 이리 살기가 어려운가 하는 아픔인지 괴로움인지 모를 마음이 들었다. 경전은 인간의 행복에 이바지해야 하는데 오히려 발목을 잡는 경우가 없는가. 하고 싶은 대로 할 수 없는 게 사람이고 세상이지만 그래서 금기와 비밀이 생기고, 이래저래 산다는 것은 고통이다. 그녀에게 속세로 돌아오면 안 되겠느냐고 사정했다. 왜냐하면 그녀를 보자 결혼에 관한 생각이 바뀌었기 때문이었다. 그러나 그녀는 요지부동이었다. 지금 생활이 좋다는 것이었다. 아이를 낳을 수는 없지만 영혼의 아이(제자)를 낳을 수 있는 지금이 행복하다고 했다. 그녀는 그를 연민 가득한 눈으로 쳐다보았다. "저도 당신에게 좋은 감정을 가지고 있어요." 그녀가 다른 남자와 요가하는 걸 생각하면 가슴이 무너졌다. 용서할 수 없다는 생각이 머리를 아프게 했다. 그녀를 독차지하고 싶다는 열망이 몸과 마음을 지배했다. 질투심 때문에 잠 못 이루는 날이 많아졌다. 지금까지는 그렇다 쳐도 미래에도 요가 수행을 해야 한다면 견딜 수 없을 것 같았다. 그는 지금까지 이런 적이 한 번도 없었다. 여자 때문에 밤잠을 설친 적이 없었다. 마음에 드는 여자를 만나서 거절당한 적이 없었다고 할 수는 없지만 이렇게 괴로운 적이 없었다. 무엇이 진실인가, 그녀를 소유하고 싶은 것인가, 사랑하고 싶은가. 하룻밤의 추억으로 생각하고 돌아서 버리면 될 것을 왜 이다지

괴로워하는지 그는 몰랐다. 사랑 때문에 죽은 사람들의 심정을 이해할 것 같았다. 팜므파탈, 황진이가 불현듯 생각났다.

일주일 뒤 그는 그녀가 머무는 티벳으로 떠났다.

백남규
『문학세계』 소설 신인상(2006), 미주중앙일보 평론 입상 (2010). nampeak@hotmail.com

제14회 달라스문학 신인상

시부문 대상

노경숙

수필부문 대상

자스민 리

희곡부문 대상

임용위

심사평

김종회

시 부문 대상

자식

노경숙

한 몸이었다 떨어져 나가고
한집에 살다 떠나가 버리고

신기하지 한 몸에 두 영혼이
존재했었다는 게
기어다니면 어서 걷기를
걸으면 힘차게 뛰기를
뛰면 네 꿈을 향해 날아가기를

왜 그렇게 서둘렀을까

언젠간 모두가 모두를 떠나가 버리는 걸
결국엔 혼자 남는 걸

이상하지 마음이란 건
마음자리는 그 크기를 가늠할 수 없어
수만 개의 네가 아니 수억 개의 네가
내 맘 안에 꽉꽉 채워져 있는데도
아직도 텅 비어 있는 걸

〈
오늘도
네가 없는 너의 방문을
나도 모르게
열고 보고 있는 걸

노경숙

간호사 취업이민 미국 이주(1996). Texas Health Dallas 병원 근무. 제13회 『달라스문학』 시부문 신인상 수상. 달라스한인문학회 회원

수필 부문 대상

피아노와 아들의 멍든 발바닥

자스민 리

아들이 구글에게 알람을 부탁한 5분이 지나고 구글은 약속한 대로 알람을 울리기 시작했다. 소파에 널브러져 5분의 잠을 청한 아들이 안쓰러웠지만 나는 남편에게 "한쪽 발 들어. 내가 한쪽 발 들게" 하면서 아들의 다리를 잡아당겼다.

여름 피아노 캠프에서 돌아온 아들은 이제 입시가 1년밖에 남지 않았다. Oberlin 피아노 캠프 참가자들의 공연을 보신 아들 선생님은 초등학교 전부터 피아노와 씨름했던 중국 학생들과 다른 많은 동양 학생, 어릴 적부터 피아노를 전공 목표로 연습해 왔던 학생들의 엄청난 실력에 아들의 부족한 테크닉을 걱정하며 아들에게 베토벤 탬퍼스 3악장을 이번 주말까지 끝내라고 숙제를 내준 것이다. 10 페이지의 악보. 피아노 선생님 말씀이라면 무조건적인 아들은, "이걸 내가 어떻게 해 내지" 하면서도 무조건 해야 한다며 이를 악물고 연신 피아노를 두들겨 대고 있었다.

이번 주의 끝인 일요일이 드디어 온 것인데…, 아들은 소파에 몸을 던지며 이제 거의 끝났다고 외쳤다.

"우와! 동주, 할 수 있었네! 선생님이 너 할 수 있었는데 이때까지 안 한 거였네 하시면서 더 큰 숙제 내주시는 거 아냐?" 하며 나는 뿌듯한 마음으로 아들을 흐뭇하게 쳐다보며 발 마사지를 해주려는 순간. 아들의 오른쪽 발바닥 발가락 아래에 달걀보다 큰 커다란 파란 멍을 발견했다.

옆에 서 있던 남편에게 소리 질렀다.

"이거 봐봐! 동주 피아노 페달 밟다가 이렇게 멍이 들었어! 어떡해!"

남편도 깜짝 놀라 발바닥의 커다란 멍을 보더니 말했다.

"맞네! 멍이 들었네!"

순간 우리 부부는 약속이나 한 듯 휴대폰으로 아들의 멍을, 무슨 훈장 보듯 사진을 찍었다.

"세상에. 피아노를 너무 열심히 쳐서 페달 밟다가 멍이 들었잖아. 선생님께 사진 보내드리자!"

나는 감격에 겨워 우는 흉내를 냈다(사실 약간 울컥하긴 했다).

"아이고 우리 아들, 너무 열심히 페달 밟느라 발에 멍까지 들고. 아이고."

아들은 처음엔 멍이 무슨 말인지 모르다가 내가 부르즈라고 말하자 발을 보며 말했다.

"이게 멍이라고? 하나도 안 아픈데."

신기한 듯 발바닥의 파란 훈장, 연습의 증거를 쳐다봤다.

중학교 때까지 작가가 되겠다고 소설을 줄곧 쓰던 아들이 고등학교에 올라가면서 갑자기 피아니스트가 되고 싶어 했다. 건너 초등학교에 공연하러 온 중학교 형, 누나들의 오케스트라 공연을 보고 온 아들이 흠뻑 반했다.

"엄마! 나 바이올린 배울래!"

해서 바이올린을 배우더니 막상 중학교에 가니 친구 따라 강남

간다고 친구들이 선택한 밴드에 들어가겠다고 플루트를 배우겠단다.

중학교 밴드부에 들어가서 플루트를 불고, 바이올린도 켜고 싶어서 7학년 때부터는 오케스트라에서 바이올린을 켰다(지금도 고등학교 오케스트라에서 바이올린을 켠다). 플루트를 전공하려나 해서 달라스 최고의 플루트 선생님께 수업받느라고 왕복 1시간이 넘게 플루트를 배우러 다녔었는데….

10학년 때는 그 들어가기 힘들다는 GDYO(Greater Dallas Youth Orchestra)에도 들어가서 플루트를 불었다.

고등학교로 넘어가던 여름방학, 갑자기 피아노를 하루에 8시간씩 치더니 피아니스트가 되겠다고 했다.

플루트 선생님이 소개해 주신 플루트 대회 반주자로 만난 김현수 선생님의 유일한 제자가 된 아들은 피아노를 향한 꿈을 키웠고, 선생님 덕분에 무한한 성장을 했는데… 청천벽력 같은 소식이 전해졌다. 선생님께서 Oberlin 대학에 취직이 되어 오하이오로 이사를 가야 한다는 것이었다. 동주 때문에 가지 말까 하는 생각도 하셨다는 선생님께, 그렇게 좋은 자리에 가시지 않는 건 말도 안 된다며 축하를 해드렸으나 나는 선생님 앞에서 주책같이 흘러내리는 눈물을 감출 수가 없었다. 아들은 내게 왜 우냐고 화를 내고, 나는 무안해하며 눈물이 나는 건 나도 어쩔 수 없는 거라고 억울하게 아들을 쳐다봤다. 아마도 아들은 마음속으로 통곡하고 있었을 터였다.

선생님이 Oberlin에 가신 지도 어느새 2년이 흘렀다. 아들은 달라스에서 제일 유명하신 Dr. McDonald의 수업을 듣고 있지만 여전히 아들의 최고 멘토는 현수 선생님이시다. 선생님은 Oberlin에 가서도 매일 아침 아들과 페이스 타임으로 만났다. 본인은 세 살짜리 딸 등원 준비를 하고 아들은 피아노 연습을 시켰다. Indiana 대학의 피아노 캠프와 Oberlin 피아노 캠프 사이 2주 간격이 있었는데 그때 아들에게 본인 집에 와 있게 하면서 매일 본인의 학교 사무실에서 아들이 연습할 수 있도록 데려다주셨다.

아들이 현수 선생님을 만나지 못했더라면 피아노 전공은 꿈도 꾸지 못했을 일이다. 네 살 다섯 살 때부터 피아노를 친 아이들과 고등학생이 돼서야 피아노 전공을 결심한 아들이 어떻게 경쟁할 수가 있겠는가. 음악에 재능이라고는 전혀 없는 나 대신 다행히 절대음감도 있는 아빠 쪽 피를 닮아 아들은 귀가 좋다는 이야기를 쭈욱 들었는데, 사실 우리 집 강아지들보다 아빠가 퇴근하고 돌아오는 걸 아들이 먼저 알 정도다. 소머즈의 귀를 가진 게 틀림없다.

의지하고 믿었던 선생님도 타지로 가시고 너무나 사랑했던 사촌 동생도 아홉 살이란 나이에 세상을 떠난 작년, 아들은 슬럼프에 빠졌었다.

아들은 이번 Oberlin 피아노 캠프에서 열린 대회에서 6등하고 상금도 $200불 받았다. 참가자들의 연주를 보신 선생님은 아들 실력이 일 년 동안 많이 늘지 않은 것을 걱정하면서 참가자들의 쟁쟁한 실력에 마음이 조급해서 극단의 조치를 내리셨다. 아들에게 이번 주까지 입시 곡으로 정한 베토벤 템페스트를 다 배우지 못하면 선생님은 아들이 피아노 인생에 더 이상 관여치 않으시기로···.

아들에겐 아마 사형선고나 다름없었을 테고 캠프에서 돌아온 후 많이 달라져 있었다. 좋아하던 오락도 끊겠다며 대형 컴퓨터 스크린을 내가 가져가도 좋다고 했다. 그리고 아빠에게 white bord를 얻어서 대학 입시 곡들을 죽 적었다. 그 아래 빼곡히 연습해야 할 페이지들을 써 내려가서 그 옆에 칸을 만들어 체크 표시를 할 수 있게 했다. 체크가 빼곡히 채워져야 잠에 들었다. 집에 도착하면 바로 피아노로 달려가 피아노만 주구장창 쳤다. 주말엔 친구들과 sleep over를 하거나 오락을 했었는데 이번 주말엔 베토벤 템페스트를 정복하기 위해 발바닥에 파란 멍까지 지고야 만 것이다.

그런데…. 하나도 아프지 않다는 아들의 말에 혹시나 해서 물티슈를 가져와 파란 멍을 닦는데 세상에나, 그 파란 멍 자국이 깨끗이 지워지는 게 아닌가. 그 파란색은 피아노 페달을 너무 열심히 밟아서 파랗게 얼룩진 훈장의 멍 자국이 아니라 페달의 녹이 묻어 난 그냥 녹 자국이었다.

이거 다 지워지는데! 멍이 아니었어!

순간, 우리 셋은 푸하하하 얼굴을 마주 보며 웃었다.

선생님께 보낸다며 열심히 사진을 찍어대던 우리 부부의 시트콤 장면이 생각나 한참을 웃었다.

일요일 오후 4시. 아들의 피아노 소리가 메트로놈 소리와 겹쳐서 들려온다.

이제 오늘이 몇 시간 남지 않았고 아들은 기어코 베토벤과의 싸움에서 승리하고 선생님께 이렇게 문자를 보낼 것이다.

"선생님, 베토벤 템페스트 3악장 다 배웠어요!"

자스민 리(Jasmine Lee)

달라스 코리안 라디오 DKnet '쟈스민의 기분 좋은 날' 진행자, 브런치 스토리 작가(달라스 Jasmine), DK Foundation 홍보 이사 위촉, 한글학교 교사, SBS 미국 통신원, MBC 월드넷 영파워 애틀란타 통신원, 백운 프로덕션 카피라이터, Samsung Telecom America, Ericsson, NEC, Epiroc 근무. 달라스문학 신인상 수필부문 대상, 대우그룹 '젊음에게 라디오 캠페인' 카피상 수상.

희곡 부문 대상

유쾌한 콜걸 시대

임용위

무대

지어진 지 오래된 방 두 칸짜리 빌라 내부. 허름하지만 잘 정돈된 거실(주방을 겸한)을 중심으로 왼쪽 가장자리에 현관문이 자리하고 바로 옆 문간방 출입문을 통과해 거실이 자리한다. 이 연극의 주 무대가 되는 거실에는 왼쪽 가장자리 벽으로 일자형 소파와 함께 전화기가 놓인 사각 식탁이 있고, 소파 앞에 의자 2개가 딸린 원형 식탁이 배치되어 있다. 문간방에서 'ㄱ' 자로 꺾인, 즉 무대 중앙의 왼쪽 좁은 벽으로 냉장고 싱크대 등 주방 시설이 놓여있으며, 언제든 따라 마실 수 있는 찻주전자가 가스레인지 위에 올려져 있다. 무대에서 바라본 거실 중앙 전면은 왼쪽으로, 욕실로 통하는 문과 안방을 출입하는 문이 오른쪽으로 배치된다.

등장인물

젊은 연화 '한임'이라는 본명을 가진 30대 초반의 여자
　　　　긴 머리에 마른 체형
늙은 연화 60대 초반
두　　한 젊은 연화보다 서너 살 많은 이웃 남자
젊은 숙영 연화보다 작은 키에 통통한 체격을 가진 50대 여인
늙은 숙영 80대

동　호 숙영의 젊은 시절 애인. 전직 경찰 출신으로 60대 후반
젊은 민자 연화와 동년배로 활달하고 저돌적인 여자
늙은 민자 60대 초반
경　식 젊은 민자의 애인으로 풍채가 큰 20대 후반 남자
어린 수란 성인이 안 된 생기발랄한 아가씨
중년 수란 40대 후반
어　멈 연화의 친모. 꿈꾸는 장면에서 등장
목소리 1, 2, 3, 4 각각 두한의 친모와 40, 30, 10대 남자

때와 장소
1990년대 중반의 경기도 부천 주택가에 자리한 허름한 빌라촌
그리고 현시점의 프롤로그

프롤로그
막이 오르지 않은 무대 중앙에 의자 하나가 놓여있고 의자 앞에 높이를 조정할 수 있는 삼발이 받침대가 있으며 받침대 위에 휴대폰이 장착되어 있다.
긴 펌 머리에 진한 화장으로 꾸민 화사한 차림의 늙은 연화가 무대 중앙으로 걸어와 의자에 앉는다. 삼발이 받침대를 앉은키와 맞추며 휴대폰을 조정한다. 휴대폰 화면을 세심하게 응시하며 긴 머릿결을 매만지고 웃음 띤 표정을 짓는다. 그리고 자세를 가다듬으며 차분하게 **독백**을 이어간다.

늙은 연화(이하 연화) 몇 분이 봐주실지는 모르겠지만, 처음 뵙는 자리니까 오늘은 제 소개 위주로 인사를 드릴까 해요. 알고리즘에서 짐작하셨을 테니 단도직입적으로 말씀드리자면, 저는 제 인생의 3분의 2 이상을… 매춘부로 살았습니다. 물론, 당당하게 내세울 만한 직업은 결코 아니지요. 세상이 많이 달라졌다고 해도 몸을 팔아 삶을 꾸려가는 직업에까지 관대해진 그런 사회는 아니란 걸 저도 잘 압니다. 저는 갓 스무 살이 되어서 이 바닥에 발을 디뎠어요. 온전히 제 스스로 문을 두드린 세상이었지요. 당시 저는 극심한 불면증에서 헤어 나오질 못하고, 깡마른 육신을 건사하기조차 힘든 하루하루를 겨우 견뎌내고 있었죠. 불면증은 갑작스럽게 찾아왔고 그 원인은….

말을 잇지 못하고 고개를 쳐들고는 허공을 응시한다. 그러다가 고개를 푹 숙이고 긴 한숨을 쉰다. 다시 천천히 고개를 들고 말을 이어간다.

연화 성… 폭행을 당했어요. (잠시) 나름, 그렇게 큰 일이 일어나지 않았던 것처럼 잊어버리고 살아보려 안간힘을 썼지만, 문제는 바로… 단 한 순간도 잠속으로 들어가지 못하는 불면증이 나를 길거리에까지 나오게 한 거죠. 거기다가, 어쩌다 깊이 든 잠 속에 원치 않는 사람이 한 번도 빠짐없이 들어온다고 상상해 보세요. (벌떡 일어서며 크게) 죽을 고비를 겨우 넘기고 아등바등 사는 나를 저세상으로 데려가지 못해 안달이 난 사람! 그 모습에 소스라쳐 온몸이 땀으로 범벅이 돼서 침실을 뛰쳐나오는 그런 일은… (휴대폰 화면에서 벗어난 걸 알아차리고 다시 앉아) 겪어본 사람 말고는, 도무지 짐작 못 할 일이지요.

말을 이어가려다가 주춤한다. 가슴을 쓸어내리며 침착해지려고 애를 쓴다.

연화 오늘은 제 소개만 하고, 얼마간 불면증에서 벗어나기 시작했던 과정을 천천히 이어갈 작정이었는데 이게… 맘먹은 대로, 뜻대로 안 되네요. (헛기침) 제가 사실 인터넷 화상을 공개적으로 열기로 한 이유가 이게 다는 아녜요. 30년 넘는 세월을 밤이슬과 함께 동고동락하면서 만났던 나의 여리고 착한 식구들이 그냥 그렇게 잊혀 간다는 게 문득 슬프게 느껴졌어요. 그들 이야기를 들려드렸으면 하는 생각을 재작년 크리스마스이브를 보내던 중에 하게 됐죠. 말주변도 없는 데다가 낯 뜨거운 일을 자처하는 게 자신이 없어서 차일피일 미뤄왔는데…. 비로소 오늘 여러분과 만나게 됐네요. 그들 이야기를 하다 보면 자연스레 이 화면에 제 삶도 녹아들 것이고. 어둠침침하게 꽉 막힌 공간만을 맴돌았던 생활이었을지라도, 가능하다면 저희 나름대로 팔팔하게 살아 움직였던 시절을 여러분 앞에 유쾌하게 끄집어내려고 합니다.

연화의 말이 떨어지기가 무섭게 무대의 막이 연화가 앉은 자리에서 왼쪽만 열린다. (혹은 조명이 왼쪽만 비춘다) 현관과 현관문 바로 옆으로 건넌방의 닫힌 방문이 어슴푸레 드러난다.

연화 꽃다운 시절 제 육신은 거칠고 난폭한 사내들의 품 안으로 내던져졌죠. 한순간의 사건이 빚어낸 결과였지만 내 스스로 선택한 길목 위에서 크게 후회해 본 적은 없는 것 같아요.

연화의 대사가 이어지는 가운데 현관문이 열리고 젊은 연화가 외출에서 돌아온다. 화려하게 멋을 낸 투피스 정장 차림에 어깨에는 긴 줄이 달린 가죽 핸드백을 걸치고 있다.

연화 남들 다 잠에 빠져있는 시간에 저는 겨우 일을 마치고 집에 들어오지요.

젊은 연화는 샌들을 벗고 거실로 향해 가려다가 문간방 입구에서 멈춘다. 잠시 무표정한 얼굴로 서 있다가 현관 스위치를 올린다. 현관문과 건넌방 입구 주변이 환해진 가운데 콧노래로 부르고 흥에 넘쳐 춤을 추듯 빙그르르 몸을 돌려보기까지 한다.

연화 흔한 일은 아니지만, 아주 가끔 콧노래가 나오기도 했던 나의 젊은 시절이 생생하게 떠오르네요. 오래된 연립주택이 철거되기까지 30년을 한 곳에서 살았는데, 문을 열고 들어오면 바로 문간방과 마주하게 됐고, 나는 그 안에 나만의 누군가를 모셔놓고는 그 사람에게 밖에서 일어났던 자질구레한 일들을 미주알고주알 늘어놓곤 했지요. 고단한 하루 중에서 그나마 가장 심장이 뜨거워지는 순간이기도 해서 특별한 일이 없는 한은 하루도 거르지 않고 그 앞에서 조잘조잘 수다를 떨어댔지요.

젊은 연화가 무대 오른쪽으로 가로질러 아직 오르지 않은 (조명이 아직 들어오지 않은) 막 뒤로 사라진다.

연화 (자리에서 일어서서는) 미리 말씀드리지만, 여러분과 만나는 동안 난 문간방 안의 그 사람에 대해서는 더 이상 언급하지 않을 생각이에요. (의자에서 멀어져 오른쪽으로 한 발짝 걸어가며) 다만, 문간방 그 누군가로 인해서 나는 이렇게 생명 부지하고 자연스레 늙어갈 수 있었다는 것만 말씀드릴게요. (객석으로 다가가며) 서론이 너무 길었네요. 이제 본격적으로 제 얘기를 들려드릴 건데요. 어쩜, 천박하게 비칠지도 모르는 하찮은 여자의 인생 넋두리가 되고 말 수도 있겠지만, 원치도 예상하지도 않았던 폭행의 그림자에 휩싸였던 한 여인의 죽지 않고 버텨냈던 인생이, 여러분의 삶과 비교해 어떻게 아슬아슬 비켜 가며 견뎌낼 수 있었는지, 그거 하나만이라도 바라봐 주시고 가시면 저는… 여러분과의 화상 대화에서 큰 거 하나는 건지게 되는 셈이 될 기예요. 그럼!

정중한 자세로 고개 숙여 인사를 하고 삼발이 받침대를 집어 들고는 무대 오른쪽으로 걸어 나간다. 동시에 오른쪽의 막도 함께 오른다. (혹은 조명이 들어온다)

제1장

프롤로그에서 그대로 이어지는 무대. 경쾌하게 음악이 흐르다 느려지더니 거실의 어두운 풍경이 점점 환해진다. 안방 문이 반쯤 열려 있고 점점 그 안에서 새어 나오는 빛(전기 불빛이 아닌, 객석에선 보이지 않지만 창문을 통해 들어온 햇빛이다)이 컴컴했던 거실을 이른 새벽의 모습으로 바뀌게 하는 모습이다. 곧 울리기 시작하는 무선호출기(일명 '삐삐') 소리가 몇 차례 계속 이어지다가 멈춘다. 호출기는 식탁 위에 놓여있고, 탁자 위 전화기에서 곧바로 벨 소리가 울린다.
젊은 연화(이하 연화)가 잠이 덜 깬 모습으로 사뿐사뿐 안방에서 걸어 나와 수화기를 들지만 이미 끊어진 전화에 의아해한다. 수화기를 내려놓고 전화기 탁자 위 스위치를 누르자 거실에 불이 켜진다. 눈을 비비면서 무선호출기를 확인하고는 제자리에 내려놓는다. 자다가 깬 흐트러진 모습에 화장기 없는 맨 얼굴이지만, 어딘지 모르게 세련미가 흐른다. 하얗게 창백한 얼굴에 속살이 은근하게 비치는 얇은 실크 가운이 그녀를 더욱 화사하고 우아해 보이게 한다.
현관 옆 건넌방 문 앞으로 다가가는 연화. 문에 얼굴을 가까이 대고 잠시 눈을 감고 생각에 잠긴다. 그리고 문 바로 옆 벽에 기대어 독백을 이어간다.

연화 (차분한 목소리. 닫힌 방문의 안쪽에 있는 누군가에게 읊조린다) 전화벨 소리에 잠을 깨진 않았어요? 이젠, 꼭두새벽 벨 소리가 귀에 익숙해졌을 것 같은데요? 이 시간에도 화장을 고치고 핸드백을 들고 나가라고 신호를 보내는 소리가 제겐 너무 익숙해져서, 예전에 더러 두렵고 공포스럽기도 했던 감정에서는 완전히 벗어났다는 걸 느껴요.
숙영 언니 전화였어요. 이 시간까지, 무선호출기 신호를 보내고 전화를 걸어오는 유일한 사람이지요. 언니를 보며 나이를 먹어가고는 있지만, 닮고 싶다는 생각은 한 번도 해본 적이 없는 것 같아요.

연화, 문손잡이에서 천천히 손을 떼고는 다시 벽에 몸을 기댄다.

연화 (다시 차분해져서) 미안해요. 한참 잠에 빠져있을 시간인데, 나 혼자 정신 나간 여자처럼 궁시렁거리고 있었네요. 더 이상 방해하지 않을 테니, 잠을 설쳤다면 용서하고… 다시 꿈나라로 여행을 떠나세요. 편안하게… 평화롭게… 그리고, 한가롭게….

갑자기 뭐가 생각난 듯, 벽에서 몸을 점점 멀리하면서 거실로 총총 걸어간다.

연화 (거실 중앙을 서성이며 환한 모습으로) 단꿈을 꿨어! 얼마 만에 꾸는 단꿈이었는지 도무지 헤아릴 수가 없네! 그 사람을 꿈속에서 볼 줄이야! 그뿐이야? 함박 웃으면서 나를 바라보는 표정에 넋이 나갈 것만 같았어.

한층 흥분이 고조된다. 주변을 둘러보며 마음을 추스른다.

연화 언젠가 이런 날이 올 거라고 단 한 번이라도 기대했던 적이 있었던가? 상상 속의 그 사람은 한 점 희망도 의욕도 없이 늘 우울해 보이기만 했었는데….

소파 앞으로 가서 다소곳이 앉는다.

연화 (실망스런 표정) 거기서 멈춰버리고 말았어! (전화기를 응시하며) 벨 소리 때문에 단꿈이 사라지고 말았어! 무슨 말을 하려고 했을까?

이때 초인종 벨 소리. 화들짝 놀라 현관문으로 몸을 돌리더니 한걸음에 달려간다.

연화 (현관문에 최대한 가까이 붙어서) 언니?
숙영 (문밖에서, 다급한 어조) 문 열어 빨리!

철커덩! 현관문이 열리고 숙영 들어선다. 온몸을 휘감은 짙은 색 스웨터가 통통한 체격을 더 살쪄 보이게 한다. 짜증이 많은 성격이지만 살갑고 따뜻한 속내를 가지고 있다.

숙영 (굽 높은 부츠를 벗으면서) 안에 들어오니 살 것 같네! 오뉴월 서릿발이라더니, 날씨가 왜 이리 안 풀려? (연화 앞질러 가며) 잠칫이 밝은 애가 전화 좀 빨리 받지 그랬어? 삐삐도 먹어버리고 말야!
연화 (총총 걸음으로 거실로 걸어가는 숙영을 뒤따르며) 깜빡 잠이 들었어.

그런데, 무슨 일 있어? 늘 초저녁에만 봤지, 이렇게 이른 새벽에 보기도 드문 일이라서!

숙영 (외투를 벗어 소파 위에 걸쳐놓고) 돈 좀 해줘. 있는 거 다 내놔 봐!

연화 (휘둥그레져서) 무슨 일 있었구나! 요즘 잠잠했는데, 밤새 누가 걸린 거야?

숙영 (자리에 앉으며) 그 이화장 카운터 지키는 년이 문제야. 척! 보면 단속 나온 사복 경찰관인 줄 모르나 봐! 3년 넘게 우리하고 일했으면 감이 대번에 올 법도 한데….

연화 어머! 나 첫 스타트가 이화장이었는데…. (숙영의 양손을 잡고 소파에 앉으며) 누가 걸렸는데? 민자는 한 이틀 쉰다고 그랬고…. 설마, 정혜? 나 거기 나오면서 정혜하고 마주쳤거든.

숙영 정혜하고 경선이, 빼도 박도 못하게 걸려들었어. 한두 푼 갖고 해결될 거 같지 않아.

연화 형부한테 연락은 했어?

숙영 급하게 볼일이 있어서 대전에 내려가 있던 사람 부랴부랴 택시 대절해서 새벽에 경찰서에 도착했는데, 우선 시설에 안 보내는 조건으로 이번에도 (엄지와 검지로 동그라미를 그려 보이며) 이걸 요구하는 거지. 동호 씨하고 내가 가진 돈 탈탈 털고도 조금 모자라서 너한테 온 거야.

연화 잠깐만!

연화, 안방으로 들어가고 숙영이 수다는 계속된다.

숙영 이화장 주인은 카운터 그년부터 잘라야 해. 가볍게 입 놀리는 거 말고도 눈치코치도 없는 애를 왜 그리 오래 두고 있는지 알 수가 없어! 볼 때마다 아구창에다간 뭘 그렇게 처질러 쑤셔 넣는지, 젊은 것이 배때기는 열 달 애 밴 년같이 불러 가지고 나 참.

숙영, 들고 온 가방에서 담배와 라이터를 꺼내 단숨에 피워 문다. 연화가 방에서 나와 숙영에게 두터운 봉투를 건넨다.

연화 지금 가진 돈이 이게 다야.
숙영 (덥석 받아 들고는) 미안해, 급할 때마다 너를 먼저 찾게 되네.
연화 형부한테 얼른 가봐!
숙영 (손가락에 낀 담배 가치를 내보이며) 이거 마저 하고. (연화에게서 고개를 돌려 연기를 길게 내 품고는) 정신이 나가서 날뛰다가 지금 겨우 한 개비 문 거야. 미안해! 냄새 질색하는 네 앞이지만 참을 수가 없었어.

연화, 일어나 주방에서 밥사발 안에 휴지를 깔고 물을 조금 붓는다.

연화 (소파 앞으로 다가와 밥사발을 테이블 위에 내려놓으며) 어젯밤 일한 거 다섯 개 함께 넣었어. 통 안 그랬는데, 요사이 세 개 넘어가면 좀 지친다는 느낌이 와!
숙영 알만해! 우리 일이 금방 골병드는 일이잖니? 돈도 좋지만, 몸 생각해 가면서 해!

숙영이 담배를 밥사발에 비벼 끄고 황급히 일어나 나갈 채비를 한다. 연화가 가방이며 외투를 챙겨준다.

숙영 (현관을 향해가며) 동호 씨 눈 빠지게 기다리겠다.
연화 (뒤따르며) 잘 해결했음 좋겠어. 경선이 언닌 딸린 식구가 많은데 시설 들어가면 큰일이야.
숙영 거기까진 안 가게 해야지

연화, 현관문 열어주고 숙영이 나가려다가 연화를 바라보고 말을 건넨다.

숙영 이렇게 너한테까지 손을 안 벌려도 될 만큼 넉넉했었는데. 푼푼이 소개비 챙겨 사는 내가 가끔은 양심에 가책이 되곤 해! 동호 씨 경찰복 벗기 전엔 그런 생각 추호도 없었는데…. (다시 나가려다 말고) 그 알량한 소개비란 것도 날이 갈수록 줄어들고.
연화 그래? 왜 그럴까? 전화 호출이 줄었어? 아님….
숙영 애들이 나 안 거치고 단독으로 놀 생각을 해. 제 딴엔 푼돈 더 벌자고 머리 굴리는 수작들이지. 숙박업소하고 나한테 코딱지만치 떼어주는 돈도 아까우니…. (한숨) 이렇게 꼴좋게 단속에라도 걸려들면 결국은 살려달라고 애걸복걸하며 달라붙을 사람이 나밖에 없다는 걸 모를 리가 없을 텐데…. 가끔은 신세를 조지든 말든 못 본 척하고 지나가고 싶을 때도 있어!
연화 별도리 없으면 그러려니 하고 살아. 당장 그만둬도 언닌 아쉬울 것도 없지 않아?

숙영 (목청 높여) 민자 년이 아주 본격적으로 나섰어! 저 혼자만 좋자고 하면 내 모른 척하겠는데, (소리 커진다) 나랑 무리 없이 잘 맞는 애들까지 꼬드겨서 아주 살판이 났다!

연화가 숙영의 큰소리를 제지하며 문간방을 살핀다. 숙영, 목을 길게 빼고 문간방을 바라보다가는 조용하게 호들갑을 떤다.

숙영 (손목시계를 확인하더니 화들짝 놀라며) 어머! 내가 주구장창 수다나 떨고 있네! (나가면서) 일당 받았으니 저녁엔 안 봐도 되겠네. 빌린 돈은 해결되는 대로 바로 갚을게.

- 숙영 나가고, 연화가 현관문을 닫으면서 암전 -

제2장

철커덩 현관문 열리는 소리와 함께 2장의 무대가 오른다. 프롤로그에서의 등장 모습과 똑같이 젊은 연화가, 외출에서 돌아와 흥에 겨운 콧노래를 흥얼거린다. 현관 스위치를 올리자, 현관문과 건넌방 입구 주변이 환해진다.
콧노래로 부르는 노래는 에디트 삐아프가 불렀던 〈장밋빛 인생〉의 샹송이며 허밍으로 부르는 중간중간 불어 가사로 델리킷하게 소리 내어 부른다. 마무리하는 부분에 와서는 춤을 추듯 빙그르르 몸을 돌려보기까지 한다.

그녀의 손엔 장미 송이가 총총히 박힌 안개꽃 한 다발이 쥐어져 있고, 짙은 파운데이션에 새빨간 루주가 강렬한 얼굴에서는 다소 피곤함이 묻어난다. 화려하게 멋을 낸 투피스 정장 차림에 어깨에는 긴 줄이 달린 가죽 핸드백을 걸치고 있다. 깔깔거리며 샌들을 벗고 거실로 향해 가려다가 웃음을 멈추고 문간방 입구에 선다.

연화 (문간방을 응시하며 밝게) 어슴푸레한 저녁나절에 한 남자를 만났어요. 첫눈에 그를 기억해 두고 싶은 남자로 직감했고, 나는 그 어떤 것으로부터도 방해받고 싶지 않아서 호출기부터 바로 끊어버렸죠. 다행스럽게도, 나는 내 희망대로 두서너 시간을 그 사람과 더 보내게 됐어요. 만나자마자 습관처럼 그 남자와 사랑을 나누기 시작했고 곧바로 나는 그 남자와 아주 깊고 깊은 사랑을 나누고 있다는 것을 느끼게 됐어요. 사랑을 마치고 주섬주섬 옷가지를 챙기는 그 남자를 바라보면서 난 좀 더 오래오래, 그 깊은 사랑의 여운을 그 남자와 만끽하고 싶어졌어요.
(거실 쪽을 바라보며) 그는 거리에서 택시가 나타날 때까지 내가 곁에 있는 것을 물리치지 않았어요. 그에게 내 존재가 크게 부담이 되지 않는다는 뜻이었죠. 택시 정류장 바로 앞 간이 꽃가게에서 그는 내게 (꽃다발을 바라보며) 이 화사한 안개꽃이 깃든 장미 송이 한 다발을 건네주는 여유까지 선물했어요. 한없이 감동의 물결로 정신이 혼미해지던 그때가 기회였죠! 나는 그 남자에게 딱 차 한 잔의 시간을

허락받았고, 나는 그를 번잡하지 않은 골목길의 모퉁이를 돌아 자리한 '장밋빛 인생'으로 데려갔어요.
(뭔가 생각난 듯 눈을 크게 뜨고) 아! 꿈속에 나타났던 그 사람, 홍…수…영! 나는 그 카페에서 수영 선배를 만나고 있었어요. 곰상하면서도 가끔은 거침없이 당돌하기도 했던 수영 선배는, 한 때 내게 마냥 의젓하기만 한 존재였지요,
(정신을 가다듬고 문 옆 벽에 기대고) 시간 가는 줄 모르고 보낸 장밋빛 인생에서의 비좁은 계단을 내려오면서 꽉 잡은 그 남자의 팔에서 손을 떼어야 하는 게 너무 아쉬웠는지, 나는 평소 나답지 않았던 주문을 그 계단에서 했어요. 그 남자에게 전화번호를 알고 싶다고 한 거예요. 망설임 없이 고개를 끄덕이고 카페 계산서 쪽지에 번호를 적는, 한두 계단 밑에서의 그 뒷모습을 바라보며… (흥분으로 고조된다) 나는 크지도 작지도 않은 체구를 감쌌던 단정한 수영 선배의 차림새가 너무 자세하게 떠올라서, 그 자리에 하마터면 털썩! 주저앉을 뻔했어요!
(한결 고조되어 벽에서 떨어진다) 파란색 줄무늬가 선명한 체크 슈트의 칼라를 덮은 하얀색 남방의 깃, 마지막으로 보았던 그 사람의 차림새가 생생하고도 또렷하게 떠올랐던 것이죠.

손에 들고 있던 꽃다발을 천천히 바라보며 장미 송이송이 어루만진다.

연화 내게 한 아름 꽃다발을 안겨준 사람이… (절레절레 고개를 흔들며)

한 사람 있기는 했었지!

꽃을 든 손을 쭉 내려뜨리고 객석 쪽으로 걸어간다.

연화 아침햇살처럼 눈이 부셨던 활짝 핀 송이송이들! 엄마 손을 잡고 들판을 걸어서 만난 새 아빠의 손에 쥐어진 들꽃다발이, 엄마가 아닌 내 품 안에 쥐어졌을 때 나는 금방 새 아빠가 정겨워졌었지. (갑작스레 공포에 질리며) 하얗게 만발한 곱디고운 꽃다발의 속셈을 미리 알았더라면….

겁에 질린 표정으로 얼굴을 감싸는 연화. 이때 어깨에 둘러메고 있던 핸드백 안에서 호출기 소리가 울린다. 멈칫. 느린 동작으로 들고 있던 꽃다발과 문간방 출입문을 번갈아 바라보다가 탁자 옆으로 성큼 걸어가 전화 버튼을 누른다. 스위치 버튼을 누르고 환해진 거실의 식탁 위에 꽃다발을 올려놓고, 소파에 앉아 차분해진 목소리로 통화를 시작한다.

연화 여보세요?… 한참 전화 받을 시간 아니야, 언니?… 무슨 일이 있었던 건 아니고, 그냥 일을 안 하고 싶었어. … 미안해, 언니! 오늘은 그냥 쉬고 싶어.

무선 전화기의 수화기를 든 채 일어서서 레인지 쪽으로 걸어가서는 찻주전자에서 차를 컵에 따른다. 싱크대에 기대어 차를 들이켠다.

연화 (뭔가 생각난 듯) 참! 경선이 언니랑 별 탈 없이 나오게 돼서 천만 다행이야. 결국 형부가 큰일을 해결해 주셨네.

초인종 소리가 들린다.

연화 언니, 누가 왔네. 끊어야겠어. … 끊지 말라고? (말이 빨라진다) 아래층 총각 아저씰 거야. 그 사람 어머님이 편찮으신데, 아무 때나 도움이 필요하면 문 두드리라고 했거든. 잠깐만!

수화기와 함께 커피잔을 싱크대 옆에 내려놓고 후다닥 현관으로 달려 나간다.

연화 (현관에 귀를 기울이고 살며시) 아저씨?
민자 (문밖에서) 나야 민자!

덜커덩 문이 열리고 유난히 진하게 화장을 한 짧은 미니스커트 차림의 민자가 들어선다. 굽 높은 부츠를 벗기가 무섭게 호들갑스럽게 연화에게 말을 건다.

민자 웬 아저씨? (건넌방 문을 힐끗 쳐다보며 목소리를 죽인다) 누구 있어? 너 집에 남자 안 들이잖아!
연화 (외면하며) 헛소리 말고…. 한창 바쁠 시간에 웬일? 몸은 괜찮아?

민자 (거실에 당도하며) 주사 맞고 나왔어. 금싸라기 같은 시간 이틀이나 까먹고 나오자마자 애 저녁에 김샜어! (말이 거칠어진다) 파이, 파이, 완전 파이야! (뒤따라오는 연화의 옷차림을 보며) 나갈 셈이었니?

연화 아니, 막 들어오는 참이야. (싱크대를 보며) 아참! 내 정신. 통화 중이었던 걸 까먹었네! (후닥닥 달려가 수화기를 집어 들고) 민자야, 언니! 내일 얘기하자. 그럼 언니 수고….

민자 (연화 곁에 바짝 다가서서 수화기를 가로챈다.) 언니, 나 민자야. (화가 나 있다. 큰소리로) 언니 혹시, 나만 쪽 집어서 개망나니 같은 사내들 골라 붙이는 거 아냐? 지난 주말에는 기름 냄새 범벅에 땟국물 줄줄 흐르는 노가다 판 사내고 오늘은 방금 공동묘지에서 빠져나온 호호백발 영감님이야? (뭐가 생각난 듯) 그러고 보니 노가다 판에서 굴러먹던 그 자식한테서… (화들짝 놀란 동작) 맞네, 그놈! 나한테 거룩하게 병을 선사한 놈팡이가… (잠시) 엉덩이 딱 세 번 흔들어줬는데 바로 싸버려서 시간 벌었다고 좋아했는데, 재수 곱빼기로 옴 붙어올지 누가 알았겠어? 석 달에 한 번꼴로 나만 골탕 먹는 거, 아무래도 언니한테 미운털 박혀 그런 거 틀림없네!

민자의 거침없는 목청을 자제시키려고 팔을 붙잡아보지만, 연화의 손을 뿌리치며 목청은 너 거센다.

민자 팁이라도 얹어주는 놈들이라면 내 두말도 안 해! 여관 카운터에 떼어주고 또 언니 소개비 주고, 물고 빨고 땀 흘려서 립스틱 하나 겨우 살까말까 하는 것도 분통이 터지는데, 꼭 그런 작자들이 오래오래 좆 지랄 떠느라고 가랑이에 힘주고 버티는 쌩 양아치들인 거 몰라? 언니도 그런 좆탱이들 오래 상대해 봐서 알잖아?

민자, 화들짝 놀라며 수화기에서 귀를 급하게 멀리한다. 상대방이 큰 소리로 민자를 압박한 듯하다.

민자 (누그러져 연화를 바라보며) 끊었어! 욕을 나보다 더 찰지게 하고 끊어 버리네.
연화 (민자에게서 수화기를 낚아채고) 조리 있게 설명하지, 왜 막말은 그리 퍼붓고 그래? 그렇게 악을 쓰면, 지쳐서 녹초가 된 몸과 마음이 풀리기라고 하니? (수화기 전화기에 걸치며) 언니가 누구 사람 봐가면서 차별하는 성격도 못 되잖아!

연화, 전화기를 탁자 위에 도로 갖다 놓고 식탁에 놓여있던 꽃다발을 들고 주방으로 가져간다. 목이 긴 큰 컵에 물을 받아 그 안에 꽃다발을 넣고는 만족한 표정을 짓는다. 그 사이 민자는 핸드백에서 담배와 라이터를 꺼내 불을 붙인다.

민자 (비장한 말투) 내가 이래서 말인데….
연화 (꽃이 든 컵을 들고 식탁으로 걸으며) 이래서 뭐? 일을 관두기라도 하겠다는 거야? 지하 단칸방에서 하루빨리 탈출하겠다고 하지 않았어? 어느 세월에 무슨 수로 햇빛 드는 방으로 이사할 건데?

연화가 컵을 식탁 한가운데 내려놓고 민자는 의자에 앉아 미소 띤 얼굴로 담배를 피운다. 재떨이가 안 보이자 빈 담뱃갑 안에 피우던 담배 재를 떤다.

연화 다른 직장 생겨서 당장 이 일 그만두는 건 나도 환영이야? 숙영 언니도 네가 다른 일로 새출발한다면 반색하고 펄펄 뛰며 좋아할걸?
민자 잘 들어, 딴 데로 새지 말고. 내가 이래서 손님들한테 내 삐삐 번호를 가르쳐 주는 거야. 숙영 언니가 소개하는 영양가 없는 새끼들 말고, 나를 직접 삐삐로 호출하는 매너 좋고 돈 잘 쓰는 남자들에게 말야.
(일어서서 연화 팔을 잡고 의자에 앉히며) 그 남자들을, 네가 한 번씩은 다 만나봐야 제대로 아는데. 내 몸 구석구석을 잘도 알고 찾아다니는 부드러운 손도 손이지만, 씀씀이는 또 얼마나 데 찬지 땀 흘리고 난 다음 뒤풀이도 아주 혼을 쏙 빼놓는다고! 더 다행인 건, 건강 상태가 다 검증돼서 병 걸릴까 염려하지 않아도 된다는 점이야. 재수 없는 놈한테 몹쓸 병 옮아서 이틀씩이나 날려버릴 일은 없다는 뜻이야, 알어?
연화 정말 다 나은 거 맞어? 이번에도 형실 언니한테 주사 맞았지?
민자 근육 주산 형실 언니가 일가견이 있잖아.
연화 그 언닐 못 믿어서가 아니라, 병원에 가서 확실하게 진료를 받았으면 해서 그래.
민자 난들 왜 안 그러고 싶겠어. 그렇지만, 내가 아무리 낯바닥이 두꺼워도 낯선 사람 앞에서 "나 성병 걸렸어요. 금방 낫게 항생제 쎈 걸로 한 방 놔주세요"란 말은 도저히 못 할 것 같애. 죽어도 그 소린 못 끄내지!

이때 민자의 허리춤에서 호출기 소리가 들리고 후닥닥 자리에서 일어나 호출기를 확인한다.

민자 어머! 숙영 언니 호출이야. (탁자 옆으로 달려가며) 전화 좀 쓸게. (목을 가다듬기 위해 헛기침을 하고 버튼을 누른다. 애교 넘치게) 언니, 호출했어? … 바쁘지! 계속 삐삐 울려대는데 언니 번호라서 전화 걸었어…. 산호장 호텔? … 807호? … 알았어 언니! 택시로 달리면 십분도 안 걸릴 거야. 그리고, 아까는 혼자 떠들어서 미안해! 끊을 게 언니!

수화기 내려놓고 계면쩍은 듯 연화에게 찡긋 윙크하며 헤헤거린다.

민자 웬일이래? 숙영 언니가 숙박 골목 말고 고급 산장 호텔을 다 연결시켜 주네! 아까 개지랄 떨었던 게 약발이 먹혔나?
연화 (눈을 흘기며) 설마 그래서였겠니? 숙영 언니 등지지 마! 혼자 단독 드리블한다고 누가 뭐랄 사람은 없겠지만, 운 나쁘게 걸려들어서 아무런 도움도 못 받고 곤혹 치를까 봐 그래! 너는 한번 시설에서 1년 썩고 온 경험도 있지 않아?

민자, 벌떡 일어나 호출기와 핸드백을 주섬주섬 챙긴다. 빈 담뱃갑에 침을 뱉고 그 안에 담배를 비벼끄고는 담뱃갑을 쪼그라뜨려 식탁 위에 던져놓는다. 현관 쪽을 향해 걸어가려다가 무슨 생각이 났는지 연화를 똑바로 바라본다.

민자 (야멸차게) 얘! 내가 그 생지옥 같았던 시설에 두 번씩이나 가고 싶겠어? 그러자고 아무 대비도 없이 삐삐 번호를 함부로 뿌려댈까? (연화에게 다가가 팔을 붙잡고) 사실은 이 말 하려고 너한테 왔는데 그냥 갈 뻔했잖아! 효과 만점 안전빵을 위해 든든한 기둥 하나를 만들었어, 연화야!

민자가 내던진 구겨진 담뱃갑을 연화가 집어든다. 민자가 다가가 연화의 손에서 담뱃갑을 빼앗아 핸드백에 집어넣는다.

민자 (연화에게 바싹 붙어서) 너한테 조만간 인사시켜 줄게. 키가 훤칠한 데다 몸집이 그야말로 짱이야! 너도 보면 그 자식이 맘에 쏙 들 거야.
(연화에게서 떨어져 객석을 바라보며) 이, 민자의 전성시대는 지금부터 시자이야! 숙영 언니의 전화발이 화류계 방식과는, 영업방식 자체가 차원이 다를 걸! (비장한 눈빛) 두고 봐!

-암전-

제3장

밝은 한낮의 거실. 연화와 두한이 함께 현관 앞에 등장해 있다. 두한이 현관문 옆에 부착된 초인종 커버를 비상벨을 겸한 호출벨 커버로 교환하는 작업을 하고 있고, 옆에서 연화가 진지하게 지켜보고 있다. 장시간 작업에 몰두한 듯 빛바랜 야구모자와 소탈한 일상복차림의 두한이 뺨에 흐르는 땀을 소매로 훔치며 드라이버로 호출벨 커버를 고정시키고 있다. 적당한 체구의 순한 인상에 호남형 청년이다. 일이 마무리된 듯 허리를 곧추세우고는 가벼운 실내 원피스 차림의 연화 쪽으로 몸을 돌린다.
거실 식탁 위에는 노랗게 탈색한 꽃다발이 든 화병이 놓여있다.

두한 (씩씩하게) 다 됐어! 이제 시험해 볼까?
연화 수고했어요, 아저씨!
두한 수고는! 내가 필요해서 부탁한 건데. 엄마 혼자 두고 가끔 지방 일 하러 다니는 게 걱정이었는데, 한임이 네가 호출기 다는 걸 허락해 줘 감사할 뿐이야. (커버에서 수화기를 집어 연화에게 건네며) 귀에 다 한번 대 봐.
연화 (덥석 받아 귀에 대고. 잠시) 무슨 소음이 들려요. 어머! 아이들 목소리 같애. 동네 아이들이 공터에서 뛰어노는 소리가… 아주 가깝게 들리네.
두한 (우쭐대며) 이제 여기 삼 층까지 방문객이 안 올라와도, 아래층에서 벨을 누르면 그걸로 사람을 확인하고 문을 열어주면 돼.

연화에게서 수화기를 받아 들고 커버에 걸친다. 그런 다음 커버의 버튼을 손으로 짚는다.

두한 그리고 여기, 2번 벨이 아래층 우리 집하고 연결이 되어 있어. 나는 벨을 별로 누를 일은 없고, 우리 엄마가 도움이 절실할 때 한 임이 너를 찾으라고 말씀드려 놨어. 그런 일이 발생하지 않으면 더 좋은 일이구! 내가 한번, 어머님을 불러봐도 괜찮을까?
연화 어머! 그러세요.

두한이 수화기를 귀에다 대고 버튼을 누른다. 반응이 없는 듯 몇 차례 더 누르다가 포기하고 커버에 수화기를 걸친다.

두한 잠이 드셨나 봐. 아까 한잠 자야겠다는 소리를 듣고 나왔거든.
연화 (뭔가 생각난 듯) 아참! 내 정신 좀 봐. (두한이 손을 붙들고 거실로 데려가며) 시원한 거 한 잔 들어요, 아저씨! 자몽주스가 마침 냉장고에 있어요.
두한 맥주는 없나? 소주도 괜찮은데.
연화 (멈추며 어쩔 줄 모르고) 어떡하지? 내가 술은 한 방울도 입에 대질 못해서. (돌아서며) 기다려요. 나가서….
두한 (연화를 붙잡고) 그냥 해본 소리야. 주스 마시면 돼

두한이 의자에 앉고 연화는 냉장고 앞으로 달려간다. 문을 열고 주스 팩의 뚜껑을 따고 컵에 따르면서 계속 대화를 이어간다.

연화 고생했는데, 식사 대접 못해서 미안해요.
두한 아니? 나 좋자고 한 일인데, 염치없이 밥까지? 엄마가 한임이 한테 밥 한번 대접해야 한다고 벼르고 계셔. 지난번 주방에서 쓰러지셨을 때 너 아니었으면 정말 큰일 날 뻔했어.

연화, 컵 받침이 있는 고급스러운 유리컵에 담긴 주스를 양손으로 받쳐 들고 두한이 앉아 있는 탁자에 다소곳이 내려놓는다.

연화 다행히, 내가 어머님의 외마디 비명을 들을 수 있어서 서두를 수 있었어요.
두한 문이 잠겼는데 한임이 네가 119를 제때 불러서 간신히 병원으로 모실 수 있었어. 그 사이에 얼마나 발을 동동 구르고 문 앞에서 초조하게 구급차를 기다리고 있었을지, 하얗게 질린 네 표정이 상상이 가.

연화는 주방으로 달려가 찻잔에 차를 따른다.

연화 (조심스럽게) 어머님은, 언제부터 그렇게 약해지신 거예요?
두한 (시무룩하게) 아버님 여의고 단 하루도 두 다리 뻗고 앉아계셨던 모습을 본 적이 없어. (밝게) 워낙 부지런하신 데다 항상 뭔 일이고 찾아서 하시는 성격이라서, 어쩔 땐 어머님이 과연 편찮으신 건가 의심이 들 때도 있어,
연화 (두한의 밝은 모습에 덩달아 밝아지며) 흉봐도 할 수 없지만, 내가 반

찬을 제대로 하는 게 없어서 밥을 못 차려 드리네요. 혼자 사는 처지에다… (말을 하다가 건넌방을 힐끗 쳐다보며) 아! 혼자 사는 사람처럼 지내는 데다, 거의 다 사다 먹는 음식을, 손님에게 대접할 수가 없어서….
두한 (말 끊으며) 신경 쓰지 마. 밤늦게까지 일하시는 사람이 살림 수월하게 하기가 어디 온전하겠어? 낮에는 또 쉬어야 하고….

두한이 본인이 내뱉은 말이 뭔가 실수가 된 것 같아 개운치 않은 표정을 짓는다. 연화도 당황해하고 그런 모습에 두한이 안절부절못한다.

두한 아니…, 내 말뜻은 그게 아니고….
연화 (침착해지려 애쓰며) 괜찮아요, 아저씨. 틀린 말 하신 것도 아닌데, 뭐!

무거운 침묵이 흐른다. 두한의 주스 들이키는 폼이 불안정하다. 애써 침착함을 유지하고서는 연화에게 너스레를 떤다.

두한 거, 말끝마다 아저씨 소리 좀 빼면 안 돼? 그 호칭 들을 때마다, 내가 너보다 한 스무 살을 너 먹은 거 같은 기분 드는 거 알어? 그리고 지난번에 우리 말 가볍게 트기로 약속한 거 잊었어? 꼬박꼬박 존댓말 붙여주는 거 누가 가까운 이웃 지간이라고 보겠어?
연화 (주방 벽을 바라보며 커피잔을 길게 들이키고) 두한 씨는… 내가 밤늦게까지 무슨 일을 하는지… 알고 있었어요?

두한이 살짝 떨리는 손으로 유리잔을 탁자에 내려놓는다. 연화가 천천히 몸을 돌려 두한에게 시선을 맞춘다.

연화 (차분하지만 조심스럽게) 두한 씨가 상상하고 있는 그것이… 맞아요. (잠시, 그리고 한 발짝 다가서며) 정숙하지 못한 여자란 생각을, 늘 갖고 있었겠죠?

두한 (황급하게 자리에서 일어나며) 내려가 봐야겠어. 엄마가 혹시 가스불 잠그는 걸 잊지 않았나 걱정이 돼서! (후닥닥 일어나 걸어가며) 초인종을 새것으로 바꾸는 일도 남았어. (멈추고, 애써 상냥하게) 다 설치하고 벨을 누를 테니 수화기를 받아줄래?

연화, 우두커니 말이 없고 두한이 현관 밖으로 줄행랑을 치듯 나간다. 한동안 미동도 없이 멍한 상태로 허공을 응시하던 연화가 조용히 찻잔을 식탁 위에 내려놓고 의자에 앉는다.

연화 (의연하게) 뭐! 나만 괜찮으면 된 거지! 그동안 아무렇지 않았잖아! 그런데….

연화, 고개를 절레절레 흔들며 평상심으로 돌아오려고 안간힘을 쓴다.

연화 고깟 일로 마음 상할 이유는 없어! 두한 씨가 뭐 특별한 사람도 아니잖아. 그냥 평범한 이웃집 남자일 뿐이지 않아? 수도 없이 상대했던 뭇 사내들하고… 두한 씨가 뭐가 다른데?

식탁에서 일어나는데 갑자기 중심을 잃고 비틀거린다. 넘어지지 않으려고 탁자 언저리를 잡고 다시 의자에 털썩 주저앉는다. 탁자가 심하게 흔들리면서 위에 올려져 있던 꽃병과 유리잔이 탁자 위에서 넘어진다.

연화 (아랑곳하지 않고 절레절레) 대수롭지 않은 얘기를 나눈 거야. 일상에서 누구나 주고받을 수 있는 그런 얘기. 두한 씨도 그렇게 생각하고 나갔을 거야!

몸을 겨우 가누고 일어서서 탁자 의자 등받이에 양손을 뻗고 고개를 푹 숙인 채 한숨을 크게 쉰다. 한참을 그러고 있다가 객석 앞으로 걸어 나온다. 고개 돌려 건넌방 문을 응시한다.

연화 (차분하게) 그 사람하고 나누는 대화가 흥미로웠나요? 그저 늘 있어왔던 그렇고 그런 얘기들이어서 귀를 닫아두고 있었나요? (다가가며 비장하게) 어찌 할 바를 모르고 밖으로 튀어 나가 버린 그 남자의 모습은 못 봤지요? (크게) 봤다면….

말을 멈추고 단숨에 문 앞까지 걸어간다. 잠시 문 옆 벽을 손으로 짚다가 돌아서서 벽에 몸을 기댄다.

연화 (조용하게) 그 꼴을 봤다면…. 내가 얼미니, 아무렇게나 싸돌아다니는 천것이 되고 말았는지, 충분히 상상이 갈 거예요.

벽에 기댄 채 털썩 주저앉는다. 양 무릎에 팔짱을 낀 팔을 얹혀놓고는 고개를 푹 숙인다. 한동안 그러고 있다가 고개를 슬며시 들어 보인다.

연화 (크게) 그래요! 난 정숙하지 않은 여자예요. 소탈하게 살아가는 사람들과는 부류가 다르다는 뜻이지요. 두한 씨 내심으로는 이렇게 말하고 싶었을 거예요. "밤늦게까지 바쁘게 몸을 굴리는 여자가 반찬이나 제대로 만들겠어? 끼니는 챙겨야 하니까 노상 음식점 매상만 올려주고 다니겠지!" (잠시, 의심의 눈빛) 그동안 내게 보냈던 친절은 그럼, 뭐야? 친절한 척, 친절을 가장한 위선이었나? 속으론 가까이 해선 안 될 여자라고 단정해 놓고…. (벌떡 일어서서 빠르게) 더럽고 천한 여자라고 생각하면서도, 없으면 허전하고 갈증이 나서 곁에 두고 비비고 만지고 주물러서 터뜨리고 싶고, 그러자니 위선을 가장한 친절로 시작해야 하는, (힘에 겨워 천천히) 그 숱하게 스쳐 지나갔던 남자들하고… 두한 씨도 결국은… 결국은 똑같은 사람일 텐데….

다시 고개를 푹 숙이고 있다가 살며시 고개를 든다.

연화 엄마는 늘 나와는 빗나간 생각을 했어. 돌아가시고 나서도 내가 당당하게 살아가지 못할 이유만 늘어놓았지. (비장한 말투로 친모의 경고를 읊조린다.) "너는 네가 당한 일을 네 잘못이 아닌 걸로 생각하고 싶겠지만, 네가 살아 숨 쉬는 그날까지 명백하게 일어난 그 사실로 인해 절대로! 세상에 떳떳하게 나오지 못하게 될 거다." (다소 흥분돼서) 엄마가 틀렸어! 엄마가 잘못 알고 있었다는 걸, 기어코 내가 증명해 보이고 싶었어! (돌아서서 건넌방 문을 세차게 두드린다) 틀렸어! 틀렸어! 틀렸어! (방 안에 대고 통곡하듯) 엄마가 틀렸다고!

잠시 침묵. 연화가 고개를 푹 숙인 채로 동작을 멈춘다. 이때 호출기 커버에서 삐리리! 하고 벨 소리가 울린다. 연화, 급하게 일어나 커버 앞으로 달려가 목을 가다듬고는 수화기를 집어든다.

연화 (애써서 밝은 목소리를 낸다) 네, 잘 들리네요. 수고 많았어요. (잠시) 그러세요? 들어오세요, 그럼. 문 열어 둘게요.

연화, 안으로 당기는 현관문을 조금 열어둔다. 옷매무새를 손으로 쓸어내며 정리하고 뭔가 생각난 듯 탁자 옆으로 달려간다. 꽃다발과 함께 쓰러져 있는 (바닥에 굴러, 혹은 깨져 있는지도 모르는) 병과 유리잔을 주워서 싱크대 안에 병과 잔을 집어넣고 꽃은 쓰레기통에 통째로 버린다. 잠시 숨을 고르고 진정이 돼 있는 상태에서 안으로 들어오는 두한을 발견하고 몸을 돌린다. 두한의 양손엔 보자기로 감싼 묵직한 물건들이 들려 있다.

두한 (탁자 위에 물건을 내려놓으며) 엄마가 갖다주라고 해서 가져왔어.
연화 (물건 쪽으로 다가서며) 어머! 이게 다 뭐야?
두한 김치에 마른 생선, 집에서 담근 장 종류, 밑반찬 뭐 그런 것들이야? (신이 나서) 엄만 눈을 뜨고 있는 시간엔 드라마 보는 것 말고는, 온종일 음식 만드는 일에 몰두해서. 그래서 냉장고가 항상 꽉 차 있는데, 거기서 약간 덜어서 가져왔을 뿐이야.

연화 (감격해 물건 싼 보자기를 어루만지며) 이 귀한 음식을, 덥석 받아도 되는지 모르겠어.

두한 아니! 엄마 말이 아래 윗집으로 1년 넘게 살면서 그동안 무심했다고….

연화 (말 끊으며) 아뇨! 아뇨! 그런 말씀 하지 마시라고 전해줘요. 오빠!

두한, 갑작스러운 연화의 생소한 호칭에 어리둥절해한다.

두한 (환하게 밝아진 연화에게) 거봐! 한결 가까워지잖아! 누군가의 오빠가 되고 싶었는데, 막상 듣게 되니 세상이 달라져 보이네! 정말 신기한 걸!

연화 (겸연쩍어) 나도…. 오랜만에 한번 불러보고 싶었어요.

두한 오빠가 있다는 말은 하지 않았잖아?

연화 친오빠는 아니더라도, 오빠라고 부르며 사귀었던 사람이 한 명 있었어요. 정말, 오빠라고 불러도 난처하지 않을 자신 있어요? 진짜 오빠한테 하듯이 많은 걸 요구할지도 모르는데?

두한 한임이가 한임이 이름을 부르도록 했던 것처럼, 오빠라고 부르는 유일한 사람으로 한임이한테 허락할게.

연화에게 다가서려다 다소 부자연스러운 제스처를 보이고는 객석 쪽으로 발걸음을 옮긴다. 연화, 그런 두한을 두 손을 다소곳이 모으고 환한 표정으로 바라본다.

두한 (진지한 음성) 나는 한임이가 좋아. 꼭 어머님을 구해 주서서가 아니라, 가끔씩 한임이와 마주칠 때마다 나도 모르게 가슴이 설렐 때가 있었어. 평소에는 한 번도 느껴 본 적 없는, 희한한 경험이었지. 이유는 도무지 모르겠어. 아마도, 내가 한임이 본명을 부르는 유일한 사람이라는 말을 들었을 때부터인 거 같아.
(몸을 돌려 연화에게) 그 이름을 오래오래 부를 수 있게, 3층 이곳에서 오래 머물러 살았으면 해. 두한 오빠와 한임이라는, 우리 둘만 아는 이름으로 말이야!
연화 (고개 끄덕끄덕)
두한 한번 다시 나를 불러볼까?
연화 (수줍어하며) 오빠!
두한 한 번 더.
연화 오빠!
두한 (성큼 다가서며 연화의 손을 붙잡고) 더 크게!

- 암전 -

제4장

컴컴한 상태에서 제4장의 무대가 시작된다.
한밤중의 거실이 안방에서 매우 희미하게 새어 나오는 불빛으로 겨우 분간이 된다. 연화 어멈이 무대 오른쪽 가장자리에 서 있지만 객석에서는 보이지 않는다. 잠시 후 방안에서 고통스러운 비명이 들린다.

연화 (겁에 잔뜩 질려) 나가요, 제발! 아무에게도 당신이 들어왔다는 걸, 말 안 할게요. (숨을 헐떡이며) 당신 얼굴, 기억도 못 할 거야! 두고 두고 손가락질을 받을 일을, 누구한테 떠벌리겠어요! 살려주세요, 제발!… 제발!… (자지러진다) 제발!

연화의 비명과 섞여 공포스러운 분위기와 어울리는 음악이 장중하게 울려 퍼진다. 비명이 고조에 달하면서 음악은 서서히 멈추고 잠시 후 수수한 잠옷 차림의 연화가 방에서 헐레벌떡 빠르게 기어 나오더니 문과 식탁 중간에서 기절한 듯 멈춘다. 곧 땀으로 범벅된 얼굴을 쳐들며 기를 쓰고 몸을 일으켜 그 자리에 털썩 주저앉는다.

연화 (바들바들 떨리는 음성) 꿈을 꾼 거야! 이런 일은 꿈에서나 가능한 일이야! 첨 보는 사람이야. (식탁 앞까지 기어가며) 내가 알고 있는 사람이 이런 짓을 할 리가 없어!

그 자리에 사지를 묻고 바들바들 떤다. 뭔가 생각난 듯 엎드린 자세로 벌떡 일어나더니 겁에 질린 표정으로 허공을 응시한다.

연화 수영 선배! 수영 선배 미안해요! 수영 오빤 줄 알고 한걸음에 달려 나갔어요. 문을 두드리는 소리가 너무나도 귀에 익숙했거든요. (일어서며) 그날 강의실에서 긴히 할 얘기가 있다는 내용의 쪽지를 전해주었을 때, 나는 벌써부터 진지한 고백을 받은 걸로 단정하고, 두근거리는 가슴을 쓸어내리면서 이 좁은 원룸에서 수영 선배를 기다렸어요.
(엉금엉금 걸어 식탁의 의자를 잡는다. 불안에 떨며) 그리고 불과 몇 시간도 안 돼서, 앞으로는 수영 오빨 더 이상 보지 못하겠다는 것 말고는, 아무런 생각도 나지 않았어요. 숨도 못 쉬게 무섭고 고통스러웠던 순간에 나는, 방금 순식간에 방안에서 일어났던 일보다도 수영 씨와 모든 게 끝났다는 사실 하나만을, 또렷하게 떠올리고 있었어요. (의자에서 떨어지며 맘을 추스르고) 날이 훤하게 밝아올 때까지, 어리석고 미련스럽게도. (애처롭게) 혹시… 수영 선배가 늘 그렇게 포근하고 넉넉했던 것처럼, 그날 밤 별안간에 일어난 일도 받아주지는 않을까? 하는 생각으로 몇 번은 혼란스러웠던 게 사실이에요
(한 발짝 자신 있게 걸어 나오며 강하게) 그때 바로 고백하고 매달렸다면? 그랬다면 수영 씨도 안타끼운 눈물로 나를 위로하며 부르르 떨고 있는 이 손을 잡아주지는 않았을까? (더 강렬하게) 수영 선배를 떠나지 않았으면, 내가 더는 딴생각에 치를 떨지 않도록 끊임없이 보듬어주고 어루만져 주지는 않았을까?
어멈 (의연한 목소리) 그럴 일은 없다고 내 누누이 말하지 않았니? 세

상 사람 어느 누구도, 그런 끔찍한 일에 아량을 베풀 사람은 없다!

연화, 우뚝 서서 어미를 바라본다. 스포트라이트 조명이 오른쪽 가장자리에 서 있는 어멈을 비춘다. 단정하게 빗은 쪽머리에 단정한 한복 차림의 왜소한 여인의 모습이 드러난다.

연화 (하소연) 내 잘못이 아니잖아, 엄마! 수영 씨로 착각했던 거 밖에는!

어멈 (연화를 바라보며, 단호하게) 이미 주워 담을 수 없는 물이 됐어! 세상 이치를 거스르려 하지 말라고 했지? 달리 살아갈 방법이 있다는 너의 바보 같은 생각이 더 큰 죄악이란 걸 아직도 모르겠니?

연화 왜 내게서 기회를 빼앗는데? 엄마가 더 용기를 줘야 하는 게 맞지 않아?

어멈 (더욱 단호하게) 무슨 기회! 아무렇지 않게 살아갈 기회? 평생 두고두고 악몽처럼 따라 다닐 기억을 외면할 기회? 만나는 사람마다 더럽혀진 육신을 들킬까 봐 한없이 쪼그라들 네 자신을 망각할 기회? 수십 번도 똑같이 했던 말이다. 그건 이미 불가능한 일이 돼버렸다고!

연화 (애절하게) 솔직하게 말해봐 엄마! 벙거지… 하얀 벙거지 모자의 주인이 누군지 알고 이러는 거지? 엄마 임종하는 모습을 지켜보다가 방구석 모퉁이에서 발견한 빛이 바랜 벙거지 모자를 보고 비로소 통곡이라도 할 수 있었던 나를 엄마는 엄마와 이별하는 게 슬퍼서만 그런 줄 알았지?

어멈 너에게 해서는 안 될 짓을 한 사람이 내 남편이었다는 사실은 내가 죽고 나서야 알게 됐다. 살아생전 알게 됐다면, 병든 몸이 부스스 재가 되는 한이 있더라도 어떻게든 그놈 생명줄을 끊어놓고 눈을 감았을 것이다.

연화 그래! 그러니 세상 사람들과 섞여서 살아갈 수는 없다는 말은 진심이 아니라고 말해줘! 견딜 만하면 나타나서 나를 데려가려는 속셈. 그게 진짜 엄마 마음은 아니라고 말이야!

어멈 (단호하게) 아니. (연화에게 다가오며 손을 내밀고) 지금이라도, 나랑 함께 가자!

연화 (소스라치게 놀라며) 멈춰! 한 발짝도 더 가까이 오지 마. 그때 그 사람보다, 지금은 엄마가 더 무서워! 힘으로 내 사지를 옴짝달싹 못 하게 했던 그 아저씨. 겨우 꿈틀거리면서 살려만 달라고 악을 쓰는 내 입을 틀어막았던 그 새하얀 모자! 바르르 몸을 떠는 거 말고는 애원도 저항도 더 못 하게 만들었던 그 새하얀 벙거지 모자보다도 지금은 엄마가 더 두렵고 끔찍해!

제 자리에 털퍼덕 주저앉는 연화. 미동도 없이 듣고만 있던 어멈이 연화의 울음이 그칠 때까지 바라보다가 천천히 돌아선다.

어멈 (침착하게) 술주정뱅이였던 나를 거둬줬던 남편이었나. 난 5분도 멈추질 못하고 콜록거리는 기침 소리가 지겨웠을 텐데도, 피를 토하며 나둥그러져 들것에 실려 갔을 때도 병원에서 밤낮없이 내 옆을 지켜주었던 그 사람이 나 죽은 뒤에도 너 하니만큼은 너를 대신해서 보살펴줄 유일한 사람이라고 생각했었다.

연화 귀가 아프게 들었던 얘기야. 그래서, 그랬던 아빠니까 용서하라는 거야?.

어멈 (연화를 보며) 어리석고 불쌍한 것! 아직도 내 뜻을 모르겠니? 지금 그렇게 아등바등 붙잡고 있는 인생이 눈곱만큼이라도 기름지게 가꿔지더냐? 너를 만나볼 때마다 아닌 척 안 그런 척하는 너의 몸부림이 내 눈에 선명하게 보인다. 그렇게 막무가내로 살아가는 너를 두고 홀연히 이승을 등지고 갈 수가 없더구나.

연화 (두 손 모으고 하소연) 나, 안 그러고 살아! 엄만 죽어서도 살아있을 때만큼이나 판단이 나랑 달라. 중학교 때 만난 아빠가 딱 한 번 반가웠지만, 그 뒤론 부담으로 남는 아빠였어. 엄만 아빠가 친딸처럼 살갑게 대해 준다고 생각했겠지만, 커가는 나를 계속 만져대는 손길이 싫어서 철들기 무섭게 일찌감치 독립해 나왔던 거야.

연화의 말에 다소 충격받은 듯 어멈이 한걸음 물러선다.

연화 엄마가 도와주지 않아도 극복하려고 하는 일들이 온통 힘에 부쳐! 창창하게 남아있는 생 좀 더 안온하게 살 궁리만 하는 내게서 부디 미련 떨어내고 편안하게 떠나요. (절절하게) 그래 주시면 안 될까, 엄마?

잠시 침묵이 흐르고 어멈이 뒤돌아 걸어서 무대 한가운데쯤에서 멈춘다. 그리고 연화에게 천천히 고개를 돌린다.

어멈 소름 돋는 그 일을 정말 기억에서 지우고 살 수 있겠니? 밤마다 새록새록 피어오르는 고통에서 벗어날 수 있겠냔 말이야. 어디서 죽었는지 살았는지, 감감무소식인 그 종자가 다시 네 앞에 나타날까 봐 그것 때문에도 네 옆을 맴돌고 있는 나다.

연화 인적이 드문 곳에서 객사했다는 소리를 들은 뒤로 그 사람이 언제부턴가 꿈에서 보이지 않게 되었어. 아주 오래전에 학교 향우회에서 만난 고향 동창에게서 들은 새 아빠 얘긴데, 확실한지는 나도 몰라.

어멈 (잠시. 연화에게 몸을 돌리며) 병으로 얼룩진 모진 육신에서 벗어나던 날. 가물가물 모든 기억이 내 안에서 빠져나가는 걸 체험하고 있던 그 순간에, 내 앞에 네가 나타났어. 공부 핑계로 도통 얼굴을 비추지 않던 너를 수년 만에 바라보면서, 그 자리에 남편이 있었다면 두 사람이 다정하게 손을 맞잡는 모습을 보고 떠났으면 여한이 없겠다 생각했지. 그때 구석구석 네 몸짓을 어렴풋이 살피면서 평소 같지 않았던 몸 상태가 범상치 않다는 느낌이 들기는 했지만, 망자의 길을 떠나기에 앞서 분별력을 잃고 비취는 모습이라고만 여기고 말았다. 눈을 감고 나서야 우리 한임이에게, 불행한 일이 생겼구나 하고 직감했던 참으로 어리석고 못난 에미였다.

연화 미안해, 엄마! 기시는 날까지 엄마 가슴에 대못을 박았어!

어멈, 걸어서 건넌방 앞까지 당도한다. 다시 멈춰서서 허공을 응시한다. 조명의 불빛은 계속 어멈을 따라간다.

어멈 이제… 더는 너를 채근할 명분이 없어진 것 같다. 네 꿈에서 그만 어른거리거나 하지 않겠다! (연화를 보며) 세상 누구보다 널 끔찍하게 생각한다고 착각했던 그 사람이 숨이 붙어있는지는 나도 모르겠다. 혹시 나타나서 너에게 무릎을 꿇더라도 절대 용서하지 말아라. 네가 이를 악물고 살아가겠다니 이미 네 목숨을 끊어간 사람과 진배없는 사람을 결코 용서해서는 안 된다.

연화, 고개를 끄덕거리며 운다. 그런 연화를 안쓰럽게 바라보며 걷다가 건넌방 문 바로 앞에서 멈춘다.

어멈 (잠시, 건넌방 문을 살피며) 죽은 사람이건 산 사람이건 너랑 인연을 맺고 연결됐던 많은 사람들 모두를 내치지 말고, 너랑 함께 사는 것처럼 지내라고 당부해왔던 말을 후회한다. 모질게 맺어졌던 인연을 한 집에 두고서 경멸하고, 때론 저주를 퍼부으면서, 그것이 이승에서 악연의 고리를 끊고, 하루빨리 저세상에서 우리가 한꺼번에 만나는 수단이고 방법이라고 생각했었는데, 내 의지와 다르게, 너는 그들 모두를 네 편으로 만들고, 알뜰하게 챙기면서 살더구나!
연화 (한 발짝 다가서며, 애절하게) 엄마!

현관문 앞에 당도해서 한참을 서 있다가 연화에게 돌아서는 어멈.

어멈 (한결 부드러워져서) 이젠 꿈이 아닌 현실에서 너를 보고 싶다. 이 에미 무덤이나 한번 살펴봐다오. 한여름 장마철마다 허술하게 방치됐던 무덤이 패이고 패여서 혹시라도 네가 내 누운 자리를 못 알아볼까 걱정이다.
연화 미안해요. 엄마! 밤마다 들르시는 통에 굳이 찾아봐야겠다는 생각까지는 못 했어. 어리석었어요. 용서해요, 엄마!

고개를 숙인 채 말하는 도중에 어멈을 비추던 조명이 사라지고 어멈도 함께 안 보인다.

연화 (어멈이 있던 자리로 뛰어가 멈추고 절절하게) 나를 채근해 왔던 엄마가, 나만큼이나 쓸쓸하고 외로웠을 거라는 사실을 이젠 알 거 같아요. 엄마와 악몽으로 만나긴 했지만, 희한하게 그사이 나를 지켜낼 힘도 생겨났던 거 같애.

무대 중앙으로 걸어 나온다. 깊은 생각에 잠겨 두 손을 꼭 쥐어 보인다.

연화 더 이상 엄마가 안 보여도, 이 집에서 저랑 같이 지내는 것처럼 지낼게요. 그게 아빠의 마지막 모습을 잊어버리고, 또 엄마가 저세상에서도 눈을 편하게 감으실 수 있는 길이라면, 더 이를 악물고 꿋꿋하게, 그리고 당당히게 살아내 볼게요.

- 연화의 구슬픈 울음과 함께 서서히 조명이 꺼지면서 암전 -

제5장

욕실의 샤워 물줄기 소리와 함께 5장의 막이 오른다. 환한 한낮의 거실 소파에 얇은 남방 차림의 동호 혼자 걸터앉아있다. 벽돌 만 한 크기의 휴대폰(맨 처음 세상에 나온 휴대폰)을 귀에 대고 누군가와 통화 중이다. 탁자 옆에 선풍기가 돌아가는 것이 한여름의 풍경이다. 욕실의 물줄기가 멈추며 동호의 쩌렁쩌렁한 통화 목소리가 이어진다.

동호 (매우 심각한 표정) 나도 합의시키려고 애쓰고 있지만 안 되는 걸 어떡하나, 김 형사. 사람을 그렇게 죽도록 패놓고 도망까지 쳤으니 응당 죗값을 치러야 한다는 게 가족들 입장일세. … 의식이 돌아오면 나도 본인 불리한 직업을 핑계로 어떻게 설득은 시켜볼 생각이지만, 아까 병원에 들러보니 수일 내로 정신이 돌아오긴 그른 거 같더구만. … 김 형사! 불법 성매매도 죄가 크다는 건 자네나 나나 모르는 바가 아니야. 그걸 알고 화대 치르고 재미 봤으면 조용히 옷 주워 입고 나갔어야지, 무슨 연유로 그랬는지는 모르겠지만 온몸이 멍들도록 주먹질에 발길질도 모자라 목까지 조른 흔적이 고스란히 남아있다는데 가족들 원성이 쉽게 사그라들겠어? 더욱이 고발장 작성하는 현장에서 털끝만큼 동요도 없이 충격에 휩싸인 피해자 가족들을 눈 부릅뜨고 노려봤다는데….

욕실 안에서 머리 말리는 드라이기 소리가 들리기 시작하고, 동호의 통화는 계속된다.

동호 이형실이라는 그 아줌마, 나도 한 동네에서 몇 번 인사 나눈 기억만 있지 밤거리 나가 돈 버는 여잔지는 모르고 있었네, 김 형사! 혼자 벌어서 시부모와 병약한 남편, 딸린 자식들까지 거두고 있는 부지런한 아낙으로 동네 사람들이 다들 그렇게 알고 있었거든….

이때 드라이 소리 멈추고 욕실 문이 활짝 열리면서 숙영의 부축을 받고 연화가 사뿐 걸음으로 나온다. 젖은 머리를 길게 늘어뜨리고 하얀 목욕가운으로 몸을 휘감은 연화의 얼굴이 몹시 창백하다. 엷은 원피스 차림의 숙영이 그런 연화를 조심스레 안방 문 앞으로 부축해 가다가 연화의 제지에 멈춘다.

연화 (가는 목소리로 겨우) 미안해요 형부! 모처럼 오셨는데….
동호 (어쩔 줄 몰라 헛기침)
숙영 (동호에게) 목소리 좀 낮춰서 얘기해, 자기야! 얘가 머리도 맘 편히 말리지를 못하네. 우리, 병문안 온 거 맞아요?

연화가 숙영의 말을 제지하는 제스처를 취하고 둘은 안방으로 들어간다. 두 사람의 동작을 슬피머 밈췄던 동화를 동호가 계속 이어간다.

동호 (목소리 낮춰) 그럼! 재판까지는 가지 않게 해야지. 그래봤자 불리한 건 양측 다 마찬가지니까! … 나도 계속 설득해 볼 테니 피의자가 좀 숙이고 처신해 주길 당부하네. 병원 방문해서 가족들 비위도 좀 맞추고…. 이런 사건은 합의금 넉넉히 주고 흔적을 지우는 게 시급해, 김 형사. 피의자가 아무리 날고뛰는 신분이라고 해도 밤거리 여자 두들겨 패서 빨간 줄 남기는 거, 그 사람 명예에도 치명적이지 않겠어?… 계속 수고하시고…. 끊습니다, 김 형사님!

동호, 앉아있던 소파 옆에 휴대폰 던져놓고 상의 호주머니에서 담배와 라이터를 꺼내 불을 붙여 문다. 길게 한숨과 함께 담배 연기를 내뿜더니 두리번거리며 뭔가를 찾는다.

동호 (안방을 향해) 재떨이가 안 보이네! 어디다 뒀나?
숙영 (황급히 나오며 조용하게) 이 집에 담배 피우는 사람 없어, 자기야!

숙영, 주방 쪽으로 달려가 빈 밥사발에 주전자의 물을 붓고는 식탁이 있는 곳까지 걸어와 그 위에 내려놓는다.

숙영 (의자에 앉으며) 나도 한 대 줘요.

동호, 못마땅한 표정으로 피우던 담배를 숙영에게 건넨다. 냉큼 담배를 건네받고는 깊이 빨아들인다.

숙영 형실이 사건 맡은 김 형사 전화? 형실이 그 꼴로 만든 놈이 오히려 방방 뜬다고?
동호 피의자 직업이 변호사라고 내 얘기 안 했나?

숙영 아까 형실이 입원한 병원에서 들었어. 검사 출신 변호사란 소리에 숨이 멎더라니까. 우리 같은 사람은 입맛 다시는 사자 앞에 생쥐인 거지? 자기 기억 안 나? 몇 년 전에 고삐리들 댓 명이 정님이 혼자 있는 객실에 달려들어 돌림빵 당하고 맞아 죽을 뻔했던 거. 찍소리 한번 못하고 병원서 퇴원하기가 무섭게 정님이만 갱생원으로 끌려가 2년 썩고 왔잖아. 폭행 무리 중에 검사 삼촌을 둔 고등학생이 있었는데, 우리들 사이에서만 쉬쉬하고 끝난 사건이었지. 당시에 기자들이 여관이고 학교고 파출소, 경찰서에 들이닥쳐서 대문짝만하게 신문에 낼 것처럼 헤집고 다니더니만, 어디 지면에서 기사 한 줄이라도 봤다는 소리 들어본 적 있어?

동호 이번 일도 자칫하면 그렇게 되기 십상이야. 무슨 배짱인지 피의자가 목 조른 적도 도망 친 적도 없다고 하는데 김 형사 말이 그 진술이 정상적으로 참작이 되는 모양이야. 피해자 가족들은 그래서 재판정에 가서 밝히겠다는 거고.

숙영 재판 가면 뭐 달라지나? 그러게 안 죽으면 시설행, 죽으면 개죽음이란 소리가 생긴 거지. 형실이만 불쌍하게 됐어.

동호 아참! 자기 애들 입단속 좀 시켜. 형실이가 우리하고 끈이 닿고 있는 걸 김 형사가 알고 있는 눈치야.

이때 안방에서 연화의 심하게 콜록거리는 기침 소리가 들린다. 숙영이 벌떡 일어나 주방으로 달려가 냉장고 문을 열고 물병을 꺼낸다.

숙영 (컵에 물을 따르며) 약 먹는 걸 까먹었어! (안방으로 들어서다 말고는)

그래도 많이 편해졌어. 아깐 형실이도 그렇고, 별안간에 두 사람 초상 치르는 거 아닌가 그런 생각이 들더라니깐?

숙영이 방으로 들어가고 동호는 멀뚱하게 앉아 있다가 일어서서 건넌방 문 앞까지 천천히 걸어간다. 문 앞에 서서 팔짱을 끼고 문짝을 진중하게 살피는데 숙영이 빈 컵을 들고 방에서 나와 조심스레 안방 문을 닫는다.

숙영 (건넌방 앞의 동호를 발견하고) 거기서 뭐 해?
동호 (다시 돌아오면서) 이 방은 누가 쓰기는 하는 거야?
숙영 남의 프라이버시까지 알 필요는 없어요. (앉아 담배를 꺼내며) 그만 갈까? 우리 뭐 좀 먹어야 되지 않나?
동호 (숙영에게서 담뱃갑을 빼앗으며) 작작 좀 피워. 병문안 와서 연기 질색하는 애 병 키워 갈 참이야?
숙영 (동호의 손에서 도로 낚아채며) 이깟 게 무슨 병을 키운다고 그래? (불을 붙이며 불만스레) 이거 하나 맛보는 낙으로 사는 건데!
동호 연화를 봐! 담배 멀리하니까 피부고 목소리고 목욕 재개하려고 내려온 선녀 같잖아?
숙영 (길게 연기 내 품으며) 웬, 얼어 죽을 선녀? 긴 잠 제대로 못 자서 꼬챙이같이 마른 선녀 봤어? 거기다 잊어버릴 만하면 자리보전해 누워있고, 차라리 이 맛 저 맛 다 찾아다니는 선녀가 낫겠다!
동호 (연기 피하려고 손사래를 치며 탁자 의자에 앉는다) 쟤는 술도 한 방울 못 마시지 않나?

숙영 우리 애들 중에서 연화가 좀 특이하긴 해. 남 생각하는 성격도 그렇고 이 바닥 애 같지 않게 머리에 든 것도 많고.
동호 어쩌다 이 길로 들어섰대?
숙영 자세히는 몰라! 이 바닥 애들 사연 없는 사람 없지만, 제 입으로 고백하지 않고서는 물어보지도, 궁금해하지도 않는 게 무언의 약속처럼 돼 있는 우리 사이 규칙이야.

숙영, 담뱃불을 밥사발에 비벼끄고 빈 컵을 들고 주방으로 간다.

숙영 (컵을 씻어 제 자리에 놓으며) 부천역 사거리 산부인과 병원에서 연화를 처음 봤어요. 수술 마치고 회복실에 들어서자마자 옆 침대에서 깊은 잠에 빠져있는 연화를 본 게 벌써 10년 전 일이네요. 운명적 만남이란 게 바로 이런 거였나 봐! 그날 나는 내 아들 장군이하고 딸 같은 연화를 동시에 얻었지요, (허공을 응시하며 긴 한숨) 양심도 없게 딸이란 소릴 입에 달고 있네! 그렇게 생각했으면 이 바닥엔 얼씬도 못 하게 했어야지!
동호 장군인 열 살이 됐겠군? 한 번도 보여주질 않았어도 네가 입에 달고 자랑질해서 어디서고 보면 금방 알아볼 것 같아!
숙영 장군이 생기고 돈을 부지런히 벌어야겠나 생각해서 연락한 게 동호 오빠였지요. 터키탕 마사지사로 일하다 불법업소 단속에 걸려 유치장에 들어간 나를 꺼내 준 게 아직 경찰 제복을 벗지 않은 자기였고….
동호 (짜증 섞인 목소리) 듣고 싶지 않아, 과거 얘기! 그 후로 터키 베쓰

한두 군데 더 봐줬다가 재수 없이 걸려서 제복 벗은 것까지 얘기할 참이야?

동호가 불편한 기색으로 자리에서 일어서자, 숙영이 옆으로 다가와 팔을 벌려 동호를 안는다.

숙영 고향 등지고 외롭게 살아왔던 나에게 자기는 하늘이 보낸 그런 사람이었어요.
동호 (난처해하며) 하늘이 보내긴? 그런 사람이 삐뚤어진 길로만 찾아가는 너를 그대로 방치하고 있었을까.
숙영 (동호에게서 떨어지며) 누구 탓을 해요? 제 발로 들어온 내 운명이고 연화 팔자지요.

이때 초인종 벨 소리에 둘 다 현관문을 응시한다. 동호는 의자에서 일어나 굵직한 휴대폰을 허리에 차고 옷매무시를 정리한다.

동호 누구 오기로 했어?
숙영 (함께 일어나며) 민자야! 연화 소식 물어보길래 여기로 오라고 했어.

동호, 걸으려다가 안방 문을 힐끗 쳐다보고는 호주머니에서 만원 지폐 몇 장을 꺼내 숙영에게 건넨다.

동호 쟤 깨어나면 같이 은혜정에 가서 고기 좀 먹여.

숙영 (돈을 받으며 상냥하게) 쟤가 간다고 안 하겠지만 억지로라도 끌고 가볼게.

동호 (문 쪽으로 걸어가며) 전화 터지는 시간까지 안 일어나면 할 수 없고. 뭐, 배달 음식이라도 시켜서 먹이든지.

벨 소리 연달아서 계속 울려댄다. 동호가 앞서서 걸어가고 숙영, 만원 지폐를 호주머니에 쑤셔 넣으며 뒤따른다.

숙영 (신경질적으로 혼잣말) 알았어, 이 년아, 곧 나간다. 통화만 하고 낯짝 좀 안 보고 사나 했는데 결국은 여기서 만나네.

동호, 건넌방 문 앞에서 잠시 서고 숙영, 호출기 커버에서 수화기를 집어든다.

숙영 (친절하게) 민자야? 올라와!

버튼 누르고 수화기 내려 걸친다. 그런 다음 철문의 손잡이를 돌려 살짝 열어 놓는 사이 동호가 건넌방 문을 위아래로 다시 훑어본다. 그런 다음 신발을 신고 문밖으로 나가려는 찰나에 헐떡거리며 황급하게 들어오는 민자와 맞부닥친다.

민자 (동호를 보자마자 질척거리게 콧소리를 내며) 아저씨! (목을 와락 껴안으며) 보고 싶었어요. 나, 안 보고 싶었어?

곧 문 안으로 수란과 수란을 앞세운 경식이 들어온다. 얼핏 잠자리에서나 입을 법한 짧은 치마에 착 달라붙는 라시 티를 걸친 풋내 나는 수란이 한 손에 안개꽃 다발을 들고 있고, 뒤따라오는 경식은 까만 선글라스에 상체를 반쯤 풀어헤친 요란한 무늬의 셔츠를 입고 있다. 몸집이 풍성한 경식이 한 손에 접이식 휴대폰이 들려 있다. 동호는 황급히 목에서 민자의 팔을 풀어낸다.

민자 (동호에게) 아저씨! 내 달링이에요. (경식을 보며) 내가 말한 언니 아저씨야.

두 남자 서로 어색하게 목례하는 사이에 민자는 숙영을 노려보다가 함박 웃는다.

민자 (숙영에게) 언니, 오랜만이네! (경식 가리키며) 인사 안 했지? 내가 말한 그 사람.
숙영 (쪼르르 걸어가며) 들어오세요. 장숙영이에요. 이름이?
경식 (굵은 목소리) 전경식이라고 합니다. 잘 부탁합니다.
숙영 (다정하게) 제가 부탁드려야죠. 근데…, (고개로 민자를 가리키며) 제가 날 재수 없는 언니라고는 안 하든가요?
민자 (큰소리로) 언니~!
동호 (경식에게 정중하게) 저는 먼저 실례하겠습니다. 선약이 있어서요. (숙영을 보며) 나, 가!
민자 (여전히 콧소리) 아저씨 잘 가. 멀리 안 나가요.

동호, 서둘러 문밖으로 나가고 숙영, 후다닥 철문을 닫는다. 민자가 경식의 손을 잡고 거실 쪽으로 걸어가 소파에 덜푸덕 앉는다. 그리고 선풍기를 바짝 자신 앞으로 끌어당긴다.

민자 (경식이 보며) 의자에 앉아. 덥지? (뚤레뚤레 살피며) 연화 언니는? (큰소리로) 언니 어딨어? 나, 왔어!

숙영, 후다닥 민자 앞으로 다가와 쉿! 하며 인상을 쓴다.

숙영 잠이 깊이 들었으니까 방해하지 마!

숙영, 현관에 꽃다발을 들고 우두커니 서 있는 수란을 뒤늦게 알아채고 쪼르르 다시 현관으로 달려간다.

숙영 (수란에게) 넌 누구니? 예쁘게 생겼네? 저 아줌마랑 어떻게 아는 사이? 아니면, 저 아저씨 동생?
민자 (불만 가득한 목소리) 아줌마라니, 나이 차이도 별로 안 나는데 언니지! 쟤가 누군지는 이따가 자세히 말해줄게. (수란 보며) 너도 이리 와 앉아!

경식, 멀뚱멀뚱 서 있다가 의자를 빼내서 식탁 앞에 앉는다. 선글라스를 벗고 드러난 얼굴이 반질반질하게 윤이 난다.

숙영 (수란의 등을 다독이며 거실 안으로 인도) 몇 살?

수란 (어린 티 안 벗은 튀는 목소리) 넉 달 지나면 스무 살 돼요.

숙영 (수란이 든 안개꽃을 집어 들며) 꽃봉오리 오르는 나이구나! 이 집 주인이 아프다고 해서 사 온 거니? 맘도 어쩜 이리 고울까! 장미 몇 송이 꼽아서 주면 연화가 더 좋아할 텐데….

수란 (민자를 손으로 가리키며) 저 아줌마, 아니 저 언니가 샀어요. 아니, 꽃집 아저씨한테 공짜로 얻었어요.

민자 (벌떡 일어나며 큰소리) 뭘 자세하게 설명하고 그래! 너도 여기 와 앉아. (화장실을 향해 걸으며, 딴청) 우리 주인공은 언제쯤 일어나시나?

수란이 성큼성큼 걸어와 의자에 앉고 민자는 허리춤을 부여잡고 화장실로 들어간다. 이때 살며시 문 여는 소리를 내며 연화가 방 안에서 나온다. 끈으로 머리를 묶은 화장기 없는 맨얼굴이 맑게 창백하다. 무릎을 덮은 얇은 붉은색의 홈드레스 차림이 청초해 보인다.

숙영 (환하게) 충분히 잤어? 시끄러워서 일어났구나!

연화, 고개를 끄덕이며 사람들로 꽉 찬 거실 분위기에 의아해한다. 그와 동시에 연화와 눈이 마주친 경식이 앉아 있던 의자에서 황급하게 일어나는 바람에 의자가 뒤로 발라당 넘어진다. 당황해하는 모습이 역력하다.

두리번거리며 딴청을 피우고 있던 수란이 갑자기 그 모습을 보고 깔깔거린다.

수란 (경박하게) 아저씨 봐! 얼굴이 빨개졌어, 하하하! 아저씨 저렇게 안절부절못하는 모습, 나 처음 봐! 하하하!

숙영과 연화가 경식을 멍하고 바라보는 가운데 화장실 변기 물 내리는 소리와 함께 수란의 웃음소리가 멈추질 않는다.

- 암전 -

제6장

무대 환해지면 거실에 연화, 민자, 수란이 앉아 있는 모습이 보인다. 수란이는 소파에 앉아 주변을 두리번거리며 딴청을 피고 있고, 민자는 재떨이 대용의 밥사발과 큼지막한 손가방 2개가 놓여있는 탁자의 의자에 앉아 담배 연기를 내 품으며 지폐 다발 세 뭉치를 세고 있다. 그런 민자를 바로 앞에서 연화가 팔짱을 끼고 앉아 지켜보고 있다. 셋이 입은 두터운 옷차림이 초겨울 날씨를 연상케 한다.

돈을 다 세고 난 민자가 식탁 위 가방 하나를 들어 돈다발을 챙겨 넣는다.

민자 고마워! 네 덕분에 지하방에서 몇 년 만에 탈출하는지 모르겠어. 해 안 넘기고 꼭 갚을게. (종이 한 장을 건네며) 지 이거 현금 보관증.

연화 (받아서 탁자 위의 다른 가방에 넣으며) 은행에 가서 통장에 남은 돈 다 긁어온 거 알지? 제때 안 갚으면 나 굶어 죽는다!

민자 (일어서며) 갔다 올게! 경식 씨가 돈 못 구해올까 봐 복덕방에서 애간장을 태우고 있을 거야!. (수란에게 크게) 잔금 내고 도장만 찍어주면 끝나니까 기다려! (덩실덩실 몸을 흔들며) 오늘 밤은 우리 새집에서 잔다! 그것도 각자 방에서, 룰루랄라!

수란은 그런 민자를 대수롭지 않게 바라보고 연화는 피식! 웃으며 의자에서 일어난다.

연화 이사 가는 곳이 여기서 가깝다고?
민자 (담배 밥사발에 비벼끄며) 5분 거리? 숙영 언니 집도 바로 골목길 하나만 사이에 두고 있어!
연화 (뭔가 생각난 듯) 잠깐만!

연화, 주방으로 달려가 냉장고 문을 열고 큰 반찬통 두 개를 꺼내 보자기(예전에 두한이 물건을 싸서 건네주었던)에 싸서 들고 탁자 위에 올려놓는다. 그 사이 민자는 손목시계를 확인하며 초조해한다.

연화 묵은김치하고 밑반찬 몇 가진데, 누가 갖다준 걸 손도 못 대고 냉장고에 재워두고 있었어. 오래오래 두고 먹어도 상관없으니까 경식 씨 차에 실어 놓고 일 봐.
민자 (반갑지 않은 기색) 돈가방도 있는데….

연화 들을 만해! 가방 팔에 끼고, 반찬통 양손에 들고 뛰어도 될 만큼 가벼워.
민자 (수란에게) 네가 좀 들어다 줄래? 여기서 얼마 안 걸리는데!
연화 (손사래 치며) 내가 아래층까지만 들어다 줄게. 쟤도 좀 쉬자! (수란 바라보며) 두 다리 쭉 뻗고 누워 있어도 돼. 네가 아침부터 어른들 따라다니느라 고생이 많다!
민자 (연화 소매 잡아당기며) 경식 씨 기다리다 똥줄 타겠다. 빨리 가야 돼.

둘이 현관문으로 총총 걸어가서 멈춘다. 연화가 양손이 자유롭지 못한 것을 알고 민자가 문손잡이를 잡아당긴다.

민자 (동작을 멈추고) 일 다시 시작 안 해? 참 오래도 참는다, 너! (몸을 비비 꼬며) 나 같으면 근질거려서 몸살이 나도 몇 번은 났을 텐데.
연화 (정색하며 조용히 다그친다) 어린애 듣는다!
민자 (거실 쪽을 힐끗 보며, 귓속말하듯) 수란이? 쟤가 얼마나 약아빠졌는데! 저리 어려 보여도 알 거 다 알고 해볼 거 다 해본 애야.

민자가 앞서서 나가고 연화 잠시 시시 민자의 밑에 어리둥절해하나가는 곧 뒤따라 나간다.
혼자 남은 수란이 멀뚱하게 앉아 있다가 소파에 길게 누워본다. 곧 일어나 사뿐사뿐 걸으며 여기저기를 훑어본다. 현관문까지 걸어가서 살짝 열린 철문을 닫고 돌아서 걸어가다가 건넌방 문 앞에서 멈춘다. 곧

똘히 생각하다 문손잡이를 잡아보고 살짝 문을 두드려본다. 귀를 기울여보지만 인기척이 없자 다시 탁자 앞에까지 걸어온다. 연화의 가방을 발견하고 망설임 없이 가방을 들어 지퍼를 연다.

만원 지폐 두 장을 꺼내 망설이고 있는데 전화벨이 울리자 화들짝 놀라며 지폐를 도로 넣고 가방 지퍼를 닫고는 탁자 위에 내려놓는다. 계속 울려대는 전화벨 소리에 받을까 말까를 고민하며 어쩔 줄 모르고 있는데 벨 소리 멈추고 바로 연화가 철문을 열고 들어온다.

연화 (총총히 거실까지 걸어오며) 이제 본격적으로 추워지려나 봐! 공기가 많이 거세졌어! (서 있는 수란을 탁자 의자에 앉히며) 우리 세 번째 보는 건가? 지난번 병문안 와서 보고, 또 밖에서 우리 밥 같이 먹었지? 이번이 세 번째 맞네? 우리 따뜻한 차 한잔할까?

수란 전화 왔었어요.

연화 (주방으로 걸어가 레인지를 켠다) 받아도 됐는데! 숙영 아줌마 알지? 그 아줌마가 전화했을 거야. 그 집 아저씨가 몸져누웠는데 회복이 잘 안되나 봐. 아저씨를 큰오빠처럼 유난히 따르던 언니가 이번 여름에 사고가 있었는데 (한숨) 몇 달째 병원서 깨어나지를 못하다가 얼마 전에 (침통한 음성) 하늘나라로 갔어! 이런저런 이유로… 아저씨 말고는 우리 식구들 누구도 장례식에 가질 못했어. (잠시 생각에 잠겨 혼잣말) 형실 언니 생각날 때마다 이렇게 가슴이 미어지는데, 가족들은 오죽할까?

연화, 찻잔에 차를 따라 수란에게 다가온다.

연화 (찻잔을 수란에게 건네며) 고등학생이라고 했었나? 졸업하고 공부는 계속할 거지?

수란 대학 얘기하시는 거예요? 고등학교도 때려치웠는데요!

연화 (멈칫. 휘둥그레진다) 어머, 왜?

수란 시시하고 따분해서요. 공부하기가 그런 게 아니라, 학교 빠지고 돌아다니며 노는 게요.

수란이 찻잔을 들어 마신다. 그런 모습을 빤히 바라보는 연화가 할 말을 잃은 듯 멍하다.

수란 (잔 내려놓으며) 사는 게 이 차 맛처럼 맹숭맹숭하기 시작했을 때 경식이 아저씨를 만났어요. 정지신호 없이 막 덤벼드는 모습이 내 타입은 아니라고 생각했는데, 한편으로는 잘 사귀어놓으면 듬직한 덩치가 나를 보호해 줄 것 같더라고요. (차를 마시려다 말고 다시 내려놓으며) 빨리 어른이 되어야지 하는 생각도 그 아저씨를 알고 나고부터였어요.

연화 어른이? (조심스레) 내 생각엔, 공부를 계속하는 것도 좋은 어른이 되는 길이 아닐까 하는데… 아저씨도 똑같은 생각이지 않을까?

수란 (연화를 빤히 보며) 학교에서 안 가르쳐준 것들을 아저씨가 더 많이 알게 해줬죠. (삐죽거리며) 하나같이… 하나같이 남자들은 다 똑같다는 것까지도요.

연화 (놀란 음성) 아저씨랑… 혹시? 이니지? (정색하며) 이린! 미쳤지! 내가 무슨 상상하는 거야?

수란 (야멸차게) 맞아요! 함께 잤어요. 처음 만나자마자 그랬고, 시간 날 때마다 심심하지 않게 해줘서 좋았어요.

연화 (심하게 떨며) 아저씨가… 그럼 그때가… 처음?

수란 (고개를 가로저으며 큰소리로) 아뇨? 기억은 잘 안 나지만 다섯 번째? 아니, 일곱 번째쯤 만난 아저씨 같아요.

연화 아저씨들이… 아직 성인이 안 된 너를?

수란 (의자에서 일어나 연화에게 고개를 들이밀고) 아줌마한테만 솔직히 말씀드리는데요. 나 스무 살 된다고 했는데, 사실은 지금 열여덟 살이에요.

연화, 어안이 벙벙한 상태로 놀라 벌어진 입을 다물지 못한다. 그런 연화에게 다가가 등 뒤에서 귀에 대고 속삭이듯 말한다.

수란 혹시… 원조교제라는 말 들어보셨어요?

연화 (소름에 겨워) 점점!

수란 (휙 돌아서 객석을 보며) 몇몇 친구들이 아저씨들하고 사귀면서 용돈을 번다고 했을 때 저도 구미가 확 당겼어요. 친구 중에 저만 삐삐를 안 차고 있는 게 창피했거든요. 엄마한테 사달라고 했다가 본전도 못 찾고 욕 들어먹고, 아빠 지갑에 손대는 것보다 그게 더 간단한 일이란 걸 알게 됐죠.

연화 (비명) 그만, 그만해!

연화, 그 자리에서 두 손으로 얼굴을 감싼다. 그런 연화를 보고 분위기가 싸늘해진 것을 직감한 수란이가 연화의 머리에 손을 갖다 대려다가 멈추고 천천히 소파 앞으로 다가가 멈춘다.

수란 (다소 차분하게) 생긴 지 얼마 안 돼서 하루 스물네 시간 돌아가는 노래방이 저 같은 청소년들한테는 놀기가 아주 안성맞춤이었죠. 민증도 보자고 안 하고, 컴컴한 방안에서 담배 연기를 연신 뿜어대도 군말 없이 재떨이를 갈아주던 역곡역 근처 노래방에서 경식이 아저씨를 만났어요. (소파에 앉는다) 금방 뭐 법이란 게 또 생겨서 밤 12시면 문을 닫고 우리 같은 학생은 안 들여보내기 시작하더라구요. 딱히 더 갈 데가 없어지니까, 경식이 아저씨한테 삐삐를 쳤죠.

연화, 자리에서 벌떡 일어나 수란이 앞으로 다가간다.

연화 (약간 진정이 돼서) 내가 지금 누구랑 얘기하고 있는 거니? 고기 구워 먹으면서 맑디맑은 얼굴을 하고 최불암 시리즈로 나를 데굴데굴 뒹굴게 했던 그때 그 수란이가 맞는 거야?
수란 (아랑곳하지 않고 거침없이) 그렇게 다시 만나고 두 달도 안 가 시들해지더라구요. 나 밀고 아저씨가요. (멀뚱멀뚱 딴 데 보며) 내가 들볶는 게 귀찮아져서 그랬는지 (흉내) "나는 너 같은 애송이보다 나보다 나이가 많은 연상에게 끌려!" (피식 웃으며) 민자 언니도 아저씨랑 막 눈이 맞은 그때 알게 됐고, 민지 언니 지하방에 들락거리면서도 아저씬 나를 내치지는 않더라구요.

연화 (픽! 맨바닥에 주저앉는다.)

수란 (조곤조곤) 아저씬 나랑 다른 계획이 있었던 거예요. 그때 민자 언니… (짜증) 언니는 무슨, 개뿔! 덕지덕지 화장발로 훨 나이 먹어 보이는 늙다리 얼굴을 해 가지고 웬 언니 타령! 암튼 그 아줌마 하는 일도 흥미롭고, 무엇보다 아저씨가 나하고 하고 싶어 하는 일이 엄청 입맛이 땡겼죠.

연화 (수란의 손을 붙잡으며 애원하듯) 이건, 내 생각인데… 제발! 넌… 아직 미성년자인 데다….

수란 (말 끊으며) 그게 뭐 어때서요? 아줌만 민자 아줌마하고는 다르네요. 그 아줌만 질척거리긴 해도 고리타분하지는 않던데요? 똑같은 한 세상 사는 거! 뭐, 빨리 알면 남보다 더 유리하지 않겠어요?

부자연스러운 표정으로 안절부절못하던 연화가 수란의 무릎에 얼굴을 묻고는 긴 한숨을 쉰다. 그런 연화를 바라보는 수란도 불편하긴 마찬가지다.

수란 (연화에게 나직하게) 모른 척해 주세요. 아줌마랑 아저씨는 연화 아줌마가 모르고 있기를 바라거든요.

갑자기 숙연해지는 분위기가 싫은 수란이 연화를 밀치고 벌떡 일어난다.

수란 (크게 혼잣말) 쳇! 일 시작하면 자연히 뽀록이 날 텐데, 뭘 숨기고 자시고 난리야!

연화 (일어서서 수란의 양 팔을 잡고) 그 일 말이야! 너 그게… 어떤 건지는 아니?

수란 (까르르 웃으며) 아줌마는 고리타분하기만 한 게 아니라 순진하기까지 하시네요? 그 일하자고 같이 사는 거 몰라요? 지난번 은혜정에서 만나 고기 구워 먹고 있을 때, 아줌마가 이젠 눈치 깠구나! 했는데, 아니었네요? (웃음 멈추고 조곤조곤) 제가 아줌마 곁에서 아른거리는 게 싫으세요? 걱정 되서서 그러면 고맙기는 하지만요, 걱정하지 마셔요. 저랑 아저씨랑 하는 일은, 숙영 아줌마가 전화 받고 일일이 연결해 주는 거랑은 차원이 달라요.

연화 (수란에게서 팔을 내려놓으며) 어떻게?

수란 혹시 휴대폰 안 갖고 계세요?

연화 (고개 절레절레)

수란 (연화의 두 팔을 잡고 친절하게) 나중에 휴대폰 생기면 그때 설명해 드릴게요. 버튼 누르고 화면 봐가면서 설명해야지, 휴대폰 없이 말하기가 좀 복잡해요. (팔을 놓고 식탁으로 옮겨가며) 얼마 안 있으면 인터넷도 지금보다 활발해질 거고, 더 많은 사람을 그 안으로 꼬셔서 작업하는 간편하고 쉬운 일이에요. 뭐, 지금처럼 마음 졸이며 일하는 전화발이 아줌마들이, 이 마당에서 어떻게 발을 붙여야 하나 그걸 고민할 때가 이제 오는 거죠.

연화 (차분해지려고 애쓰며) 이해가 잘 안되지만, 마치… 너는 도통한 사람처럼 말하는구나! 다시… 다시, 생각을 고쳐먹을 마음은 정말로 없는 거니? 지금 당장은 아니더라도, 좀 더 나이를 먹은 다음에 시작해도….

이때 초인종 벨 소리 울린다.

수란 (연화를 보며 단호하게) 없어요! 곧 비디오도 찍을 계획인 걸요! 인 터넷에 올려서 자료로 써야 해서요. 컴퓨터 용어로 뭐라는지 아저씨가 알려줬는데… (현관 쪽으로 향해가며) 쩝! 나야 시키는 대로만 하면 되고, 민자 언닌가 봐요. 제가 누를게요.

수란이 후닥닥 달려가 호출기 커버에서 수화기를 든다.

수란 언니? … 아저씨네! 내려갈게요. … 올라오신다구요? 그러세요.

수화기 내려놓고 잠시 골똘하다가 연화 쪽을 바라본다. 연화가 멍한 상태로 소파에 걸터앉고 수란은 객석으로 몸을 돌린다.

수란 난 이런 일 하는 게 좋아요. 뭐 우리 엄마 아빠도 자기들 좋아하는 일에만 정신이 팔려서 나 같은 건 안중에도 없었는걸요? 이왕 좋아하는 세계에 빠져든 이상, 왕창 돈을 많이 벌 거예요. (연화를 바라보며) 아줌마 아는 언니들하고는 다르게요. 민자 언니 따라다니며 몇 사람 만나봤거든요?. 하나같이 그렇게 집 한 칸도 없이 구질구질하게 살데요. 볼 때마다 바쁘고 지쳐있는 그 생활을 꽤 오랫동안 해온 걸로 아는데…. (현관문 쪽으로 돌아서며) 다람쥐 쳇바퀴 도는 식의 그런 영양가 없는 생활은, 절대 닮지 말아야죠.

경식, 문 열고 들어온다. 가죽점퍼 차림에 번질번질하게 기름을 칠한 장발에 한 손에는 휴대폰을 들고, 또 한 손에는 민자 손에 들려주었던 반찬통 중 한 개를 들고 있다. 연화를 찾더니 계속 소파에 앉아 있는 연화를 발견하고 인사를 건넨다.

경식 (길게 목을 빼고) 안녕하세요? 저 왔습니다.

연화, 반응이 없자 경식이 고개를 갸우뚱한다. 수란은 경식이 손에 들려 있는 보따리를 응시한다.

수란 이거 아까 언니가 들고 나갔던 보따린데?
경식 김칫국물 같은 게 흘렀나 봐! 차 안이 냄새가 진동해. 내려가 있어.
수란 (연화를 향해) 아줌마 갈게요. 차 잘 마셨어요.

연화는 수란의 인사도 의식하지 못하고 넋하게 소파에 앉아 있다. 수란이 나가고 문이 반쯤 열린 현관문 앞에서 경식이 부자연스럽게 서 있다. 어찌할 줄을 모르고 있다가 연화 들으라고 큰 소리를 낸다.

경식 잠깐 들어가겠습니다. 뭘 놓고 가야 해서요.

경식, 신발을 벗고 성큼성큼 주방 쪽으로 걸어오고 연화는 벌떡 일어나 그런 경식을 눈 크게 뜨고 바라본다.

경식 마땅히 어디 둘 데가 없어서 우선 도로 가져왔어요. 김칫국물이 넘친 거 같아요. (주방과 식탁을 번갈아 보며) 어디다 놓지?
연화 (식탁을 가리키며 싸늘하게) 여기 두세요.
경식 (식탁에 보따리를 올려놓으며) 이삿짐 정리되면 도로 가져갈게요. 제가 오래 익은 김치를 좋아하거든요!

연화, 보따리를 들어 주방 싱크대 옆에 내던지듯 내려놓고 그대로 멈춘다. 연화의 뒤도 돌아보지 않는 매몰찬 행동에 어안이 벙벙해진 경식이 연화에게 조심스럽게 말을 꺼낸다.

경식 오늘 선처해 주셔서 감사드려요. 민자 씨가 아주 신이 나 있어요. (뻘쭘하게 서 있다가) 그럼, 이만 가볼게요.

계속 아무 반응이 없는 연화의 행동에 고개를 갸우뚱거리며 현관문으로 천천히 걸어간다. 그사이 연화는 식탁 위의 빈 컵들을 들고 싱크대에 던져넣듯 집어넣고 물소리를 내며 신경질적인 동작으로 컵을 씻는다. 경식은 신발을 신고 나가려다가 다시 멈칫하면서 도로 신발을 벗고 걸어들어온다. 연화가 물을 잠그고 돌아서서 현관 쪽으로 걸어가려다가 걸어 들어오는 경식을 발견하고 소스라치게 놀란다.

연화 뭐하는 거예요? 아직 안 갔어요?

경식 (머쓱해서) 제가 인사를 버릇없이 한 거 같아서요. 인사를 건성건성 해서 연화 씨 마음을 상하게 했다면….

연화 (야멸차게) 됐어요. 그만 가보세요.

하면서 현관문을 활짝 열어젖히고 경식에게서 멀리 떨어져 들어와 멈춘다. 경식이 갸우뚱거리며 신발 신고 나가려다가 다시 연화 쪽으로 몸을 돌린다. 비위가 약간 상해있다.

경식 뭐 언짢은 일이라도 있었나 봐요? (다시 너스레) 아! 수란이가 버릇없게 굴었나 보죠? (함박 미소 지으며) 이해하세요, 아직 철이 없어서 어디로 튈지 모르는 천방지축이에요. 사람 대하는 도리도 잘 모르고….

연화 (말 끊으며 쌀쌀맞게) 애 핑계 대지 마세요. 도리라고 하셨는데, (경식에게 몸 돌리며) 경식씬 도리를 지키고 사는 사람인가요?

경식 뭐, 예의 바르게 도리는 지키려고 노력하지요. 나를 낮추고 남을 공경하는 도리 말이에요. 그럼 된 거 아니에요?

연화 그런 도리 말하는 거 아네요. (거실로 향하며 더 쌀쌀맞게) 최소한 법을 어기지 않는, 남의 인생을 뭉가뜨리지 않는 그런 도리를 말하는 거예요.

경식 (화가 치밀어) 말에 칼이 들어있네요. 방금 법 얘길 하셨는데…. 연화씨 법 참 잘 지키며 살아오셨나 보죠?

연화 무슨 뜻이죠?

경식 (능청스럽게) 알면서 뭘 물어봐요? 누가 볼까, 들키지는 않을까, 어두운 골목길만 잘도 누비고 다니면서 숨어 일하는 대가로 세금도 안 내고 꼬박꼬박 주머니에 돈 챙겨 넣는 생활이 참으로 법을 잘 지키며 사는 짓이었네요?
연화 (애써 참는다) 알아들었으니까, 이제 가보세요.

이때 경식의 휴대폰에서 벨 소리 울린다. 경식이 부릅뜬 눈을 한 채 폴더 휴대폰을 열고 전화를 받는다.

경식 여보세요? (갑자기 환하게 웃으며) 하니였어? 시간이 좀 걸릴 것 같아. 연화 씨가 우리 신종 사업에 관심이 좀 많네. 자세히 설명 좀 하자면….
연화 (경식의 휴대폰 가까이로 재빠르게 다가서며 큰소리로) 거짓말이야! 너 빨리 올라와 봐!

경식, 다른 한 손으로 연화의 입을 틀어막으며 그 팔로 연화를 꼼짝 못하게 몸을 뒤에서 감싸안고 목을 압박한다. 그리고는 간신히 휴대폰에 입을 갖다 댄다.

경식 못 들었다고? 응, 하니한테 좀 기다려달라고 하시네!. 빨리 설명하고 내려갈게, 끊어.
(폴드 폰 접고 거친 숨소리 내며) 내가 탐탁지 않다는 건 짐작했지만, 못 배운 놈이라고 조롱할 자격은 누구에게도 없어! (거세게 소파 근처에까

지 연화의 몸을 이끌고 가면서) 잘난 놈들한테 조롱당하며 사는 우리들끼리 말이지만, 법 밖에서 일어나는 일들을 즐기는 게 얼마나 스릴 있고 짜릿한지, 네가 더 잘 알 거 아냐?

연화 (경식 손에 입이 틀어막힌 채) 아파! 이거 놔, 제발!

경식 (소파 앞에 당도해 멈춰 서서) 내가 연상 저격수이긴 하지만, 너 같이 고상 떠는 가방끈에까지는 좆이 서지는 않아. (입을 틀어막던 손으로 연화의 턱을 감싸 쥐며, 능청스럽게) 그런데 지금은 심장이 좀 움직이려고 하네! 내 몸 구석구석을 거슴츠레한 눈으로 훑어 내려가던 여자들만 상대하다가 물 바깥으로 튀어나온 물고기마냥 팔딱거리는 야들야들한 살집이 의외로 아랫도리에 신호를 보내고 있거든! (휴대폰 쥔 손으로 연화의 머리를 쓸어내리며) 산전수전 다 겪어서 나보다 세상을 더 많이 알 텐데, 그 진한 세상 물이 바짝 올라 있는 맛을 좀 볼까나? 지칠 대로 지쳐서 풀이 죽어있을 육신 구석구석을 제대로 찾아가서 쓰다듬어 줄게.

가쁜 숨을 고르며 경식이 품에서 빠져나오려고 연화는 안간힘을 쓴다. 그런 연화를 다시 문간방 앞으로 질질 끌고 간다.

경식 (더 능청스럽게) 이때? 지금이 내 사시가 실력을 발휘할 그럴싸할 적기인데, 화끈하게 한번 붙어 보자고! 나 같은 놈 만난 것이 행운이란 생각이 금방 들게 해줄게, 응? (문간방 앞에 당도해서) 이 방에 귀신들 모셔놓고 귀한 조상님들 심심치 않게 대접하며 산다고 들었는데, 어디 한번 이 방에서 우리 귀신 곡소리 한번 화끈하게 질러볼까?

연화 (분노에 이글거리며 악 소리) 닥쳐! 네가 함부로 주둥아리 놀리는 그런 데 아냐!

경식 그럼 어디서? (연화 몸을 돌려 팔로 한가득 안으며) 여기 바닥이 괜찮겠네! 현관문 더 활짝 열어놓고 혹시 누가 엿보지는 않을까 바짝! 긴장하면서 말이야! 터져 나오는 곡소리를 간신히 눌러 담고 새는 신음 소리가 얼마나 사지육신을 부들부들 떨게 하는지는 경험해 보지 못했지?

연화 (자지러지는 비명) 미친놈! 개새끼! (겨우 경식에게서 빠져나오며) 꺼져! 없어져! 더 큰 소리 나기 전에 당장 나가버려!

경식 (다시 연화의 팔을 잡고) 현실을 알고 까불어! (연화 몸을 흔들며) 너 같은 부류는 그냥 하룻밤 단물만 빼 먹고 뱉어내는 껍딱지 같은 존재라는 걸 몰라?

연화 (분노에 화를 못 이기고) 내려가서 민자한테 똑같이 말해봐! 너 같은 변태 자식한테 눈이 멀어있는 민자한테.

경식 (연화를 질질 끌고 식탁 앞에까지 내달리며) 내가 못 할까 봐? 매일 밤 네다섯 명씩 사내들한테 게슴츠레하게 눈이 뒤집혀서 오는 사람한테, 매일매일 수고했다고 쓰다듬어 줄 줄만 알았어?

경식, 말하면서 연화를 소파에 내던진다. 큰 덩치의 경식에게 내동댕이쳐진 연화가 겨우 일어나 엉금엉금 기어 탁자의 의자를 잡는다. 경식이 그런 연화의 옷자락을 잡고 달려들자 잡히지 않으려고 안간힘을 다해 피하며 겨우 일어선다. 와락 달려드는 경식의 얼굴에 연화가 식탁 위에 있던 밥사발을 힘차게 쏟아붓는다. 밥사발 안에 담겨있던 진한 밤색의 액체가 담배꽁초들 건더기와 함께 경식이 얼굴과 입고 있던 가죽점퍼에 보기 흉하게 뒤범벅이 된다.

경식 (눈을 질끈 감고 비벼대며) 퉤퉤! 이거 뭐야?

눈을 못 뜨고 얼굴을 두 손으로 훔쳐대다가 휴대폰을 손에서 놓치는 경식. 곧 눈을 겨우 뜨고 연화에게 달려든다.

경식 너 나한테 뒈졌어! (몸을 피하는 연화를 쫓으며) 도망가지 말고 서! 내 손 한 줌이면 금세 없어질 년이 도통 겁대가리가 없네!

경식을 피해 둥근 탁자 둘레를 돌다가 의자에 발이 걸려 무대 앞쪽으로 고꾸라지는 연화. 그런 연화의 팔을 붙잡아 질질 끌고 소파 쪽으로 가려는데 살짝 열려 있던 현관문이 열리고 밖에서 두한이 들어온다. 두 사람의 광경을 보고 소스라치게 놀라며 잽싸게 달려와 경식을 밀치며 연화의 몸을 겨우 떼어낸다.

경식 (두한을 보며) 이건 또 뭐 하는 놈이야? 그 손 못 놔?

경식이 연화의 손을 붙잡고 다시 질질 끌자 두한이 경식의 멱살을 잡고 뒤흔든다. 거구의 경식이 그런 두한을 밀쳐내자 단번에 한 발짝 떨어져 나동그라진다. 씩씩거리며 일어나 탁자 의자를 번쩍 들어 경식에게 내려치려는데 연화가 황급히 몸을 일으킨다.

연화 (자지러지는 목소리로) 멈춰요, 아저씨! (경식에게 고개를 확 돌리며) 빨리 없어져! 민자 올라와서 이 꼴 보기 전에. (더 크게) 어서!
경식 시작했으면 끝장을 보는 게 내 성격이라 이대로 물러설 수는 없지!

경식, 두한이 들고 있던 의자를 빼앗아 바닥에 내동댕이친다. 발로 두한이를 여러 번 걷어차자 급히 연화가 싱크대 옆에 놓여있던 반찬통을 들고 와 번쩍 들어 올리고는 경식에게 내던질 자세를 취한다.

경식 (연화의 저돌적인 행동을 보고) 그거, 나한테 던지려는 거 아니지? (연화 금방이라도 던질 기세를 취하자, 경식 한발 물러서며) 알았어! 나갈게! 나갈 테니까 내려놔!

경식이 후닥닥 거실 바닥에 떨어져 있던 휴대폰을 집어 들고 넘어져 있던 탁자 의자를 발로 힘껏 차고서는 현관으로 내달리다가 갑자기 멈춘다. 그 사이 반찬통을 든 채 부들부들 떠는 연화를 두한이 일어서서 통을 빼앗아 식탁 위에 내려놓고는 겁에 잔뜩 질린 연화를 꼭 감싸안는다.

경식 (씩씩거리며) 사람 잘못 봤어, 너희들! 기어코 니 연놈들을 내 가만 안 두겠어! (현관문을 나서며) 관 짜놓고 기다려! 조만간 짜잔! 하고 다시 등장할 거니까!

경식이 철문을 쾅! 소리가 나게 닫고 사라진다. 연화는 두한의 품속에서 흐느끼고 그런 연화를 감싸안은 두한은 측은한 표정을 짓고 연화의 머리를 쓸어내린다.

- 구슬프게 우는 연화의 음성이 이어지는 가운데 서서히 암전 -

제7장

불이 켜지면 음식이 차려진 식탁에 앉아 두한이 얌전하게 밥을 먹고 있다. 연화는 주방에서 차를 끓이고 잔 2개를 꺼내 옆에 둔다. 두려움에서 채 벗어나지 못한 어두운 표정이다.
식사를 끝내고 난 두한이 유리컵에 든 물을 들이켜고는 손수건으로 입언저리를 닦으며 연화의 모습을 살핀다. 두 사람의 차림새가 제6장의 무대를 이어가는 것으로 보인다.

두한 (담담하게) 나만 배불리 먹었네. 같이 먹자니까 밀도 안 들고.
연화 어머님이 차려주신 음식과 비교되지?
두한 하나같이 다 맛있어. 진짜로 감탄하면서 먹었어. 음식점 차리면 돈 벌겠다고 생각했어.
연화 (조금 밝아져서) 그 정도까진 아니다, 아저씨 (차를 따르며) 어머님은 좀 어떠셔? 전원생활은 적응이 되시는 거 같아요?
두한 벌써 한 달이 지났네, 큰누나가 모시고 간지. 한창 버섯 따는 철이라 바쁜 매형한테 어머님까지 돌보게 해서 미안한 생각이지만, 그럭저럭 더 안 나빠지고 잘 보내시는 것 같아.

연화, 쟁반에 찻잔 들고 와서 두한이 앞에 내려놓고 식사를 끝낸 그릇들을 쟁반에 담는다.

연화 (반찬 그릇 주워 담으며) 공기 좋은 곳으로 잘 모셨어, 아저씨! (들고 주방으로) 아저씨가 듣기 섭섭하겠지만, 아무래도 아들보다는 따님이 더 세심하게 살필 수가 있어서 평소에 아저씨가 못 보던 것도 잘 챙기게 되실 거야.

설거지하는 연화에게 두한이 겸연쩍게 말을 건다.

두한 오빠… 라고 부르는 걸 까먹으셨나? 왜 그리 안 불러주나 궁금했어. 지나고 보니 내가 여느 오빠처럼 믿음직하지도 듬직하지도 않았나 봐?
연화 (두한이에게 몸을 돌려) 시간이 더 지나면 익숙하게 입에 붙을 거야. 그리고, 믿음직한 오빠 맞아. 조금 전에도 나를 불한당으로부터 구해줬는 걸!
두한 (벌떡 일어나 버럭 화를 내며) 내가 얼마나 무섭고 황당했는데! 도대체 한임이가 뭔 잘못을 했다고? (앉으면서 한숨) 실수하거나 폐 끼치는 그런 사람 아니잖아, 한임이!

연화, 꼼짝하지 않고 얼마간 침묵이 흐른다.

두한 (찻잔 들고는) 때마침 일 마치고 2층으로 올라오던 중에 소란 피우는 소리가 범상치 않았어. 대문 앞 차 안에 사람은 있는데 차 문은 열려 있고, 운전석엔 사람이 없는데 어떤 요란하게 차려입은 여자가 뒷좌석에서 튀어나올 때부터 수상하단 생각이 들었지. 코앞에 있던 공중 전화 박스로 달려가 신경질적으로 버튼을 눌러대면서 힐끔힐끔 바라보는 곳이 한임이 집인 것만 같았어. 집에 들어가지 않고 2층에서 귀를 기울이고 기다려봤는데 아니나 다를까?
연화 (미안한 기색) 보기 흉한 꼴을 오빠에게 많이도 보여드리네요. 어쩌다 그런 볼썽사나운 일이 일어났는지, 나도 전혀 예상 못 한 일이야.

두한이 말없이 커피 마시고 연화는 걸레를 들고 식탁 주변에 쪼그려 앉아 바닥을 닦는다. 말없이 걸레질하다가 조곤조곤 혼잣말을 한다.

연화 도리니, 법이니, 그런 시시껄렁한 애기를 주고받다가 서로 격해지기 시작했어. (걸레 든 채 일어나 화장실 입구로 가면서) 사실 따지고 보면, 나에게 무슨 변명의 여지가 있을까? (한숨) 내가 밖에 나가서 하는 일이 법을 피해, 법 밖에서 몰래몰래 하는 일인데.

두한이 연화의 말에 난처해한다. 연화가 화장실 안에 걸레를 두고 나오자 근엄한 표정으로 진지하게 말을 꺼낸다.

두한 법이란 것… 참 중요하지. 지키라고 만들어진 것이니까, 어겨서는 안 될 일이긴 해.
연화 ….
두한 그런데… 과연 나나 내 식구들도 여태껏 법을 어기지 않고 살아왔는지는 곰곰이 생각해 볼 일이야. (차 마시며 생각에 잠긴다) 내가 초등학교 다니기 시작할 무렵부터 어머닌 행상을 나가셔야 했어. 아버님 일찍 여의고 어머닌, 슬하에 남겨진 우리 삼 남매를 먹여 살리느라고 기차가 지나가는 굴다리 밑에서 새벽 일찍 도매시장에서 떼어 온 각종 채소를 파셨어.

귀 기울여 듣던 연화가 느리게 주방으로 걸어가 잔에 차를 따른다.

두한 어머닌 온종일 몸으로 때우는 고된 일보다, 불시에 들이닥쳐 애써 진열해 놓은 물건들을 손에 닥치는 대로 차에 싣고, 끝내는 굴다리 밑 행상 가게를 난장판으로 만들어버리는 거리 단속반원들에게 치를 떨었어. 그야말로, 법을 지키지 않고 법 밖의 장소에서 채소 더미들을 벌려놓은 대가치고는 무척이나 혹독한 결과였지. 그 혹독함은 내가 4학년이 되었을 때 나에게도 크나큰 시련으로 닥쳤어. 단속반들에게 쩔쩔매며 손이 발이 되도록 빌고 비는 어머니의 모습을 보게 된 반 아이들이 굴다리 밑에서 법도 안 지키고 도둑 장사하는 어미의 자식이라고 놀려대는 소리를 지겹도록 들어야만 했지.

연화, 안타까운 표정 지으며 차를 마신다. 두한은 찻잔을 들고 탁자에서 일어나 거실 소파로 천천히 자리를 옮겨간다.

두한 나를 비난하는데 유독 앞장섰던 반장 아이한테 선생님은 교실 열쇠를 맡겨서, 하교 후 교실을 단속하고 책임지도록 하는 임무를 주었지. 그런데… (천천히 소파에 앉는다) 반장은 자신을 따르는 아이들하고 하교 후 운동장에서 신나게 뛰어놀다가 어둑해질 무렵이 되어서 그들을 텅 빈 교실로 데려가곤 했어. 그 교실 안에서 무슨 일이 벌어졌는지는 공공연하게 입에서 입으로 전해지기만 할 뿐, 그 누구도 입 밖으로 그 사실을 발설하지는 못했지.
선생님만 열 수 있는 선생님 책상 서랍에는 교실에서 수시로 치렀던 중간고사의 답안지가 들어 있었고, 반장은 그 서랍의 열쇠까지도 선생님에게 받아서 보관하고 있었던 거야. (한탄의 한숨) 시험성적을 발표하는 선생님의 입에서 침이 마르도록 칭찬을 듣는 학생들은 거의 정해져 있었고, 그들은 성적만 아니라 반 아이들을 제압하고 굴복시키는 힘도 좋아서, 나같이 변변하게 내세울 것도 없고 놀림거리도 많은 친구들은 교실과 화장실 청소는 물론이고 성적이 좋은 아이들의 심부름까지도 항상 도맡아서 해야 했어.
연화 (잠시, 숙연해져서) 많이 힘들었겠네! 한창 꿈 많고, 바르게 커나가야 할 시기에….

두한 바르게? (헛웃음) 허허! 반장은 선생님이 교육했던 대로 바르게 커갔는지는 모르겠어. 잘사는 집안 부모님들의 관심이 넘쳐나선지는 모르겠지만, 지금은 젊은 나이에 그 마을의 군수가 됐고, 반장과 친했던 아이들 중에는 대학교수가 되고 외교관이 된 친구도 있어. 그들이 우리 사회의 본보기가 되는 일꾼이 되기까지, 과연 법을 잘 지키는 모범을 보여 왔을까는… 항상 내 뇌리에 퀘스천 마크 (question mark)로 남아있어.
(벌떡 자리에서 일어나며) 법 밖의 생활이 부끄럽다는 한임이나, 몰래몰래 행상을 이어가셨던 어머님이, (격하게) 사회를 다스리고 세상을 주무르는 그들에게, 뉘우치며 용서해 달라고 고개를 숙여야 할까?

두한이 한동안 미동도 없다가 천천히 자리에 앉고, 그런 모습에 안쓰러운 눈총을 보내던 연화가 무슨 말이라도 꺼내고 싶은 제스처를 취해 보지만 뜻대로 되지 않는다. 잠시 그런 자신의 모습에서 벗어나려는 듯 밝은 표정을 짓고 연화에게 입을 연다.

두한 (식탁을 고개로 가리키며) 차 이리 와서 마셔! (자신의 잔을 들여다보고는) 나 차 좀 더 마시고 싶은데?

연화, 찻주전자를 들고 와 자신의 잔과 함께 식탁 앞으로 달려간다.

연화 (해맑게) 오빠도 이리 와 앉아. 카페 분위기와는 거리가 멀지만, 우리 같이 앉아서 마셔요.

두한이 씩씩하게 걸어와 식탁 의자에 앉고 연화가 차를 따라준다. 환한 표정으로 둘 다 찻잔을 든다.

연화 우리… 보헤미안이 되어 보자구요, 오빠! 호텔 스카이라운지에 앉아 있다고 생각해 봐! 나도 오빠랑 첫 데이트를 한다고 생각하며 마실 거야! (기분이 좋아져서) 이럴 때 오빠 좋아하는 술이라도 내놔야 했는데. 내 바로 위스키랑 샴페인, 그리고 소주에 맥주까지 다 사다 놓을 거야. 언제든 오빠가 와서 골라 마실 수 있게.

두한, 마시던 찻잔을 천천히 내려놓는데, 표정이 금세 어두워진다.

두한 (힘들게) 고맙긴 한데…. 그런 기회가 다시 올까 모르겠어! 오빠… 라는 호칭을 듣는 것도… 오늘이 마지막일 거 같고.

연화, 잔을 든 채 휘둥그레 뜬 눈으로 두한을 바라본다. 멍한 상태로 아무 말이 없다.

두한 (한참 후 조심스레) 나… 멕시코에 가.
연화 (놀란 음성) 멕시코?
두한 멕시코 대서양 쪽에 탐피코라는 해변 도시가 있는데, 정유공장을 새로 짓는 프로젝트에 참가하게 됐어.
연화 언제 가는데?
두한 모레 금요일 저녁 비행기표를 끊었어. 오늘 중요한 몇 가지만 챙기고 내일은 이삿짐센터에서 집을 비워 줄 거야. 어머님 뵈러 시골 내려가기 전에 들렀어.

연화, 커피 마시며 애써 담담한 표정을 지으려 애쓴다.

연화 좋은 소식인 거 맞지, 오빠? (잠시. 밝은 표정이지만 흔들리는 음성은 감출 수 없다) 미리 언질 좀 주지 그랬어. 단둘이지만 축하 파티라도 열었을 텐데….
두한 (말 끊으며) 급작스럽게 결정했어. (잠시. 그리고 조심스럽게) 어머님 놔두고 떠나는 것도 그렇지만… 한임이 하고 오래오래 이웃으로 지내기로 한 약속을 못 지켜줘서 그게 마음이 걸려. 아까, 그런 모습을 보고 나니 더 걱정이 앞서고….

잠시 말이 없는 두 사람.

연화 얼마나 있다 와?
두한 우선 3년 계약했는데, 열사 지역이 견딜 만하면 한두 차례 더 연장해서 일할 생각이야.
연화 (멈칫하다 조심스레) 진심으로 축하해, 오빠! 항상 비정규직인 노동 현장만 쫓아다니는 게 불안하다고 했잖아?

두 사람 한동안 침묵하는 가운데 연화가 찻주전자를 들어 두한이 잔에 채워준다.

두한 (연화의 눈치를 보며 음성을 높인다) 1년에 한 번 나올 수 있어! 휴가 나오면 맨 먼저 찾아올게. 그때 한임이가 차려준 술상에서 잔뜩 취하고 싶어!

연화, 말없이 자신의 빈 컵을 들고 일어서 싱크대에 담는다. 두한의 말에 반응이 신통치 않자 연화의 눈치를 보며 두한은 식탁 위를 손가락으로 피아노 치듯 두드린다. 그리고는 차를 홀짝홀짝 들이켜다가 매우 조심스럽게 말을 건넨다.

두한 믿음직한 오빠로 생각한다고 해서 하는 말인데…. 지금 하고 있는 일, 중단하면 안 되겠니?
연화 (두한에게 고개를 돌려 냉담하게) 무슨 얘길 듣고 싶어 하는 건데?
두한 (벌떡 일어나 큰 소리로) 단도직입적으로 말할게. 한임이 유일한 오빠로 충분히 물을 자격이 있어!
연화 (극도로 예민해져서) 단도직입적으로도, 오빠 자격으로도, 아무것도 묻지 말고 떠나! 그게 오빠가 내게 해줄 수 있는 마지막 선물이야.

두한이 어리둥절해하며 몸 둘 곳이 없어진다. 길게 한숨을 내쉬다가 사뿐히 자리에 앉는다.

연화 어딘가, 딴 세상이 날 맞아줄 거라는 생각을 종종 하며 살았어. 미래를 약속했던 사람 곁을 떠나 잠시 쉬어가는 간이역 대합실에 머물러 있는 거뿐이라고. 나를 태워 줄 새마을호 특급 열차가 곧 도착할 거라고 믿으면서 말이야! (객석 쪽으로 다가가며) 희망이라는 글씨를 가슴에 새기고 기차에 몸을 실어 몇 정거장만 지나면 더 이상 숨을 필요가 없고, 수많은 사람 그 어느 누구에게도 부끄러워하지 않는 그런, 그런 반가운 도시에 당도할 것이라는 생각을 포기하지 않았지. 하지만, (두한을 보며) 아무리, 아무리 애타게 기다려도 나를 태워 줄 그런 기차는 오지 않았어. 대합실에는 헛다리 짚는 나를 비웃고 손가락질하는 사람들로 가득했고, 결국 모든 상상이 착각이었다는 걸 깨달았을 때 아까 오빠가 봤던 것처럼 그렇게 거칠고 험악한 사람들 사이에 깊숙이 들어와 있다는 사실을 알게 됐지.

두한 (벌떡 일어나 연화의 두 팔을 잡으며 크게) 나랑 같이 가자! 나랑 같이 이 도시를 떠나자고, 더 이상 그 상상이 착각이 아니라는 걸 믿게 해줄게.

연화, 고개를 돌려 두한을 싸늘한 눈초리로 바라본다. 두한은 연화의 몸을 흔들면서 더 저돌적으로 말을 이어간다

두한 복잡하고 삭막한 이 도시에서 벗어나 망망대해 파도가 출렁이는 대서양에서 뜨고 지는 해를 아침저녁으로 함께 보고 싶어. 더 이상 숨지 않아도 되는 곳으로, 내가 한임이를 데려가는 게 아니라, 한임이가 불안과 외로움에 지쳐있는 나를 위해 동행하는 거야.

말이 떨어지기가 무섭게 연화가 웃음을 터뜨린다. 두한의 양손을 뿌

리치고 박장대소를 하면서 두한이 곁에서 떨어진다. 두한이 멍한 표정이 되고 허리를 숙인 채 웃음이 잠잠해진 연화가 고개를 서서히 들고 허공을 주시한다.

연화 헛다리 짚는 게 나보다 선수네요, 오빠! (표정이 굳어진다) 나는 그때… 정신병원으로 갔어야 했어. 제 발로 이 바닥에 발을 디뎠던 것처럼, 제 발로 그곳을 찾아갔어야 했어. 그랬었다면, 언젠가는 돌아갈 수 있다는 희망 하나는 간직하고 견뎠을지 몰라. 하지만 나는 더 어둡고 음침한 곳을 선택했어. (천천히 걸으며) 돌아오지 않을 사람을 잊기 위해, 또다시 돌아와서는 안 될 사람을 잊기 위해 뭇 사내들의 품에 안겼지만, 나를 원하고 내가 원했던 열 남자 아니, 수백 명의 남자들로부터의 체취에서 그 어떤 위안도 얻어낼 수는 없었지요.
(두한을 보며) 이 황량한 길 위에서 내가 과연 탈출할 수 있을까? 아무 일도 없었던 것처럼, 아주 오래전에 살았던 인생을 태연하게 다시 살아낼 수 있을 거라고 착각하지 말란 뜻이야!
두한 (절절하게) 나만 잊어버리면 돼. 한임이와 뜨고 지는 해를 딱 삼백육십오 일만 경험해 보자! 그리고 나면 한임이도 까마득하게 이 황량찬 도시에서의 기억을 잊게 될 거야.
연화 (고개를 휙 돌리며 날카롭게) 그만 가! 작별 인사는 충분히 한 거 같아.
두한 (다가서며) 안 된다고만 하지 말고….

연화, 두한에게 다가가 그의 두 뺨을 부드럽게 어루만진다. 두한도 지

긋한 눈으로 연화를 바라본다.

연화 (다정하게) 내려가 가방부터 싸, 오빠! 더 어두워지기 전에 서둘러야 할 것 같애.

두한이 연화를 와락 끌어안고 입을 맞추려고 하자 연화가 야멸차게 뿌리치고 두한의 품에서 빠져나온다. 주방으로 달려가 싱크대에 담겨있던 그릇들을 서랍 등 제자리에 재빠른 동작으로 넣는 동안 멍하니 서 있던 두한이 연화의 뒷모습을 바라보며 무슨 말이고 꺼내보려 하다가는 안절부절하고 만다.

두한 오늘은 이만 가볼게. (돌아서 가려다 멈추고) 나는 작별 인사를 하지 않았어. 잠시 또 떨어졌다 만나는 거야. (한걸음 가다 말고) 건강하게 잘 지내. 초인종 누른다고 함부로 문 열어주지 말구.

두한이 쏜살같이 달려가 현관문을 열고 나간다. 철문 닫히는 소리를 듣고 연화 재빠르게 현관까지 달려와 문손잡이를 잡고 열려다가 멈춘다. 그 자리에 천천히 주저앉으며 눈물을 삼키며 긴 한숨을 쉰다.

연화 잘 가요, 오빠! 이젠 한임이라고 불러줄 사람이 없어지고 말았네요. (현관에 이마를 기대고) 나도 원 없이 오빠라고 부르는 사람이 생겨 좋았는데….

연화, 현관에서 천천히 멀어져 거실 쪽으로 걸어간다.

연화 (천연덕스럽게) 건강하게 잘 지내요, 오빠! 든든하게 잘 먹고, 휴가 나오더라도 나 같은 건 안중에 두지 말고, 어머님부터 살뜰하게 살펴야지요. 어머님이 기뻐하실 수 있게. 어머님이 원하시는 며느리를….

갑자기 멈추고는 객석의 허공을 지그시 바라본다.

목소리 1 (두한의 노모. 다정하게) 병원에 늦지 않게 데려다줘서 고마워, 아가씨! 우리 두한이가 참하고 단정한 아가씨를 배필로 삼으면 원이 없을 텐데. 나도 두한이 누나를 바르고 단정하게 키워서 시집보냈어. 알뜰하게 나를 간호해 주는 아가씰 보면서 난 아가씨가 얼마나 반듯하게 살아왔는지를 한눈에 알아볼 수가 있었어!
목소리 2 (40대 남자의 포근한 음성) 보기 드물게 부드러운 처자를 품어봤네! 연화라고 했나? 다음 주에도 벨보이한테 연화 아가씰 불러달라 할 테니까, 호출신호 가면 만사 제쳐놓고 달려오는 거 잊지 마, 아가씨! 팁은 오늘처럼 넉넉하게 쥐어줄게.

연화, 제자리에 털썩 주저앉는다.

목소리 3 (30대 남자의 거친 음성) 한 시간 동안 돌덩이처럼 누워만 있을 거야? 왜 남들 다하는 자세를 못 취졌다는 긴데? 이 바닥에 돈 벌러 왔으면 제대로 화냥년답게 굴어야지, 시간 때울 생각만 하는 너한테 누군들 본전 생각 안 나겠냐고?

목소리 4 (10대 남. 불만 가득한 음성) 아줌마가 뭔데 이런 데 오네 마네 판단하는데? 아직 고삐리 모자 안 벗었다고 사람 무시하는 거야? 딸딸이 너무 자주 치는 거 정신건강에 안 좋다고들 해서 아줌말 불렀더니만, 재수 없는 소리만 늘어놓고 있잖아! 여자 친구를 대신해서 아줌마한테 배설하는 게 훨씬 더 정직하고 건전하다는 생각은 못 해봤어?

그 자리에서 고개를 푹 숙이고 한숨을 길게 내쉬다가 깔깔 웃음을 쏟는다. 그리고 문득 무슨 생각이 들었는지 고개를 급하게 쳐들고 소파 쪽을 바라본다.

연화 (환호하듯) 그래, 그 사람이 있었지! 수영 씨를 꼭 닮은 그 사람! 맞아! 언제든지 전화해 달라고 했어! (황급하게 일어나 탁자 쪽으로 달려간다) 어디, 장밋빛 인생에서 받아놓은 전화번호가 있을 거야. (탁자 서랍에서 메모장을 꺼내 넘겨보는) 여기 있다!

연화, 메모장 확인하며 전화기 버튼을 누른다. (전화하는 내내 헐레벌떡 조급하고 호들갑스럽다) 귀에 수화기를 대고 흥분된 표정으로 잠시 기다린다.

연화 (조신하게) 저 연화라고 하는데 기억 나세요? 장밋빛 인생, 거기서 얘기 많이 나눴었는데…. 택시 정류장에서 장미꽃 한 다발도 사주셨잖아요?… 그런 일 없다구요? 석 달 전인데 기억이 안 나세요? (표정이 어두워지며) 잘못 걸었다구요? 목소리가 맞는 거 같은데…. 죄송합니다. … 네, 끊으세요.
(수화기를 손에 든 채 잠시) 잘못 걸었다는 말을 왜 모깃소리만 하게 내. 별로… 받고 싶지 않다는 뜻이겠지, 뭐.

잔뜩 실망한 표정으로 수화기 내려놓고 있다가 번뜩 환한 표정으로 다시 전화를 건다. 수화기를 귀에 대고 한참 기다린다.

연화 왜 전화를 안 받는 거야? (잠시. 다정하게) 언니, 저 연화예요. 바쁜 시간인데 어디 외출하셨나 봐? (초조해져서) 저 일 나갈 거예요. 전화 터지는 대로 맨 먼저 저에게 삐삐 쳐 줘요. 아무라도 상관없어요. 들어오시는 대로 바로 전화 줘요, 언니!

수화기 내려놓고 마음을 진정시킨다. 잠시 멍하니 있다가 고개를 들고 문간방을 바라본다. 일어나서 천천히 문간방 앞에 당도해서 긴 한숨을 내쉰다.

연화 (차분하게) 엄마가 마지막 다녀간 뒤로, 당신을 떠나보내는 게 아니었나 봐요. (잠시) 돌아와서, 다시 예전처럼 저를 지켜주지 않을래요? (문에서 한걸음 떨어지며) 당신도 많이 지쳤겠지요? 내가 엄마를 따라가지 않게, 어떻게든 살아 버틸 힘을 실어주는 것만으로도 벅차고 힘에 붙였겠지요.

(다시 문에 바짝 붙어서) 숙영 언니 소개로 이 집에 들어왔을 때 나는 이 방에 당신을 들였어요. 아마도 그때, 무슨 욕망이 있었던 것 같아요. 구차하고 군색한 삶에서 나를 구원해 줄 누군가를, 당신이 보내 줄 것으로 기대했어요. 헛된 욕망이었다구요?

연화, 문 앞에 가까이 붙어 주먹으로 문을 세차게 두드린다.

연화 (악을 쓰며) 저를 떠나가서 좋은가요? 수시로 당신에게, 만나는 남자마다 좋은 감정으로 착각하고 떠들었던 얘기를, 더 듣지 않아도 돼서 홀가분한가요? (소리 죽이고 처량하게) 터무니없고 가당치 않은 짓인 줄 알면서도 멈추질 않았어요. 그런 욕망에 사로잡혀 사는 것이 얼음장처럼 차가운 현실에서 그나마 더러는 나를 지탱 해주는 힘이 되고, 위로가 돼주곤 했으니까요. (잠시, 문에 귀를 가까이 대고) 당장 다시 와주시면 안 되겠어요? 오셔서 두환 씨가 초인종을 누르게 해주세요. 멕시코로 떠나기 전에 내일 다시 잠깐만이라도 들렀다 가게 해줘요. (손바닥으로 다시 두드리며) 제가 전혀 마음에도 없는 말을 했어요. 내 진짜 속마음을 털어놓지 못했어요.

연화, 문을 계속 두드리다가 발로 힘차게 걷어찬다.

연화 제발! 제발! (비명에 가까운 하소연) 제발!

- 연화의 울부짖는 소리와 함께 암전 -

제8장

막이 오르면 많은 세월을 뛰어넘은 같은 거실. 몇 가지 소품이 바뀐 분위기에 소파 오른쪽 가장자리(무대 맨 오른쪽)에 갖가지 장식물을 부착한 커다란 크리스마스트리가 보이고 나이 먹은 수란이가 콧노래를 (잔잔한 크리스마스 캐럴을 제멋대로) 부르며 식탁 위에 접시와 유리잔을 세팅하고 있다. 주방 싱크대 옆에는 케이크가 든 상자와 몇 가지 먹을 음식물이 담긴 그릇이 놓여있으며, 전화기가 놓였던 탁자 위에는 연화의 것으로 보이는 휴대폰이 올려져 있다.

잠시 후, 늙은 연화가 방안에서 잡동사니들이 가득 담긴 라면 박스만 한 상자를 들고 나온다. 식탁 위에 수란이가 세팅하는 물건들을 힐끔 보고 잠시 주변을 살피다가 소파 위에 상자를 내려놓는다. 수란이의 수수한 실내복 차림과 달리 연화의 한껏 멋을 낸 홈드레스가 돋보인다.

연화 (수란을 보며) 수란아! 그거 좀 있다 하고 이리 와봐!

수란 (쪼르르 달려가며) 네, 언니

연화 (상자 안의 물건들을 뒤적거리며) 화장품, 지갑, 액세서리, 또 뭐냐… 안 쓰는 물건들, 기의 새깃 아니면 새것처럼 쓰고 남은 것들 넣었어.

수란 많기도 하네! 이거 다 나 주는 거야?

수란이 물건들에서 눈을 못 떼고 싱글벙글한다. 그중에 몇 가지 물건들을 신기해하며 집어 든다.

연화 (주위를 훑어보며) 여기서 30년 세월을 보낼 줄은 몰랐어. 여러 번 이사 갈 기회가 있었는데도.
수란 (함께 주위를 살피며) 이 연립주택이 철거된다는 소리는 아주 오래전부터 있었는데, 드디어 정초부터 허문다고?
연화 쓸 물건 안 쓸 물건 따로 구분해 정리하는데도 꽤 시간이 걸리네. (해맑게) 늦은 나이긴 해도, 이참에 새로운 환경에서 지낼 수 있다는 게 좀 설레긴 해!

수란이 물건들을 다시 상자 안에 넣고 식탁 옆으로 돌아간다. 그런 수란이를 지그시 바라보며 다정하게 말을 건다.

연화 네가 병원 치료를 완전히 끝냈다는 소식이 가장 핫한 뉴스였어. 동호 아저씨 돌아가시고 우리 모두 우울해 있었는데 네가 우릴 다시 웃게 만든 거야.
수란 아저씨 아니었으면 그 깊은 수렁에서 바짝바짝 말라갔을 텐데, 정신까지 온전하지 못한 나를 세심하게 살피며 치료하게 해준 아저씨에게 빚만 잔뜩 졌어.
연화 숙영 언니한테 잘하면 돼! 두 사람이 합심해서 끝까지 너를 포기하지 않고 매달린 건 알지?

수란이 고개를 끄덕이며 상자를 들고 가기 쉬운 건넌방 오른쪽 모퉁이에

옮겨 놓는다.

수란 슬슬 밥벌이 전선에 나가 봐야지. 세차장이든 식당 주방이든 가리지 않고 일해 볼 생각이야.

연화 천천히 해. 아참! 숙영 언니가 식당 일을 네가 도와줬으면 하는 생각이던데?

수란 (난처한 표정) 거긴 좀….

연화 민자가 있어서 좀 그런가? 개도 참 많은 걸 포기했어! 그렇게 말려도 귓등으로 듣더니 결국은 세상 떠들썩하게 뉴스에 오르내리고 나니까 정신을 차리지 않던?

수란 (화제를 돌리며) 언니! 시골 내려가서 살 수 있겠어? 철거 보상금으로 괜찮은 아파트에 들어갈 수 있다면서 하필 아무 연고도 없는 첩첩산중 외지마을로 가는데?

연화 외지마을이 지금 어딨어? 다 차 들어가게 포장되어 있고 인터넷 들어오고, 산 좋고 물 좋고 정자까지 좋은 곳이 바로 첩첩산중인데. 너도 함께 간다면 말리지는 않을게.

수란 언니랑 함께 사는 건 너무 좋은 일인데… 산골은 아직 나한테….

연화 (당황하며) 어머, 내가 생각이 짧았어. 너 시골 트라우마에서까지는 아직 벗어나지 못했다는 길 잠간 잊어 버렸네!

수란 농사 짓고 살 자신은 있어? 언니 이제 예전처럼 몸이 받쳐주는 시절이 아니야!

연화 농사는 텃밭에서 내가 먹을 것만 키울 것이고. (잠시. 소심스럽게) 좀 색다른 계획이 있긴 해! 컴퓨터가 도와주는 일인데, 요즘 내가 용기

있게 할 수 있는 일인지 생각이 많아.

이때 탁자 위 휴대폰에서 벨 소리 울린다.

연화 (환호하며) 왔나 보다! 드디어 샴페인 터뜨릴 시간이 왔어!

연화, 한걸음에 달려가 휴대폰을 받고 수란은 천천히 크리스마스트리 옆으로 다가가 트리에 걸린 장식물들을 매만지며 정돈한다.

연화 언니! 어, 민자니?… 빨리 올라와.

휴대폰 내려놓고 현관으로 달려가 철문을 반쯤 열어둔다.

연화 (수란에게 큰 소리로) 민자하고 숙영 언니야. (거실로 걸으며) 우리 넷이 이렇게 한 자리에 만나는 게 몇 년 만이니?
수란 (연화에게 다가가며) 내가 여기 있는 게 잘하는 짓인지 모르겠어!
연화 나만 믿어! 오늘 크리스마스 파티의 주빈은 수란이 너야! (수란 손 붙잡고) 모두 그렇게 생각하고 있어!

늙은 숙영이 앞장서서 들어오고 늙은 민자가 뒤따라 들어오며 문을 닫는다. 숙영은 80대 노인에 걸맞지 않게 백발의 헤어스타일을 웨이브 파마로 멋을 들였고 착 달라붙는 호피 무늬의 슬랙스 바지 위에 허리까지 내려오는 두터운 반코트를 걸쳤다. 젊어 보이려고 애쓴 옷차림에 머리 모양이지만 어색하고 촌스러운 티를 감출 수는 없다. 민자는 비교적 단정한 차림에 밝은색 스웨터를 걸치고 있지만 동년배인 연화보다 훨씬 나이 들어 보인다. 거기다 얼굴은 벌겋게 상기될 정도로 술에 취해있다.

숙영 (굽 높은 반 부츠 벗으며) 우리 왔어! (수란을 발견하고 반갑게) 수란이 왔구나! 잘 지냈지?

수란이 활짝 웃으며 허리 숙여 숙영에게 인사하고, 민자가 그런 수란을 아니꼽게 노려본다.

민자 (수란에게. 술 취한 음성) 어머! 이게 누구야? (구두 벗으며) 밥 한번 먹자고 하니까 단칼에 거절하더니 이 자리엔 어찌 행차하셨나? (수란을 빤히 쳐다보며 비꼰다) 아무리 조신하게 차려입어도 색기 줄줄 흐르는 품새는 어디 안 가는구나!

수란 (언짢아져서) 그래? 설마 천박하게 수준 낮은 아줌마 말본새와 견줄까?

민자 (화가 나서) 뭐야?

연화 (싸한 분위기 알아차리고 급히) 빨리 들어가자! (숙영과 민자를 앞세우며) 윗도리들 벗고 가 앉아!

숙영은 수란의 허리를 정답게 감싸며 식탁으로 걸어가고 연화도 같은 동작으로 민자를 반갑게 맞으며 거실로 안내한다.

연화 (나직하게) 버드나무 집에선 일할 만해?

민자 (연화 귀에 대고) 도무지 내 취향은 아니지만 어쩌겠어. (고개로 숙영을 가리키며) 저 언니는 손님들 식사 접대만 책임지라고 불러놓고는 설거지에 장 보는 일까지 시킨다! (손가락으로 돈 세는 흉내 내며) 이건 쥐꼬리만큼 주면서 말야.

숙영이 의자에 앉자마자 수란은 숙영의 반코트를 받아서 소파에 걸쳐 놓는다 그러면서 수란은 숙영의 모습에서 눈을 떼지 못한다. 민자도 숙영의 옆 의자에 앉고 연화는 싱크대 옆에 놓인 음료 캔을 쟁반에 담는다.

수란 (숙영을 보며) 왕 아줌마! 정말 몰라보겠어. 어떻게 웨이브 파마하실 생각을 했어? 슬랙스 바지도 정말 잘 어울린다.

숙영 (머쓱해서) 노망난 할머니로 보지 않겠니?

민자 멋쟁이 세련된 할머니였어, 언니! 언니 오늘 그 많은 손님 한꺼번에 해까닥 다 뒤집어 놓은 거 알아? 근데 그거, 맘보춤이라고 했지? (웃음을 크게 터뜨리며) 손님들 단체로 신나서 자지러지는 거 봤어? 깔깔깔! 내가 부어라 마셔라 하는 내내 듣도 보도 못한 그런 춤은, 도대체 어디서 배운 춤이야?

숙영 뭐냐!《화녀》란 영화에서 소피아 로렌이 췄던 춤인데, (신이 나서) 젊어 니나노 집에서 일할 때 신물나게 췄던 춤인데, 하나도 녹슬지 않고 실력 그대로 나오더라고!

연화 (식탁에 다가와) 손님이 많았어?

숙영 단체 손님 딱 한 팀! 코로나 터지기 전에 예약받은 은행 직원들인데, 고맙게도 예약 취소 안 하고 와줬어. 그 사람들 덕에 성탄절 대목을 공치지는 않았네!

민자 은행에 막 들어온 초짜 직원들이 반 이상이었지, 언니? 방에 들어설 땐 예의 바르게 굽실거리더니 술 좀 들어가기 시작하니까 혈기 왕성한 청춘의 본색들이 튀어나오더라고.

연화가 식탁 위에 음료 캔 4개를 내려놓는 사이 민자는 캔 음료 하나를 따서 유리컵에 따라 벌컥벌컥 마신다. 그리고는 꺼억! 소리를 내고 담배를 꺼내 피워 문다.

민자 올해 크리스마스이브는 완전 꽝일세! 작년만 해도 대목 치르느라 삭신이 남아나질 않았는데. 아! (혀가 심하게 꼬이기 시작한다) 이 송민자의 파란만장한 화류계 인생을 마감하는 시간이었지! 휴가 나온 일등병 무리까지 거뜬히 해치웠던 은퇴 무대였어! 불끈거리며 달려드는 근육질을 더는 볼 수 없어 그게 아쉽지만, 딱히 미련은 없네!

숙영 (민자를 노려보며) 너는 은퇴했다는 애가 아직도 그 버릇을 못 감추냐?

민자 내가 어째서 언니?

숙영 식딩인지 니나노 집인시노 구문 못 하고 그렇게 퍼 마셔대니, 젊잖은 손님 접대하는 나는 뭐가 돼? 얼굴 화끈거려서 몸 둘 바를 모르겠더라니까!

민자 기분 좋아서 따라주는데 안 마시고 배길 수 있어? 홀짝홀짝 받아 마신 덕에 언니 가게 매상 오른 건 생각 안 하고 괜히 나한테만 그런다?

연화 (민자를 측은하게 바라보며) 몸 상할까 봐 걱정돼서 그런 거지! 너나 나나 환갑을 훌쩍 넘긴 나이야. 이젠 자제할 줄도 알아야지!

숙영 지 몸뗑이 지가 알아서 챙겨야지 걱정은 무슨 얼어 죽을…. 따라 주는 술만 먹고 얌전히 앉았으면 얼마나 기특했겠어? 추군 대며 앙탈을 부리는 장면을 연화 네가 봤어야 해!

민자 (큰 소리로) 내 옆에서 만지고 더듬고 개지랄 떨던 오 대리 못 봤어? 짱뚱 같이 생긴 놈이 개 거품 물고 촐싹거리는데 버드나무집 단골인 거 무시 못 해 참고 비위 맞춰준 건 모르고….

숙영 (말 끊으며) 적당히 하란 얘기야! 식당도 그렇고, 너도 거기서 오래오래 일해서 이젠 돈을 모았으면 하는 맘에서 그런 거니 고까웠으면 미안하다!

민자 사실… 사내들이 주위에 뺑 둘러 있으니까 심장이 벌렁거리는 건 어쩔 수 없더라고. 저것들이 다 돈 보태주는 기계로 보이고, 어디 작업 한 번 걸어볼까 하는 생각이 동하더라니까!

숙영 기가 막혀! (벌떡 일어나며) 연화야! 쟤 이부자리 깔아줘야겠다. 술은 똥구멍으로 처 마셨는지 헛소리 남발하는 거 못 들어주겠다.

연화는 숙영에게 눈을 찡긋거리고, 바로 수란의 손을 잡고 주방으로 간다. 그리고 음식물을 작은 그릇에 나누어 담는다.

민자 (담배 재를 음료 캔에 겨우 떨어내면서) 내 이것들 아주 걸어붙이고 상대해 주고 싶었어! (몸을 앞뒤로 흔들며 육체 관계하는 몸짓) 삐질삐질 땀 흘리며 겔겔거리는 모습들이 자꾸만 눈에 아른거리는 거야!

숙영 (노려보며) 그만하라고 했지!

민자 (고개를 쳐들고 주방을 바라보며) 수란이 쟤 어딨어? 언니, 수란이도 부를 걸 그랬다. 벌겋게 달아오른 손님들 코로나로 2차 가는 것도 쉽지 않은데, 다들 빈방에 때려 처넣고 쟤랑 호흡 맞춰서 세트플레이 했으면 단숨에 끝냈을 거 아냐? 뭐, 힘 딸리는 나보다는 지원사격 해주는 저것이 더 많이 상대했겠지만.

숙영, 민자의 말에 황급하게 수란을 힐끔 보고 놀란다. 연화도 돌아서서 몹시 당황한 기색으로 어쩔 줄 몰라 한다. 수란이 졸지에 충격받은 표정으로 민자 옆에 다가간다.

수란 (비장의 말투) 아줌마! 금방 한 말 다시 지껄여 봐요!

민자 (덤덤하게) 왜? 틀린 말 아니잖어! 너 그동안 실력도 발휘하고 좋잖아? 하루 네다섯 명으로는 양이 안 찼을 텐데. 아니 그 이상이었나?

수란 (갑자기 민자 머리채를 휘어잡으며) 이런 개 쌍년이….

수란, 민첩한 손놀림으로 무방비 상태로 앉아 있던 민자의 머리채를 낚아채 마구 흔들어댄다. 졸지에 앉아서 머리채를 휘어잡힌 민자가 비명을 지르며 수란 손에서 빠져나오려고 발버둥을 치고 숙영과 연화가 헐레벌떡 달려들어 수란의 손을 풀려고 애를 쓴다. 수란은 이미 매섭게 돌변한다.

숙영 (수란을 보며 애원) 이거 놓고 말로 하자, 수란아! 어쨌든 너보단 어른이잖니?

수란 (계속 머리채를 쥐고 앙칼지게) 그래! 너 말 한번 잘했다. 나 그렇게 살아온 거 여기 이 안에 모르는 사람 없어. 근데, 그게 누구 때문인지는 잊었냐? 네년이 집에서 날 쫓아내지만 않았어도….

민자 누가 쫓아내! 네가 네 발로 나갔잖아?

수란 꼬박꼬박 방세에 밥값이라고 수백만 원씩 쳐 집어넣고 푼돈 던져주는데 거기서 버틸 재간 있어. 그렇게 등쳐먹고 모아서 배때기는 좀 부르대?

민자 뇌, 이거! 이 시궁창에서 굴러먹던 년아!

수란 시궁창에서 두들겨 맞고 살 때 넌 두 다리 쭉 뻗고 그 새끼랑 달콤했겠지? 맞아! 나 앞뒤 어디에도 빠져나갈 수 없는 곳에서 동트는 새벽부터 방범들 자정 호각 소리 울릴 때까지, (머리 마구 흔들며) 많게는 하루에 수십 명도 거뜬히 가랑이 안으로 끌어들인 년이 바로 나야. (고래고래) 거무튀튀한 외국인 노동자들 득실대는 공장 지역에서, 뱃사람들 먼 길 오고 가는 이름도 기억 못 하는 섬마을에서, 숨 쉴 새 없이 달려드는 사내들 상대하느라 단 한 번도 두 다리 쭉 뻗고 단잠을 자본 적이 없는 년, 내가 바로 그런 년이었다고!

민자 (떨어져 나가려고 안간힘을 쓰며) 아파!

수란 단 하루도 남자 새끼 꿰차고 있지 않으면 정신 도는 년이 너란 건 알고 있었지만, 새로 바꿔 찼던 놈이 깜방에서 기약 없이 썩어 지내니까 눈깔이 뒤집히더냐? 이 걸레짝만도 못한 년아?

민자 (의자에서 일어나 똑같이 수란의 머리카락을 붙잡으려 발버둥 치며) 걸레? 우라질 년! 그래, 어떤 년이 얼마나 더 걸레 꼴 나는지 한번 해보자, 이

버러지 같은 년아?

서로 극도로 분노하는 얼굴이 되어 더 힘차게 상대의 머리를 뒤흔든다. 숙영과 연화가 숨을 헐떡거리며 둘을 떼어놓으려고 사력을 다한다.

숙영 (헐떡거리며 애원) 수란아, 오늘 성탄전야야! 우리가 아무리 천하게 살았어도 1년에 한 번 좋은 마음으로 서로 못 챙겨줬던 생일 축하해주자고 모인 자리야. 너도 이런 자리에 처음으로 기분 좋게 왔는데, 네가 좀 참아주면 안 되겠니?

수란, 숙영의 말에 마구 흔들어대던 팔동작을 멈추고 조금 누그러진다. 그러고는 머리채를 풀고 민자를 소파 쪽으로 힘껏 내동댕이친다. 민자의 팔을 잡고 있던 연화도 같이 소파 옆으로 넘어진다.

민자 (머리칼을 쓸고 난 손을 바라보며) 어머 이 머리카락 빠진 것 좀 봐! (주위 모두를 번갈아 보며) 저 배은망덕한 년 하는 꼴 봤지? 새파랗게 어려서 싹수부터가 수상쩍었을 때부터 알아봤어, 저년! 망할 개 버릇 어디 가겠어?
수란 (극도로 화가 치밀어) 아가리 닥쳐! 찢어빌기기 전에….

수란, 식탁 위에서 유리컵을 들고 민자에게 던지려고 팔을 높이 들어 올린다. 숙영은 겁에 질려 벌떡 일어나고 민자 옆에 있던 연화가 눈을 크게 뜨고 큰 소리를 낸다.

연화 (수란에게 크게) 그거 내려놓지 못해! 어떤 이유로든 폭력은 절대 안 돼!

수란이 들고 있던 유리잔을 식탁 위에 내려놓는다.

수란 (침착하려 애쓰며 민자에게) 어쩌다… 어쩌다 내가 다시 흥분해서 발작했는데… 나도 아줌마에게 심했지만, 아줌마도 그렇게 아무렇게나 지껄이지 마! 아줌마가 오도 가도 못하는 곳에 갇혀서 세상 천하고 더러운 오물을 뒤집어쓰고 사는 심정을 알아? 아줌마 집 나와서 갈 곳도 없고 배도 고픈 나한테 밥 사주겠다고 손을 내미는 아저씨 봉고차에 따라 들어갈 때만 해도, 만신창이가 돼서 겨우 탈출해 나올 거라고는 눈곱만큼도 짐작하지 못했어!

수란이 서글프게 울고 숙영이 벌떡 일어나 수란에게 다가가 꽉 껴안아 준다. 매섭게 눈을 치켜뜨고 있던 민자는 앉은 채로 돌아서서 씩씩거린다. 연화가 민자의 등을 토닥거리고 일어서서 수란에게 천천히 다가온다.

숙영 몸뚱아리 아무렇게나 내돌려 살았다고 더는 티 내지 말자, 우리! (민자를 고개로 가리키며) 쟤도 술 처먹으면 말인지 막걸린지 분간 못하고 되는대로 지껄이는 거 숱하게 보고 살았지 않니? 같이 부벼대고 사는 놈들한테도 그 버릇 못 고쳐서 물씬 두들겨 맞고 병원으로 실려 간 꼴을 어디 한두 번 봤어?

진정이 된 수란이 숙영의 품에서 살며시 빠져나와 눈물을 훔친다.

연화 (수란의 눈자위를 닦아주며) 진정 좀 됐어?
수란 (연화에게) 나 먼저 가볼게, 언니! 여긴 오지 말았어야 했어! (숙영에게) 미안해요, 왕 아줌마! 돌아가신 아저씨 생각해서도 왕 아줌마한테 이런 꼴 보이지 말았어야 했는데, 정말 죄송해요.

숙영, 웃음 띤 얼굴로 고개를 크게 끄덕인다.

수란 (연화 보며) 나 갈게, 언니! 불러줘서 고마웠어요.

민자에게 다가간다. 민자는 바닥에 앉은 채로 소파에 얼굴을 묻고 잠이 들었다.

수란 (매몰차게) 술 좀 작작 먹어요, 아줌마! 앞으로도 몸뗑이 하나 믿고 살아야 할 운명이야, 우리는! 끝까지 버텨야 그렇게 물고 빨던 배신자 낯짝에 침이라도 뱉지! 텔레그램인지 뭔지로 착취물 돌리다 제대로 걸려서 언제 출소할지도 막막한 새끼지만….

수란이 돌아서서 성큼성큼 현관문 쪽으로 걸어간다. 연화가 급히 수란에게 쪼르르 달려간다. 숙영은 씁쓰레한 표정을 지으며 민자가 식탁에 둔 담뱃갑에서 담배를 꺼내 피워 문다.

연화 (신발을 신는 수란에게) 이렇게 가서 어떡하니?
수란 아, 참!

수란이 주방으로 허겁지겁 달려와 모퉁이에 있던 선물 상자를 들고 다시 나가려다가 민자에게 몸을 돌린다. 소파에 팔을 기대고 얼굴을 파묻고 있는 민자에게 수란이 말을 건다.

수란 (작은 소리로) 내가 그 사람한테 미련이 남았다고는 오해하지 마! 아줌마보다 경식이 그 자식을 먼저 알게 돼서 하는 소린데, 난 그 사람이 돈이 되는 짓이라면 제 부모도 팔아먹을 놈이란 걸 진즉부터 짐작하고 있었어. (민자 반응이 없자 몸을 숙이고) 듣고 있어요?
숙영 (차분하게) 애쓸 것 없어, 수란아! 맨정신이었어도 저것한테는 소 귀에 경 읽기야! 저년이 지껄여댄 말, 내가 대신해서 사과할게! 네가 어찌 살아왔건 우리 중에 누구도 그걸 입에 올릴 자격은 없어. 다만 네가 그 생지옥에서 탈출해 이만큼 돌아왔다는 것만으로 너를 장하게 생각하고 있어. 너를 그 수렁의 소굴에서 구해내 보살펴줬던 아저씨도 하늘에서 너를 반가운 얼굴로 바라보고 있을 거야!

수란이가 밝은 표정을 짓고, 그런 수란을 연화가 가까이 다가와서 같은 표정을 짓는다.

수란 (상자 든 채 몸 둘 바를 몰라 하며) 오늘… 나만 크리스마스 선물을 2개씩이나 받고 가요. (숙영 보며) 왕 아줌마는 특별히 평생에 받아볼까 말까 한 최고의 선물을 방금 주었어요. (환한 얼굴로) 메리 크리스마스! 모두모두 굿나잇!

수란은 현관으로 걸어가고, 연화는 따라 나가려다가 민자가 몸을 못 가누고 바닥으로 드러눕자, 민자 곁으로 다가간다.

민자 (취기가 잔뜩 올라) 뭐라는 거야? 누가 무슨 선물을 받았다고? 왜 나한테는 안 주는 건데, 씨팔!

수란이 철문을 열고 나가고 연화는 민자의 몸을 들어 올리려는데 힘에 부친다. 숙영이 후닥닥 달려와 함께 거든다.

연화 침대에 눕힐까, 언니?
숙영 (고개로 소파 가리키며) 여기 눕혀! 정신 들 때쯤 깨워서 보내야지.

둘이 낑낑거리며 겨우 소파에 길게 눕힌다. 연화가 의자 등받이에 걸쳐 있던 스웨터를 민자에게 덮어준다.

숙영 참! 오늘 성탄절 파디는 오지게 새밌네! (민자를 측은하게 바라보며) 언제까지 그러고 살래? 할머니 소리 듣고 산지도 꽤 됐잖니? 쯧쯧! 평생을 사내한테 벌어서 사내한테 쏟아붓고, 모아 놓은 건 쥐뿔도 없으니….
연화 (말 끊으며) 그만하고 이리 앉자, 언니!

연화, 숙영의 팔 붙잡고 식탁 의자에 가 앉힌다.

연화 (선 채로) 우리 둘만 남았어, 언니! 그렇다고 생일 잔치는 건너뛰지 말아야지!
숙영 정말 둘만 남았네! 해마다 집집을 돌아가면서, 더러는 식당을 잡아 잔칫상 차리면 못 해도 예닐곱 명씩은 꼭 모였는데…. 이젠 다들 뿔뿔이 흩어져서 이 잔치도 올해가 마지막 아닐지 몰라?
연화 마지막은, 언니! 내가 언니랑은 죽을 때까지 같이 할 건데?

돌아서 주방으로 가려는 연화를 숙영이 붙잡는다.

숙영 (황급히) 잠깐, 연화야!
연화 (돌아서며) 응, 언니!
숙영 (다른 의자를 끌어당기며) 앉아봐, 빨리!

연화 의자에 앉자마자 숙영 주머니에서 꼬깃꼬깃하게 구겨진 흰 봉투를 꺼내 연화 손에 쥐여준다.

숙영 버드나무집 만드는데 신세 진 돈이야. 이자는 네가 안 받는 걸로 조건을 걸어서 넣지 않았어. 이젠 민자가 너한테 빌려만 쓰고 갚지 않는 돈을 받아주는 일만 남았어. 시간이 좀 걸리겠지만.

연화, 숙영이 준 봉투를 다시 숙영에게 내민다.

연화 (조심스레) 이거, 장군이 축의금으로 언니한테 다시 줄게? 결혼 날짜 곧 잡을 거 아냐?

숙영 (다시 연화에게 봉투를 디밀며) 이렇게 많은 축의금을 누가 받아? (뭔가 의심쩍어) 혹시 너… (벌떡 일어나며 힘주어) 확실히 해 두는데, 장군인 내 배로 낳고 내 가슴으로 키운 내 아들이다!

연화 (같이 일어나) 누가 뭐라고 했어? 언닌 당연한 사실 가지고 흥분하고 그러네! (다시 앉아 봉투를 숙영 손에 쥐여주며) 언니가 우리 모두를 더 큰 나락으로 떨어지지 않게 지켜준 감사의 뜻이야. 오래전부터 어떻게 표시해야 하나 고민하던 중에 오늘 기회가 온 거니까 두말하지 말고 받아줘!

숙영 (천천히 앉으며 글썽거린다. 서글퍼져서) 과분한 찬사를 받는구나! (연화 손을 붙잡으며) 우린 참! 하나같이 가난했을 때 만났어. 그 가난했던 세월 동안 수많은 남정네를 헤아릴 수 없이 연결해 준 거 말고는 한 게 없는 내가 칭찬받을 자격이 있을까? 그렇게 벌어서 전세방이라도 꿰차게 되면 성공했다고 손뼉 치고 축하해줬던 우리들이었지! 다들, 너무 쉽게 벌어서 쉽게 새 나갔던 것일까?

갑자기 밖으로부터 들려오는 종소리에 숙영 말을 멈춘다. 서로 맞잡은 손을 풀지 않고 개서 쪽의 허공을 응시한다. 연화가 천천히 숙영에게서 손을 풀더니 해맑게 미소 지으며 객석 쪽으로 다가선다.

연화 (창문 밖을 바라보듯) 눈 내리는 것 좀 봐! (숙영에게 오라고 손짓하며) 언니, 빨리 와서 창밖을 봐! 눈이야 눈!

숙영 (객석으로 다가서며 환하게) 그야말로 화이트 크리스마스네! 어머! 금세 눈 쌓이는 거 봐!

연화 함박눈이야, 언니! 이렇게 굵은 눈발 보는 게 몇 년 만인지 모르겠어! (두 손을 모으고) 마치 온 산간벽지를 무리 지어 뒤덮은 들꽃 같아 보이지 않아? (눈을 지그시 감고) 아! 내가 남은 생을 보내고 싶었던 곳이 바로 저런 곳이었어!

숙영은 길게 목을 빼고 바라보고 연화는 주방으로 달려간다.

연화 언니! 우리 본격적으로 파티를 즐기자!

숙영 (객석 허공에 눈을 떼지 못하고) 오지게도 쏟아붓네! 버드나무집이 저렇게 돈벼락 좀 안 맞을라나? (주방으로 몸을 돌리며) 딱 한 잔 생각이 날 찬스네! 음식 하려고 보관해 둔 소주나 포도주 그런 거 없을까?

연화 (크게) 있어, 언니! 소주에 와인은 물론이고 위스키에 꼬냑!, 아! 언니 좋아하는 복분자도 있어.

숙영 (성큼성큼 주방으로 걸어가며) 정말? 이 집에 그런 술이 있다니 믿을 수가 없네! 너 늘그막에 술 배우기로 했냐?

연화 그런 건 아니고… (엄숙해져서) 언젠가 한번은 필요할 줄 알고 준비해 둔 거야. 데킬라 말고는 온갖 종류를 더 모아 뒀는데, 이젠 필요가 없어졌네. 언니 가져갈래?

숙영 나야 좋지! 버드나무에서 손님상에 내놓으면 좋겠다.

숙영, 연화 옆으로 다가가 음식이 든 큰 그릇을 들고 식탁 위에 있는 접시에 나누어 담는다. 연화, 한동안 멍하게 서 있다가 케이크가 든 상자에서 케이크를 꺼내 양초 하나를 박는다.

연화 (케이크를 들고) "해피 버스 데이 두 유!"

생일 노래를 부르며 유유자적하게 식탁으로 걸어와 그 위에 올려놓는다.

연화 우리 앉자, 언니!
숙영 (신나서) 오케이!
연화 (식탁 위에 있던 라이터로 초에 불을 붙이며) 언니 생일이 7월?
숙영 삐질삐질 땀 흘리는 음력 칠월, 너는?
연화 응, 개망초 흐드러지게 피는 유월. 언니가 가장 가까우니까 촛불은 언니가 꺼야 해!
그 전에 우리, 기도부터 했지?

연화, 두 손을 모으고 지그시 눈을 감고 소리 없이 기도한다. 숙영도 옆에서 같은 자세로 기도를 올리는데 큰소리로 중얼거린다.

숙영 (속사포처럼 거침없이) 일 년에 한 번 만나는 하나님이기에 한 번 올리는 기도도 간절하기 그지없습니다. 우리 장군이 열심히 벌어서 좋은 대학 졸업시켰습니다. 어렵게 들어간 직장 내년엔 과장으로 승진해서 돈도 많이 받게 해주세요. 동호 오빠, 그리고 억울하게 죽은 형실이 하나님 곁에서 이승에서 못 챙긴 행복 원 없이 누리게 해주시고,

우리 연화 산골에서 지내기 심심해서 못 견디겠으면 언제라도 우리들 곁으로 돌아오게 인도해 주세요. 민자랑 수란이도 새집 장만할 때까지 성실하게 일할 수 있도록 건강 지키게 해주시고, 마지막으로… (갑자기 멈추더니 울먹이는 목소리로) 마지막으로 한 가지 더… 우리 장군이… 부디 이 에미가 평생 무슨 일을 하며 저를 키웠는지는 절대로 절대로….

숙영, 서러움의 눈물을 삼킨다. 기도를 마친 연화가 숙영의 모습에 침울해하다가 살가운 미소를 보이며 큰소리를 낸다.

연화 이제 촛불 끌 차례야! (후닥닥 일어나며) 잠깐만, 언니!

연화, 전화기가 놓인 탁자 옆으로 가서 스위치를 누르자 거실 불이 꺼지고 어두운 상태에서 곧 크리스마스에 달린 전구 불이 켜진다. 형형색색의 조명이 안온하고 평화로운 거실 분위기를 연출한다. 숙영과 연화가 와! 하고 환호성을 지르고 연화는 냉장고에서 샴페인 한 병을 꺼내 황급하게 식탁으로 가져온다.

연화 (주춤거리며) 이걸 먼저 따는 거야? 아니면 케이크 촛불부터 끄는 게 맞는 거야, 언니?
숙영 소주병만 따봤지, 샴페인은 처음이라 모르겠어.
연화 (샴페인을 마구 흔들면서) 에라, 모르겠다!

펑! 소리와 함께 샴페인 뚜껑이 튕겨 나가자 누워있던 민자가 벌떡 일어나 고래고래 악다구니를 내 지른다.

민자 하나님 아버지! 이 불쌍한 중생을 극락에 들게 하옵시고….

민자, 다시 고꾸라져서 소파에 제멋대로 눕는다. 민자의 돌발행동에 화들짝 놀란 연화와 숙영이 서로를 바라보다가 동시에 "아멘!"하고는 함께 케이크의 촛불을 불어 끈다.

- 크리스마스의 전구 불만 남긴 채 암전 -

암전과 동시에 경쾌한 크리스마스 캐롤이 흐르면서 막이 내린다.

임용위

실험극장 창단 40주년 기념작 「무화과꽃」으로 희곡문단 데뷔(1999). 멕시코이민 100주년 기념자 「굿ㄴ잇 고리아」로 문예진흥원 주최 오늘의 작가상 희곡부문 수상(2005), 논픽션 「섬」으로 제9회 재외동포재단 문학상 우수상 수상(2007), 장편소설 「식구(2008)」, 「오아시스는 사막에만 있다(2012)」 발표. 희곡 「유쾌한 콜걸」로 '달라스문학상' 대상 수상(2025). 연극 《날개》, 《벚꽃동산》, 《아벨만의 재판》, 《싸움터의 산책》, 《에구우스》 외 수 편의 무대에 배우로 활동. 뮤지컬 《아가씨와 건달들》, 《지저스 크라이스트》, 《희한한 한 쌍》 등에 출연.

심사평

　미국 달라스한인문학회의 2024년 제13회『달라스문학』신인상 작품 모집에서, 본심 심사위원에게 넘어온 작품은 시, 시조, 수필, 동화, 희곡 등 거의 모든 문학 장르를 망라하고 있었다. 이 가운데 장르별로 몇 작품을 당선작으로 해야 하는 상황이어서, 그 창작의 특성을 감안하며 모든 작품을 공들여 읽었다.

　시와 시조의 경우 전반적으로 문학적 성격을 잘 반영하고, 시적 의미의 형상화에도 장점이 있었으며, 전체적인 흐름의 탄력성이나 어휘의 선택도 좋았다. 시 부문에서 당선작으로 선정된 노경숙의 「자식」은, 자식을 키우는 부모의 심경을 절제된 언어로 공감 있게 담아낸 수작이었다.

　수필의 경우 대체로 일상적인 삶의 체험을 담아내는 서사가 자연스러웠고, 그에 대한 반향도 불러올 수 있었다. 수필 부문에서 당선작으로 선정된 자스민 리의 「피아노와 아들의 멍든 발바닥」은, 일상적인 삶 속에서 한 가족의 심리적 동향과 가족애를 잘 표현한 작품이었다.

　희곡 부문 당선작으로 선정된 임용위의 「유쾌한 콜걸 시대」는, 보다 주목을 요했다. 희곡 창작은 일정 부분 훈련된 전문성을 요구한다. 다시 말하면 그 형식에 대한 충분한 이해가 없으면 쓰기 어렵다는 뜻이다. 그런데 이 작품은 일종의 상황극이나 담론극의 형태를 취하면서, 매춘부 등 기구한 삶을 감당해 온 여인들의 이야기를 풀어놓았다. 연극 대본으로서 박진감이나 드라마틱한 요소는 많지 않으나, 어법이나 문장 그리고 인물의 형상화를 통해 사건을 끌고 나가는 솜씨가 돋보였다. 이를테면, 글을 많이 써본 사람의 면모가 있었다. 각기의 글들이 어떤 통속적 소재를 차용했다고 해도, 그 소재를 어떻게 가공하고 활용하느냐가 중요하다. 매춘부라는 소재로 글을 써도, 그 작가가 도스토옙스키이면 『죄와 벌』의 서두가 되고, 알렉산드르 뒤마이면 『춘희』의 줄거리가 된다. 그런 점에서 당선자들은 앞으로 주제의 정합성이나 이야기의 긴장감과 재미 등을 잘 살려 나갔으면 한다.

그 외에 동화 작품도 볼품이 있었다. 응모자 가운데는 이미 문인으로 알려진 이름을 가진 분이 있어, 굳이 여기서 선정할 필요가 없어 보였다. 그리고 초등학생의 시가 사뭇 수준 있고 산뜻하여, 앞으로의 가능성을 짐작하게 했다.

전체적으로 새로운 글쓰기 유형을 시도하는 실험 정신이 돋보이는 작품도 여럿 있었고, 그로 인한 활달한 상상력을 엿볼 수도 있었다. 그러나 문학 활동의 초입에서는, 보다 정론적인 창작 방식을 추구하는 것이 단계적 발전을 담보할 수 있지 않을까 여겨진다. 수상자에게 마음으로부터 축하를, 그리고 아쉽게 탈락한 분에게는 다음 기회의 분발을 기대한다.

심사위원: 김종회(문학평론가, 전 경희대 교수)

김종회

경남 고성 출생. 문학 평론가. 경희대학교, 대학원 문학박사. 경희대학교 교수 역임, 중국 연변대학교 객좌교수, 경남정보대학교 특임교수. 1988년 『문학사상』 문학평론 등단. 한국문학평론가협회, 한국비평문학회, 조병화시인기념사업회 등 협회 회장 역임. 현재 황순원문학촌 소나기마을 촌장, 이병주기념사업회 공동대표, 한국디지털문인협회 회장, 한국디카시인협회 회장. 김환태평론문학상, 김달진문학상, 편운문학상, 유심작품상 등 수상. 『문학과 예술혼』, 『문학의 거울과 저울』, 『한민족 디아스포라 문학』, 『삶과 문학의 경계를 걷다』 외 다수.

기획연재 _ 도시와 건축

조재성

타워팰리스와 도시계획 그리고 사회정의

조재성

I

서울과 다른 도시의 아파트 가격 간에는 현격한 차이가 있다. 그 중에서도 서울 강남의 아파트 가격은 대학을 졸업한 뒤 평생 벌어도 살 수 없을 만한 어마어마한 수준에 도달했다. 상황이 이렇게까지 되다 보니 그곳에 사는 사람과 그렇지 않은 사람 사이에는 넘을 수 없는 경계라도 생긴 듯하다. 사회계급이라는 껄끄러운 개념을 용납한다면, 서울, 특히 강남의 아파트 소유자는 이제 사회 계층적으로 별개의 신분, 이를테면 주택계급으로 분류되어야 한다.

타워팰리스 사진

헌데 그들은 어떻게 그런 계급에 도달했을까?

물론 그중에는 정상적으로 돈을 벌어서 아파트를 산 사람도 있을 것이다. 그러나 대부분의 경우, 한탕주의나 부동산투기와 같은 비정상적인 방법으로 별세계에 안착했으리라는 질투와 분노심도 있다.

부러움과 적개심을 동반하는 불공평한 부의 분배에 도시계획이 지대한 역할을 하지 않았을까?

왜냐하면 전국에서 아파트 가격이 가장 비싼 강남의 아파트 단지 개발이 대형 평수 위주이기 때문이다. 특히 현재 목하 진행 중인 강남의 재건축 단지를 살펴보면, 소형 평수는 몇 개 끼워 넣기 식일 뿐 대다수가 중·대형이다. 이같은 중·대형 위주의 아파트를 공급하는 재건축 사업이나 도심 재개발사업은 가난한 저소득층을 그들의 보금자리에서 쫓아내거나 직장으로부터 먼 곳에 주거지를 마련하게 만들기 때문에 직장 접근성이 나빠지게 된다. 그물망처럼 잘 짜인 서울의 지하철 체계에서 지하철역에서 가까운 소위 역세권 아파트들은 지하철역에서 멀리 있는 아파트보다 훨씬 비싸다. 강남의 경우만 하더라도 영세 서민이 사는 원룸이나 다세대 주택은 대부분 역세권밖에 배치되어 있다. 따라서 실실석으로 매일 대중교통수단을 이용해야 하고 직장으로 출·퇴근해야 하는 도시 서민들의 주거지는 지하철을 이용하거나 상가 같은 생활 편익 시설을 이용하는 데 많은 불편을 겪어야 한다.

도시는 현대화하고 생활 편익 시설은 서구화되는데 실제로 서민들의 삶의 질은 뒷걸음질 치고 있다.

한편, 지난 3월 30일 "빈곤 해결을 위한 사회연대 준비위원회"는 도곡동 타워팰리스 앞에서 빈곤 해결을 위한 정부 대책을 촉구하는 집회를 벌였다. 시위를 보면 일견 부자들이 살고 있는 성문 밖에서 가난한 자들이 시위 벌인다는 감상이 들기도 했다. 아파트라기보다는 성채같이 우뚝 솟은 타워팰리스와 양재천을 사이에 두고 마주 바라보고 있는 포이동 집단 철거민들의 누더기 같은 밀집 주거지역은 우리 사회계층 간의 차이를 극단적으로 보여주고 있다.

타워팰리스와 도시판자촌 비교 사진

강남에서 재건축을 통해 젠트리피케이션(gentrification)이 일어난 지역은 고소득의 직업을 갖는 사람들이 점유하고, 세입자나 입주 분담금이 없는 서민들은 외곽지역으로 저렴한 주거를 찾아 이동한다. 주택이나 다세대 또는 원룸을 소유한 집주인들은 강남 부동산 가격의 상승에 따른 이익을 고스란히 취하겠지만, 세입자들은 경제성장과 부동산 가격의 상승에 따른 혜택은커녕 그와 꼭 반비례로 가난의 골이 더욱 깊어져 고통이 가중되고 있다. 대다수의 집주인은 치솟는 부동산 가격에 행복해할 수 있지만, 그와 반대로 저임금의 비정규직 근로 계층이나 서민은 높은 주거 비용에 역세권에서 벗어나는 사각지대의 다세대나 원룸 또는 도시 외곽에서 장거리 통근을 하게 된다.

강남에서 주택투기가 원인이든, 결과이든지 간에 한쪽의 고소득층의 "보보스(Bobos)" 족의 출현과 그 대칭점에 저임금의 신빈곤층이 출현하는 "극화된 경제(Polarized Economy)"는 우리 사회의 성장 방식에 의문을 갖게 한다. 불균등한 성장과 불공평한 분배가 철학이 없는 도시계획이나 이윤극대화의 추구를 허용하는 부동산 정책의 결과라면 현실을 외면하는 도시 계획가에게도 책임을 물어야 한다.

르꼬르뷔제(Le Corbusier)의 이미지를 연상시키는 초고층 선물과 교통 체증을 아랑곳하지 않는 초고밀도 개발, 녹지가 없는 콘크리트 건물 밀림 지대, 차량 배기가스에 의한 대기 오염과 자원의 낭비, 그리고 빗장을 걸어 구분하는 경제적 풍요 계층과 없는 지에 대한 사회적 배제는 우리 도시의 지속 가능한 성장을 위태롭게 할 수 있다. 서울의 강남을 발원지로 해서 전국의 도시로 복제되는 대형 평수, 주변과 조화되지 않는 단일 용도 위주의 초고밀도 개발, 채광과 조망을 무시하는 초고층의 건물은 경제적으로 번영하고, 시민이 녹지 속에서 편리하게 살아가는 21세기형 도시 패러다임과는 역행하는 현상이다.

II

도시계획의 목적이 합리적인 토지의 이용으로 질서 있는 도시의 배열을 유도해 경제적 부를 일궈내는 데도 있지만, 더 근본적으로는 한 사회자원의 합리적인 이용과 자원의 공정한 분배에 있다고 할 수 있다. 따라서 도시계획은 사회자원의 소유와 이용에서 배제되는 사회적 약자를 보호하고 분배의 기회를 제공해 소외된 자가 없는 사회 통합적 기능을 하는 책무도 함께 갖고 있다.

150년 전 영국을 비롯한 서구에서 도시계획이 사회적으로 수용될 때 강한 저항에 부딪혔다. 그 이유는 도시계획이 자금 능력이나 정치권력을 갖는 자의 우월한 정보 또는 경영적 판단의 경쟁력을 갖춰 시장에서 결코 패하지 않는 자들을 규제하면서 경제적으로 빈곤한 사회적 약자들에게 사회적 자원-당시에는 주택이 큰 사회적 문제였다-의 이용 기회와 권리를 제공하는 제도적 방식으로 등장했기 때문이다. 20세기 전환기에 선진 서구사회에서 도시계획이 탄생한 배경에는 도시계획이 도시의 형태를 만드는 단순한 물리적

기술만이 아니라, 사회정의를 실현하는 사회적 기술이라는 인식이 있었다.

민간아파트 공급 주체들이 소형 평형 또는 임대아파트 단지보다는 막대한 수익이 보장되는 대형 평수 공급에 치중하는 것은 시장원리의 자연스러운 결과이다. 그러나 이렇게 조성된 주요 아파트 단지들은 가진 자의 사회 문화를 형성한다. 결과적으로 대형아파트 위주의 공급은 가난한 서민으로부터 좋은 입지 조건, 일터까지의 양호한 접근성, 자녀의 사설학원 이용 기회, 교통시설의 편리성 등을 누릴 기회 등 다양한 사회적 기회를 원천적으로 박탈한다.

부자를 위한 대형 평수 위주의 아파트 공급은 도시계획에서 보면 '배타적지역제(Exclusive Zoning)'와 같은 결과를 낳는다. 미국의 실례를 들면, 뉴저지주 "마운트 로렐(Mount Laurel)" 시에서 토지이용을 둘러싸고 부자들의 지원을 받는 시 정부와 저소득 계층 간에 갈등이 빚어졌다. 마운트 로렐 시의 도시계획 조례에 따르면 단독 주택 지역(Single Family Zone)은 최소한 1/2에이커(약 612평)의 대지 면적을 갖춰야 했다. 이 조항 입안자들은 도시계획을 통한 양호한 환경의 유지를 기본 취지로 내세우며 이를 합리화했지만, 실질적으로는 저소득층이 살 수 있는 나/가구주택이나 임대아파트(Affordable housing)의 건립을 원천적으로 봉쇄하기 위한 의도가 숨어있었다. 이와 같은 "마운트 로렐"의 토지이용 정책은 '한 사회의 지원은 공정하게 분배되어야 한다'라는 공정한 분배의 원칙과 정면 배치된다.

도시계획을 통해서 합법적으로 자원의 이용을 제한하거나 자원 이용의 편익을 독점하려는 세력은 '도시민의 전반적인 복지를 향상시켜야 한다'라는 도시계획의 정신을 정면으로 거스르는 것이다. 따라서 이 사건은 역설적으로 '도시계획이 사회 구성원이라면 누구를 막론하고 그 사회가 가지고 있는 자원을 이용하고 누릴 수 있는 권리를 위반할 수 없다'라는 점을 상기시켰다.

법정으로 비화된 "마운트 로렐"의 도시계획을 둘러싼 결정은 결국 '도시민의 일반복지를 침해하는 도시계획 결정'으로 위헌 판결을 받았다. 이 사건을 통해 미국의 도시계획은 사회적 약자와 경제적으로 빈곤한 자를 위한 서민주택의 건설(Affordable housing), 사회 편익시설(Social amenity)의 확충 등의 방향으로 전환했다. 요컨대 이 사건은 '사회정의를 실현하는 도시계획(Urban Planning as a Social Justice)'이라는 미국 도시계획의 전통을 확립하는 금자탑을 세웠다.

"마운트 로렐"의 경우에서 살펴본 대로, 강남 '타워팰리스'나 도곡 '아이파크', 용산 '시티파크' 등 초고층의 주상복합아파트가 입지한 지역에는 서울시가 도시 서민을 위한 소형 또는 공영 임대아파트 등을 의무적으로 공급해야 한다. 도시기반시설이 잘 갖춰져 있고 일자리가 많은 강남이나 여타 지역에 도시 서민도 그 사회기반시설을 이용하면서 살 수 있어야 한다.

미국의 여류 도시학자 제인 제이콥스(Jane Jacobs)는 건축, 경제적, 사회적, 정치적, 문화적, 인종적 혼합을 통한 다양성(diversity)

이 도시의 활력과 도시경제에 기여한다고 주장했다.

그런데 강남 지역을 시작으로 서울 전역으로 퍼져가는 웃을 수만 없는, 희극처럼 벌어지고 있는 우리의 현실은 다양성을 자극하기보다는 오히려 서로 분리하고 울타리를 쳐서 획일화하며 단절을 심화시키는 것 같다.

이와 같은 위험한 현실에서 다양성을 끌어내고 균열되고 분리된 곳에 다리를 놓아 경제적 풍요를 함께 나누도록 계획하고 설계하는 것이 건축가와 도시 계획가의 역할이 아닌가 자문(自問)해 본다.

매봉산 능선에서 바라본 타워팰리스와 강남아파트 전경

* 2004년에 작성한 글로 당시 시대 분위기를 강하게 느낄 수 있다.

하노이 방문기

조재성

간간이 매스컴을 통해 전해 들은 이야기도 있었겠지만, 실제 베트남을 방문해서 현지에서 본 베트남 사람들의 모습이 우리와 너무도 닮아있었다. 제7차 국제학술대회(Asia Planning Schools of Association, 2003)에 학술 논문 발표차 갔던 베트남의 북부 중심도시 하노이는 아시아 문화권이 분명했지만 도시 구조는 서구적이었다. 그중에서도 남부의 중심도시인 호치민 시가 미국 풍이라면 하노이는 완연하게 프랑스풍이었다. 따라서 영미식의 도시 형태를 많이 보아온 나 같은 도시계획 연구자는 직업 본능이 발동하여 관심을 두기 마련이었다.

하노이 시 전경

그러나 그처럼 도시의 외관으로 쏠리는 학자적 관점보다 더욱 필자의 눈길을 사로잡았던 것은 한국을 제외한다면 마지막 이념분쟁의 무대로서 겪은 진저리 쳐지는 남북의 갈등, 그리고 전쟁 포탄의 흔적 같은 것은 이제 찾아볼 수 없는 낭만과 활력이 넘치는 그들의 일상 삶이었다. 그런데 그들의 모습은 친근하게 느껴지면서도 뭔가 안타까운 마음을 불러일으켰다. 아주 친숙하나 이제는 우리에게는 사라진 모습, 열정과 활력으로 국가 재건에 매진하던 우리의 1960년대의 모습이 바로 그들에게 있었기 때문이었다.

하노이 시 로터리 - 바로크풍의 도로 교차섬을 연상시킨다

넓은 보도 위로 그늘이 드리워져 있고, 공원에는 울창한 숲이 우거진 호반의 도시, 하노이 특히 "호환 킴" 호수 주위에는 청바지 차림의 연인들이 한가롭게 데이트를 즐기는 등 베트남은 더 이상 전

쟁의 상흔을 찾아볼 수 없는 나라였다. 하노이 시 중심가는 넓은 차도와 널찍한 보도, 그리고 대각선 방향으로 도로가 나 있고 그 교차점에는 기념탑이 있어서 바로크풍의 모습을 하고 있었다. 그래서 하노이를 "동양의 파리"라고 하는 것 같았다.

하노이, 호안 킴 호수

황톳빛 벽돌 건물들이 즐비한 하노이 시는 1930년대 프랑스 도시를 연상시켰다. 그러나 필자의 눈을 사로잡았던 것은 그런 바로크풍의, 혹 1930년대풍의 도시 모습보다도 삼성, 대우, 엘지와 같은 한국기업들의 간판이 즐비한 광경이었다. 그런데 이게 웬일인가? "보광동", "서면 로터리 행" 등. 한글이네. 그랬다. 우리나라에서 수입한 중고 버스가 한글이 쓰인 그대로 시내를 질주하고 있는 것이었다. 외국에서 태극기를 보면 가슴이 뭉클해지는 게 인지상정일

진대, 한글을 보니 자부심 같은 게 소롯이 솟구쳤다. 더구나 우린 지금까지 선진국에서 받아들이기만 하지 않았던가? 한글을 보니, 자부심 같은 것이, 우리도 이렇게 우리의 문화, 우리의 글, 우리의 제품을 이제는 외국에 전파하고 있구나, 생각하니 자부심과 함께 더욱 잘 해야 할 텐데, 라는 조바심이 들었다.

우리나라처럼 반도 국가이면서 내전을 겪은 베트남의 하노이시는 약 1,000년의 유구한 역사를 지닌 고도였다. 하노이라는 이름은 1831년 "투득" 황제에 의해 붙여졌으며, 1945년 8월 혁명 이후 베트남의 수도가 되었다고 한다. 전쟁의 와중에서 도시는 거의 폐허가 되다시피 했으나, 이제는 거의 복구되어 있었다. 이제는 전쟁의 참화 위에 국가의 에너지를 총동원하여 경제발전과 국토 재건에 매진하고 있어 우리나라의 1960년대 혹은 1970년대 초를 연상시켰다. 그 결과 하노이는 하루가 다르게 변하고 있다. 시내 중심부에는 현대식 초고층 건물들이 들어서고 도시는 현대식으로 정비 작업이 진행되고 있었다. 그래서일까? 도시에는 활력이 넘쳐났다. 전쟁의 상흔은 자취를 찾을 수 없고, 오직 건설과 개발을 위한 힘찬 발걸음만이 눈에 띨 뿐이었다. 사회 전체가 오로지 경제발전과 개방만을 향해 줄달음치는 것 같았다.

그래서인가, 나는 자연히 우리나라 과거의 개발과 고도 경제 성장기를 연상하지 않을 수 없었다.

2002년 기준으로 베트남의 GNP는 약 420달러라고 한다. 여전히 빈곤하고 아직 갈 길이 멀지만 국가 발전을 위해 매진하는 모습은 우리의 어제 모습같이 역동적이고 힘차 보였다. 우리는 현재 GNP 일만 불 고지에서 7년째 정체 상태다. 이웃 일본은 만 불에서 이만 불 고지를 7년 만에 넘었다는데, 우리가 이렇게 만 불 고지에서 헤매고 있는 이유 중 하나는 국민 각자가 국가 발전을 위해 전력투구할 비전을 공유하지 못한 데 있는 것 같다. 비록 짧은 일정 중에나마 목도 할 수 있었던 베트남인들은 단결력도 강하고 매우 근면해 보였으며, 바로 이것이 만 불 고지에서 우리가 깜빡 잃은 것이다. 바로 그것이 우리가 그나마 이룩한 발전의 견인차였는데 이제는 잃었다는 안타까움이 들었다.

* 2003년 APSA 회의 다녀온 후 작성한 글로, 베트남 하노이시에 대한 원고가 거의 없기에 발표한다.

조재성

서울대학교 건축학과 졸업. 도시계획학 박사 학위 수료. 원광대학교 도시공학과 명예교수. 엘에이 거주. 대한국토·도시계획학회 학술상, 『미주가톨릭 문학』 소설부문 신인상 수상. 브런치 작가, 자유기고가, 도시건설 및 건축학 전문가. 달라스한인문학회 회원. 『미국의 도시계획』, 『도시와 현대사회』, 『100년 후의 도시를 설계하라』 외 다수 출간.

특별기획_TEXAS PEOPLE

제23회 재미한국학교협의회 백일장 대회 수상작

인사말 _ 서양지
한글로 이어진 마음, 문학과 교육의 동행

시 부문_ 고등부 이승아(비전한국학교)
　　　　　중등부 정소영(뉴송한글학교)
　　　　　초등부 유하엘(뉴송한글학교)

산문 부문_ 고등부 왕빛나(뉴송한글학교)
　　　　　　중등부 엄지우(뉴송한글학교)
　　　　　　초등부 오혜진(영락한글학교)

심사평

북한 동포에게 편지쓰기 대회, 회원 수상작

임태성　마지막 실향민이 돌아가시기 전에
최정임　북녘에 계신 홍석중 작가님께

인사말

한글로 이어진 마음, 문학과 교육의 동행

서양지
재미한국학교 남서부협의회 회장

안녕하십니까.
재미한국학교 남서부협의회 회장 서양지입니다.

먼저, 이민의 땅에서 한국문학의 향기를 지켜내고 가꾸어가고 계신 달라스한인문학회 회원 여러분께 깊은 존경과 따뜻한 인사를 드립니다.

낯선 땅, 낯선 언어 속에서도 고유의 말과 글로 마음을 나누고 시대를 담아내며, 정체성과 정신을 지켜오신 여러분의 헌신은 그 자체로 하나의 위대한 이야기이자 시가 아닐 수 없습니다. 문학은 시대를 기록하고 마음을 위로하며, 삶을 빛내는 언어의 예술입니다.

그런 점에서 여러분의 창작과 나눔은 단순한 활동을 넘어, 이민자 공동체의 역사이자 문화유산이라 할 수 있습니다.

저희 재미한국학교 남서부협의회는 미주 남서부 지역에 위치한 한글학교들의 네트워크로, 자라나는 차세대들에게 한국어와 문화를 올바르게 전수하고, 더 나아가 그들의 정체성과 뿌리를 지켜주는 일을 소명으로 삼고 있습니다. 교육은 언제나 긴 호흡의 여정입니다. 특히, 언어 교육은 단지 말과 글을 가르치는 것을 넘어, 그 안에 담긴 정신과 문화를 함께 심는 일입니다.

그런 면에서 우리 협의회의 사명과 달라스한인문학회의 활동은 결을 달리하면서도 같은 방향을 바라보고 있다고 생각합니다. 문학이 마음을 키우고 시대를 말하는 언어라면, 교육은 그 언어가 움트는 땅을 다지는 일입니다. 한글학교에서 배우는 아이들의 첫 문장, 서툴지만 정성 가득한 그 글들이 훗날 시가 되고, 소설이 되고, 삶의 언어로 자리 잡기를 바라는 마음으로 우리는 오늘도 교실에서 아이들을 만나고 있습니다.

특히 여러분처럼 언어의 힘을 아시고, 글을 사랑하시는 분들이 이민 사회에 계시다는 것은 우리 모두에게 큰 힘이 됩니다. 문학과 교육이 만나는 자리는 늘 새로운 가능성과 감동을 만들어냅니다. 함께 손을 맞잡고 한글의 가치와 아름다움을 널리 알릴 수 있다면, 그것은 또 하나의 의미 있는 동행이 될 것입니다.

앞으로도 한글을 사랑하고 지키는 두 공동체가 서로를 격려하고 협력하며 더욱 단단한 유대와 교류를 이어가길 진심으로 소망합니다. 달라스한인문학회의 문학적 열정과 깊이 있는 나눔에 다시 한 번 아낌없는 박수를 보내며, 여러분의 글과 목소리가 이민 사회 곳곳에 따뜻한 울림이 되어 퍼져나가기를 기원합니다.

늘 건강하시고, 평안하시기를 바랍니다.
감사합니다.

재미한국학교 남서부협의회 회장
서양지

고등부 시 부문 · 장원

나의 아름다운 가을

이승아(비전한국학교)

첫잎이 지고
새들이 남쪽으로
긴 여행을 준비하면
세상은 점점 조용해진다

여름의 긴 날은
겨울의 긴 밤으로
짧은 옷은 긴 옷으로
세상은 점점 차가워진다

가을이 우리 집에 찾아오면
식탁에는 밥그릇이
현관에는 신발이
집안에는 웃음이 늘어난다

차가운 바람과 함께
대학에 간 언니가 돌아오면
그리웠던 나의 마음은 반가움으로
조용했던 내 방은 수다로
그렇게 나의 가을이 다가온다

중등부 시 부문 · 장원

나의 마음속

정소영(뉴송한글학교)

나의 모든 것이
다 이루어지고 자리를 잡는 곳

새롭게 맞이하는 생각들
추억들과 악몽들
찢어질 듯한 슬픔
마치 날아갈 듯한 행복

모두 나의 마음속 한편에 생겨난다

때로는 자꾸만 뒤죽박죽 바뀌는 마음속
엉키고 풀렸다가 또 엉키는 마음
머리가 깨질 듯 정리해 보는데도
도무지 모르겠다

똑딱똑딱 마음속 시계는 가고
똑딱똑딱 바깥세상의 시간이 흐른 후
마음속 마구 굴러다니던 잡동사니들
자리를 잡지 못하고 혼란해진 마음

〈
이 모든 게 언젠간 다 자리 잡기를
매일 같이 혼란한 속에서
나는 손꼽아 기다려본다

초등부 시 부문 · 장원

가을에 볼거리

유하엘(뉴송한글학교)

가을에 많은 볼거리
빨간색 옷을 입은 나무들
단풍잎이 살랑살랑 떨어지면서

다른 동물들이 겨울을 대비하면서
다람쥐는 도토리를 주섬주섬 줍고
곰은 두리번두리번하면서 동굴을 찾고

주황색 잠바를 입은 호박들이
추워진 날씨를 견뎌낸다
나무에 나뭇잎이 색깔이 바뀌면서

하늘에 파란색이 더 진해 보이고
별 색깔이 더 밝아 보이면서
별들이 반짝반짝 빛난다

단풍잎에 바삭바삭 소리가
나를 감싸게 해주고
비 오는 소리가

나를 편안하게 해준다

나는 집에서 책 읽는 중에 밖을 본다
밤하늘이 특별히 더 환하다

고등부 산문 부문 · 장원

기다려지는 날
―그리운 미셸

왕빛나(뉴송한글학교)

"생일 축합합니다. 생일 축하합니다~ 사랑하는 미셸 생일 축하합니다."

우리는 미셸의 생일을 축하해줬고 우리 엄마가 들어오시기 전까지 방은 웃음으로 가득 찼습니다. 엄마가 "이제 우리 갈 시간이야, 빛나…"라고 약한 목소리로 말씀하셨습니다. 나는 그때 사랑하는 친구들을 안아주면서 엄마를 원망했어요. 왜 하필이면 이렇게 좋은 날 이사를 가야 하는지…. 이제 친구들과 작별해야 했어요. 그리고 들어본 적도 없는 곳으로 떠나왔습니다. 새집으로 오는 긴 시간 내내 이 친구들은 나 없이 행복할까? 라고 생각했습니다.

알칸사로 이사 온 이후에도 한동안 노스캐롤라이나가 그립다고 생각했습니다. 태어날 때부터 함께 있었고 기뻐했던 어린 시절들이 더욱 그리워졌습니다. 이런 내 모습을 보고 엄마가 놀라운 계획을 세우셨어요. 추수 감사절을 기념해서 노스캐롤라이나를 방문하기로 했어요.

노스캐롤라이나로 떠나는 날에 너무 설레어 아침에 일찍 일어났어요. 차를 타고 가면서 나는 계속 미셸에게 문자를 보내면서 무엇을 할지 생각했어요. 드디어 우리는 마침내 미셸의 집 앞에 도착했고, 나는 차에서 뛰쳐나갔습니다. 그때 마침 미셸도 현관문을 열고 나왔고 우리는 서로 부둥켜안았습니다. 그날 밤 우리는 밤새도록 게임을 하면서 밤새도록 얘기를 했어요. 그러나 물론 영원히 지속되는 것은 없습니다.

   집으로 돌아가야 하는 날이 왔습니다. 우리는 눈물과 그리움을 안고 떠났습니다. 나는 아직도 그녀를 몹시 그리워 하지만 추수 감사절이 코앞으로 다가왔고 우리는 그녀를 만나러 다시 노스캐롤라이나로 갈 것입니다.

중등부 산문 부문 · 장원

환영해, 가을아!

엄지우(뉴송한글학교)

공기가 맑아진다. 동물들이 활기를 띤다. 모든 것이 차분해진다. 지금이다. 지금이 가을의 때다. 가을이 성대한 개막을 연다. 할로윈 데이를 위하여 준비하듯이 자연이 따듯한 계열의 색깔 옷을 입는다. 여름은 내년에 다시 오기 위해서 잠시 떠난다. 계절이 변해서 식물들이 조화로운 붉은빛이랑 누런빛으로 변한다.

환영해, 갈색아! 가을의 갈색은 우리에게 신뢰성이랑 단순성의 느낌을 준다. 갈색 나무들 사이의 갈색 사슴들이 차분차분하게 뛴다. 갈색 부엉이들이 가을의 기운을 흠뻑 받아 든 채 활개를 피면서 가을의 공기에 날아. 우리는 갈색 죽은 나뭇잎들에 경의를 표한다. 갈색 나뭇잎 더미들의 바스락거리는 소리가 마라카 소리처럼 난다. 얌전히 풀밭에 앉아 있는 참새가 노래를 부른다.

환영해, 빨간색아! 가을의 빨간색은 우리한테 사랑과 용기를 준다. 빨간 다람쥐 가을의 도토리를 행복하게 먹는다. 우리들은 가을의 빨간 사과들과 크랜베리들을 숲의 동물들과 함께 먹는다. 계곡 옆에 귀여운 토끼가 빨간 딸기를 냠냠 씹는다. 가을이 세상에 키스한 것처럼 온 세상이 붉은색이다.

환영해, 주황색아! 가을의 주황색은 우리한테 양성이랑 젊음의 느낌을 준다. 연못 근처에 신비한 주황 여우가 랑데부한다. 그 연못 안에 주황 잉어 물고기들이 수영한다. 떨어진 주황 나뭇잎들 근처에 개미들이 떨어진 주황 감을 나누어 먹는다. 주황색 당근들과 호박들의 톡 쏘는 맛들이 가을이 주는 풍성한 축복이다. 가을의 저녁 하늘이 칠해주는 주황색 하늘한테 우리들은 감탄밖에 할 수 없다.

환영해, 노랑색아! 가을의 노랑색은 우리한테 기쁨과 희망을 준다. 가을의 노란 낙엽 위에 노란 골든 리트리버가 해맑게 논다. 밝고 노란색인 해바라기들의 꽃잎들이 넓은 풍경을 형성한다. 우리는 맛있게 노란 옥수수를 아그작 아그작 먹는다. 온 세상을 부드럽게 깨우는 가을의 노란 아침 햇살은 금화처럼 뜬다. 가을이 입는 황금 옷이 우리의 마음을 열어주는 황금 열쇠이다.

가을의 편안한 날씨와 신선한 공기는 우리 몸의 축복이다.
가을이 주는 여러 색깔 자연의 단풍은 우리 눈의 축복이다.
가을의 수확은 우리 입들의 축복이다.
가을이 주는 평화와 소속감은 우리 마음의 축복이다.

저는 가을이랑 지구를 잘 보살펴서 가을의 축복을 돌려주고 싶어요.

초등부 산문 부문 · 장원

가을이 아름다운 이유!

오혜진(영락한글학교)

가을아, 가을아, 아름다운 가을아! 알록달록한 잎을 갖고 있는 가을아!

춥지도 않고 덥지도 않지만 따뜻한 날씨를 갖고 있는 가을아!

모두가 신나게 놀 수 있게 해줘서 정말 고마워!

짧은 시간이지만 그 시간 동안 행복한 시간을 갖게 해줘서 고마워.

아름다운 나비들과 무당벌레들이 많아서 난 너무 좋아. 하늘도 여름과 겨울보다도 예쁜 하늘을 가져서 너무 좋아. 가을은 또 좋은 명절이 많아서 너무 좋아. 추수 감사절도 있고 한글날도 있고 미국 명절도 많아. 따뜻하게 집에서 쉬거나 가족이나 친구들과 함께 집에서 노는 것도 좋아.

밖이나 공원에서 운동해도 좋고, 바깥 공기를 마셔도 좋아. 온 가족이 즐거운 소풍을 가도 좋고, 해외여행도 갈 수 있는 완벽한 날씨가 있어서 너무나 가을에게 고마운 게 많아.

가을에 또 다른 좋은 점은, 봄은 너무 덥지는 않으나 너무 습해서 불편한데, 가을은 습하지도 않고 편히 돌아다닐 수 있어서 좋아.

내년에도 아름답고 따뜻한 가을과 만나면 좋겠다.

심사평

    한글 창제 581돌 기념 23회 재미한국학교협의회 백일장 응모작품 중 예선을 거친 77편의 작품을 만나게 되어 반가웠습니다. 응모작 중에 미국 거주 3년 이하는 4편에 불과하고 3년 이상 거주자의 작품 중 시가 43편, 산문이 30편이었습니다.
    초중고로 나누어 보내진 작품 중 "가을이 아름다운 이유"를 쓴 작품이 35편, 압도적으로 많았습니다. 덕분에 작품을 읽으며 가을에 푹 젖었습니다.
    또한 "마음"과 "기다려지는 날"에서는 이민 자녀들의 소박한 꿈을 엿볼 수 있는 작품들이 있어서 흐뭇했습니다.
    글쓰기에서 가장 중요하다고 생각되는 것, 내용이 주는 감동을 우선했습니다. 그러나 기본적인 것으로서 제목과 맞춤법과 문단 시작과 끝의 일관성이 있는지, 주장이나 느낌을 자신만의 글로 표현했는지도 살펴보았습니다. 특히 중등부의 시 23편 산문 16편 중 우열을 가리기 어려운 작품들을 몇 번에 걸쳐 읽으며 꼼꼼하게 살폈습니다.
    전반적으로 작품이 훌륭했으나 백일장 용지의 제한 때문인지 산문에서 문단 나누기와 시에서 연 나누기가 거의 안 돼 있는 점은 아쉬웠습니다.
    물론 글 쓰기를 지도하신 분들이 있을 테지만 이번 기회를 통해 선생님들께 부탁드리고 싶습니다. 글 쓸 때의 기본적인 요점과 개인의 생각과 관점을 표현하는 법을 배우고 연습할 기회가 있다면 보다 짜임새 있고 설득력 있는 글이 될 것으로 기대가 큽니다.

미국에서 자라면서 일주일에 하루 배운 학생들이 제한된 시간에 또박또박 정갈한 필체로 정성껏 쓴 우리 한글. 그 글을 읽으며 미국에 정착된 한국학교의 놀라운 영향력과 K-POP의 세계적인 흐름을 읽을 수 있어서 반가웠습니다.

한국학교 최 일선에서 학생들을 대면하여 가르치시는 선생님들의 수고와 부모님들의 관심에 큰 감사를 드립니다.

2024년 10월 18일

심사위원: 김양수, 김정숙, 방정웅

최우수상

마지막 실향민이 돌아가시기 전에

임태성

북한의 누구에게 보내는 글을 써야 하는지, 북한 동포에게 어떻게 편지라는 글이 연결될 수 있을지 의심이 들기도 하고 글을 쓴다면 무슨 이야기를 전달할 수 있을지 여러 가지 의문들이 생겼지만, 용기를 내어 이 글을 쓰기 시작합니다.

왜냐하면 적어도 이 글은 북한이 고향이셨던 저의 부모님을 대신하여 그동안 그분들이 애타게 그리워했고 제가 귀동냥하기도 했던 고향 이야기를 조금이나마 글로 전달할 수 있다면 그것만으로도 충분한 의미가 있다고 생각했기 때문입니다.

저의 부모님은 한국전쟁 탈북 실향민입니다. 아버지는 1914년생 평양 출신이고 어머니는 1922년생 해주 안악 출신입니다. 지금은 두 분 모두 작고하시어 이제 이 세상에 계시지 않습니다.
안타깝게도 평생에 그렇게 가보고 싶어 하던 북한에 있는 고향에 돌아가 보지 못했습니다. 한국전생 피난 시 남한에 내려오신 친지분들 중 아버지 쪽으로는 다행히 몇 분 계셨습니다. 어머니 쪽으로는 같이 내려오신 분이 전혀 없어서 어머니는 언제나 외로워하셨고, 고향을 그리는 마음과 부모님을 다시 만나고 싶은 마음은 누구보다도 간절하셨습니다.

피난 시절 당시에는 모두가 그랬듯이 실향민 생활은 힘들고 고달프고 가난했습니다. 대전, 부산 피난촌 생활과 서울에 올라와 무허가 판자촌에서 지낼 때도 어렵게 수소문하여서 한 사람 한 사람 아는 친지들을 찾아내고 만나는 일은 얼마나 큰 기쁨이었는지 모릅니다. 그때 다시 찾았던 친지들은 설, 추석 명절이 되면 무슨 일이 있어도 얼굴 한 번 보는 것을 그나마 위안이라면 위안으로 생각했고 이때 당연히 망향의 술판이 벌어지곤 하였습니다.

저는 가족의 막내이고 어렸기 때문에 어른들 술상 끝에 쪼그리고 앉아서 술 심부름을 하였고 그 덕분에 보통 때는 먹기 힘든 술안주용 돼지고기 두부찌개를 얻어먹는 재미가 있었습니다. 그때 어른들의 이야기는 모두 북한의 고향과 남겨두고 헤어진 식구 이야기였습니다. 어른들은 매번 같은 이야기를 반복하고 반복하였지만, 그때 이야기는 아직도 제 귀에 생생하게 들립니다.

"형님, 우리 멱감던 보통강 생각납네까? 대동강물은 정말 깊고 파랬더랬시오."

"기래 기래, 한강 물은 물도 아니지, 내래 을밀대 달구경도 꼭 한 번 가보고 싶구나야."

"형님, 조금만 고생합시다래, 조만간 고향에 갈 수 있갔지요, 기럴러믄 꼭 건강하셔야 합네다. 우리 모두 힘내고 악착같이 살아봅쉐다."

"형수니임, 술 떨어졌쉬다. 쐬주 한 병 사오시기요, 딱 한잔만 더

합세다."

 술을 무척 싫어하는 어머니이셨지만 힘든 막노동에 시달린 두 시동생을 위해 두 번째까지는 저에게 술 심부름을 더 시키시곤 하셨습니다. 저는 골목 어두움을 달려 동네 푸줏간에 가서 돼지고기 반 근을 더 사와야 했고, 소주 두서너 병을 더 사서 집으로 부리나케 돌아오던 기억이 아직도 기억납니다. 제가 달리는 이유는 어른들의 그다음 이야기를 놓치지 않고 듣기 위해서였습니다.

 "형수님, 아슈? 그때 피난 열차에서 많이들 떨어져 죽었시요."
 "사람들이 피난 열차 지붕에 올라타느라 서로 밟혀서 죽고, 넘어져 죽고, 기차 난간에 매달리다 손목아지 힘이 빠져 떨어져 죽고, 졸다가 죽고, 엄마 손을 놓쳐서 죽고, 얼어서 죽고, 굶어서 죽고, 울다가 죽고… 그런데 우린 참 용케도 살았났쉬다."
 "그랬디요. 그때는 모두 그렇게 살았지요. 내래 혼자 큰 놈아는 끌고 작은 아는 패데기에 둘쳐업고 배 타고 삼팔선을 넘어오는데 글쎄 저만치서 로스께(러시아 군인)들이 순찰을 도는기야요, 그때 배에 같이 타고 있던 갓난아이 에미가 있었는데 사람들이 소리 내지 말라고 눈총을 주니끼니 어린아 입을 들어막지 않았소. 그런데, 건너편에 간신히 배가 도착해서 보니 글쎄 아이가 움직이지 않는데 숨이 맥혀 죽은 게 아니갔소. 아기 에미는 넋이 빠져 꺼이꺼이 울고, 배에 같이 탔던 다른 피난민들도 모두 눈물을 흘리고, 말노 마시오…."

철이 없던 어린 저도 이 대목에서는 울컥해지고 항상 울먹였던 기억이 납니다.

"나도 우리 오마니 보고 싶소. 지금 나이로 구십은 족히 넘었을 텐데 아직 살아계시기나 할런지…. 그런데, 우리는 언제나 고향엘 함 갈 수 있갔오. 앞이 깜깜하기오."

이렇게 저의 부모님과 같은 실향민들은 항상 북한의 고향과 헤어진 부모, 형제를 그리워하며 언젠가는 통일이 되어 고향으로 돌아갈 수 있기를 꿈꾸며 살았습니다. 이와 마찬가지로 북한에서도 남쪽 가족과 헤어져 사는 이산 가족분들이 적어도 남한의 실향민만큼이나 많이 있을 것입니다. 이는 남한, 북한 모두에게 생이별이라 더욱 안타깝고 서로가 가슴 아픈 일이 아닐 수 없습니다. 그러나 이제 더 심각한 문제가 있습니다. 이렇게 남한, 북한에서 헤어져 고통받고 살아가는 서로의 가족, 친지분들이 점점 나이가 드신다는 것입니다. 벌써 대부분은 돌아가셨고 살아계신 어른들도 점점 줄어간다는 사실입니다. 우리 가족도 마찬가지입니다. 이제 연장자가 되시는 어른들은 모두 돌아가시고 이제 마지막으로 막내 고모 한 분만 남아 계십니다. 막내 고모는 피난 시 너무 어린 나이여서 북한에 있었던 옛날 일을 잘 기억하지 못합니다. 평양의 보통강 푸른 물줄기도 모르고, 대동강 위에서 뱃놀이하는 모습이나 강 위에서 들린다는 배따라기 소리도 들어본 적이 없다고 합니다. 하물며 모란봉도 모르고 을밀대도 모릅니다. 부벽루의 달구경쯤은 기억할 수 있을까요?

아! 모든 것이 절박하고 안타깝습니다.

이전에 서로 자유롭게 왕래하고 다니며 기억하던 남북한의 고향, 동네, 명소, 사람들에 관한 이야기가 끊어지고 있습니다. 직접 체험하고, 서로의 추억을 이야기할 수 있는 어른들이 이제 안 계신다는 것은 남한이나 북한 모두 심각한 문제입니다. 편지를 쓴다고 해도 편지를 받을 수 있는 사람이 없고, 정작 편지를 받는다 해도 그 가슴 속 애타는 이야기를 알아들을 수 있는 사람이 없다면 우리가 어떻게 같은 동포라고 할 수 있을까요. 다시 만나서 서로 어깨를 부둥켜안고 서로의 등을 쓰다듬어 줄 수 있는 사람들이 사라지고 없다면 우리는 어떻게 조국 통일의 희망을 가질 수 있겠습니까. 아직 가지 못한 고향이라도 그곳에 기억해 주는 사람이 아직 살아 있다면 얼마나 큰 희망이 되겠습니까. 힘들게 고향을 지키고 있어도 언젠가 돌아올 남편, 아내, 부모, 형, 동생의 소식을 들을 수 있다면 얼마나 큰 기쁨이 될까요.

조국이 남한, 북한의 이념과 갈등을 극복하고 빨리 평화 통일이 되었으면 좋겠습니다. 더 늦기 전에 아직 서로 기억할 수 있는 어른들이 남아있을 때 빨리 다시 만나야 할 것입니다. 그러기 위해선 끊이지 않고 서로 연락이 되어야 합니다. 이야기를 나눠야 합니다. 서로 소식을 들어야 합니다. 편지를 써야 합니다. 편지를 받아야 합니다.

이제 곧 여름입니다. 싱그러운 녹색 바람을 편지에 함께 보냅니다. 북한에 계신 여러분 중 누구든지 이 편지를 받아주시고, 읽어주시고 북한의 바람 냄새를 저에게 보내주십시오. 그리고 우리 모두 두 손 모아 같이 기도합시다. 마지막 실향민이 돌아가시기 전에 우리 동포가 꼭 다시 만날 수 있기를 바랍니다.

장려상

북녘에 계신 홍석중 작가님께

최정임

홍석중 작가님

　사월의 봄날, 작가님을 마주하듯 2004년에 출간하신 『황진이』(도서 출판 대훈 닷컴) 책을 펼쳐봅니다. 20년이 지나 책이 조금 낡은 듯, 손때 묻은 책이 포근하게 느껴지는 책장을 펼치니 북녘에 계시는 홍석중 작가님의 손을 잡은 듯 따스함이 전해옵니다. 북녘 작가로서 남쪽 강원도 만해 마을에서 97년부터 시작한 만해 문학상(2004) 제7회 대상을 받으신 『황진이』, 한국 문단에서 상상을 초월한 수상자로서 그때의 감동이 제게도 전해져 문학에서부터 통일의 꿈이 곧 이루어질 것 같았습니다.

　홍석중 작가님, 북녘에서 지금도 원로 작가로서 작품을 쓰시며 건강하신지요. 북녘의 황석영 작가라 칭해도 되겠습니까? 할아버지가 『임꺽정』 대하소설을 쓰신 홍명희 선생님이시지요. 80년대 제가 신림동 서울대 부근에 살 때, 옆집 하숙생들은 당시 금서였던 『임꺽정』을 몰래 나눠 읽고 있었습니다. 저도 그때 읽고 순수한 우리 한글의 해학과 묘미, 풍속, 성의감으로 소설의 재미에 푹 빠지기도 했습니다. 아버님도 국어학자라고 들었습니다. 삼대가 이루신 한국어의 맥을 이어 오신 그 힘이 언젠가 우리 후손들에게도 전해졌으면 합니다.

　한국문학이 정치와 이념을 배제하고 서로 소통하는 길이 열려 남한에서 초청 강의를 하실 날을 기다리기도 했습니다. 북한에서도 한국의 대표 문인인 황석영 작가를 초청해서 북녘 문학청년들에게 『장길산』을 강의하면 좋겠다는 꿈을 꾸어 보기도 했습니다. 『장길산』『임꺽정』두 작품이 좀 비슷하지 않습니까? 그날이 오면 저는 비행기표를 사서 조국 산하로 날아가 〈북녘 홍석중 작가 문학 강의실〉맨 앞줄에 앉아 넋 놓고 바라보며 강의에 빠질 것을…. 에고, 그날이 올까요.

홍석중 작가님, 북한 아니 조선의 북녘, 한 핏줄인 백의민족으로 하나로 살아온 땅이고 언어이고 조선 백성이었던 우리를 갈라놓은 것이 해방 후 이념대립에서부터 시작되었습니다. 이산의 아픔으로 살아온 세월의 강을 문학이라는 정치색이 없는 소설, 문학으로 분단의 강을 뛰어넘어 희망을 갖게 한 것은, 홍석중 작가님의 소설 『황진이』였습니다.

저는 조국을 떠나 미국이라는 거대한 나라의 이민자입니다. 이곳에서 한글의 위대함을 이민자들에게 나누고 싶어 가정도서실을 열어 책을 나누며 살아온 세월이 어언 30년이 훌쩍 넘었습니다. 이조시대 기녀 황진이를 소설화한 작가 전경린 장편소설 『황진이』가 있고 최인호의 단편소설 「황진이」가 있음에도 저는 홍석중 작가님의 『황진이』를 최우선에 둡니다. 그 첫 번째 이유를 꼽으라면 우리말의 묘미라고 할까요, 갓살스럽다, 동강말, 언죽번죽, 다 쓸 수 없지만 지금도 북한에서는 그 말들을 쓰고 있는지요. 가보고 싶은 곳 첫 번째, 꿈에도 가볼 수 없는 그곳, 작가님의 서재, 김일성대학? 도서관, 금강산, 평양, 대동강, 압록강, 두만강, 김소월 생가, 황진이 무덤… 돈으로 비행기표만 사면 어디든 갈 수 있는 세상에 살지만 한 나라 한민족인 우리 선조들이 함께 살아오신 그곳은 갈 수 없는 곳인지? 이념이 무엇인지?

홍석중 작가님, 1941년 생이시니 올해 팔십이 세, 세종대왕이 지으신 한글 언어로 겨레의 가슴마다 새롭게 열리는 문화의 세기가 도래했습니다. 홍석중 작가님이 쓰신 『황진이』가 남한에 인쇄되어 제가 구입해 읽었듯이, 분단의 강을 성큼 뛰어넘어 세계의 중심에 우뚝 서는 한국문학으로 통일의 조국이 되길 소망합니다.

홍석중 작가님, 세월이 흘러도 이산가족들은 사무치게 그리운 북녘땅, 두고 온 형제자매들, 스스로가 나룻배 되어 북으로, 남으로 그리운 이 부르다 서로 만나 축제의 한마당 펼쳐보는 그날을 기대해 봅니다.

홍석중 작가님, 작가님의 자존의 길을 따라 분단이란 이 삭막한 실존의 벽을 허무는 그날 문학이 방패 되어 첫 길을 열어갈 날을 기대합니다.

홍석중 작가님, 남은 생 통일의 길이 열릴 작품으로 다시 남녘 동포들이 읽을 수 있는 작품을 기대하면서. 작가님의 하루하루가 청명한 오월 하늘같이 푸르고 고아하시며 팔순의 건강을 기원합니다. 디아스포라이지만 대한의 아니 분단 이전 조선의 딸이 편지가 닿지 않는다 해도 온 힘 다해 보냅니다.

2024년 4월 30일 최징임 올림

* 민주평화통일자문회의 댈러스 협의회(회장 오원성)와 북텍사스이북도민회(회장 박인애)가 공동주최한 '북한 동포에게 편지쓰기 대회'에서 달라스한인문학회 회원인 임태성 시인(최우수상), 최정임 수필가(장려상)가 수상하셨습니다. 진심으로 축하하며 수상작을 올려드립니다. 다른 수상자의 작품은 사전 협의가 안 되어 올리지 못함을 죄송하게 생각합니다.

좌측에서 두 번째 임태성 시인

좌측에서 두 번째 최정임 수필가

심사위원: 김미희, 오원성, 박인애, 이경철

단체 사진

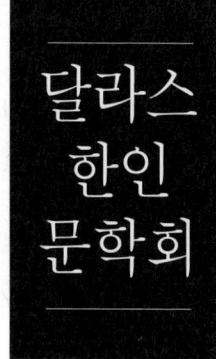

달라스 한인 문학회

달라스한인문학회 소개

달라스한인문학회 카페

2024 달라스한인문학회 약사

달라스한인문학회 역대 회장 및 임원명단

달라스문학 신인상 공모전

달라스한인문학회 소개

달라스한인문학회(Korean Literature Society of Dallas)는 텍사스 주 인근 지역에서 활동하는 문인들과 문학 동호인들의 친목과 단합, 창작 활동과 문학 교류를 도모하며 회원 상호 간의 우호 증진에 기여함을 목적으로 하는 문학 단체이다.

1996년 9월 27일 '글사랑모임'이라는 타이틀로 발기하여 1997년 5월 '다래머루회', 98년 '텍사스머루문학회', 밀레니엄 시대 돌입과 함께 '달라스문학회', 2004년 8월에 '달라스한인문학회'로 단체명을 변경하고 2011년 텍사스 주 정부에 비영리단체로 등록하였다. 인터넷 검색 포털 사이트 '네이버'에 '달라스한인문학회' 카페를 개설하여 운영하고 있다.

달라스한인문학회에서는 문학에 뜻이 있는 분들을 위해 '달라스문학 신인상 작품 모집'을 통해 신인을 발굴하고 문학인으로서의 성장을 돕고 있다. 2024년부터 '달라스문학 신인상 공모전'으로 명칭을 변경하고 상장과 상금을 수여한다. 또한, 유명 작가들을 모시고 문학 강연회 및 시낭송회, 백일장 등을 개최하여 지역 사회인과 소통하는 행사를 하고 있다. 이민 2세들을 위해 달라스 지역 한국학교 행사인 독후감 대회나 백일장 대회를 후원하고 돕는다.

달라스한인문학회가 발행하는 연간지 『달라스문학』은 2005년 창간호를 시작으로 오늘에 이르기까지 달라스한인문학회 회원들과 송상옥, 최인호, 김우종, 김종회, 정종명, 권대근, 안익수, 김동찬, 장효정, 문인귀, 김수자, 안재동, 이정록, 김기택, 함민복, 윤석산, 한혜영, 오승재, 문정영, 김준철, 김현경, 손홍규, 박문영, 홍영순, 고광이, 김호운, 유성호 등 국내외 유수 문인들이 참여하였다. 또한, 『달라스문학』 표지화를 위해 오세희, 김선하, 이은희, 문정, 신민, Janice Park, 우혜린, 우혜원 작가가 재능기부를 해주었다. 많은 분의 수고와 격려로 한호도 거르지 않고 출간할 수 있었음을 감사하며, 통권 20호를 세상에 내놓는다.

『달라스문학』은 달라스한인문학회 회원들이 심고 가꾸고 열매 맺은 작품으로 엮은 사진첩이며, 재외 한국문학의 역사다.

달라스한인문학회 카페

http://cafe.naver.com/dallas1234

달라스한인문학회는 2007년 12월 13일 인터넷 검색 포털 사이트 '네이버'에 '달라스한인문학회' 카페를 개설했다. 지역과 시간의 한계를 극복하고, 인터넷상에서 더욱 폭넓은 문학적인 교류의 물꼬를 트는 방안으로 개설한 것이다.

인터넷 카페 '달라스한인문학회'는 오프라인상 '달라스한인문학회'의 부속 기구로 운영되며, 문학회의 홍보 및 작품과 문학 정보 교류 등을 담당하는 것을 원칙으로 한다.

카페 회원은 2025년 8월 말을 기준으로 480여 명이다. 카페는 오프라인의 정회원들 방이 있어 자신의 시, 수필, 소설, 칼럼 등을 올려 나누고 있으며, 온라인 회원도 자유롭게 글을 올릴 수 있다. 또한, 공지 사항을 통해 월례회나 문학회 행사 그 밖에 회원 소식을 공지하고 '달라스한인문학회 사진첩'을 통해 다양한 활동 모습을 볼 수 있다.

'달라스한인문학회' 카페는 추후 공식적으로 개설하게 될 달라스한인문학회 홈페이지의 전신으로서 기능을 다하고 있다. 그러므로 문학회 활동에 관한 자료를 기록해 두는 역할을 통해 향후 '달라스한인문학회'의 역사 편찬 시 귀중한 자료로 사용할 수 있다.

2024 달라스한인문학회 약사

1월
- 달라스한인문학회 신년하례식 및 회장 이·취임식
  일시: 2024년 1월 21일(일) 2시 30분
  장소: 동보성
  김양수 신임 회장 취임 인사 후 전임 회장 박인애에게 공로패 수여함
- 손용상 회원 장례미사
  일시: 2024년 1월 18일(목) 오전 10시
  장소: 달라스 성 김대건 성당
  달라스한인문학회 원로이며, 『한솔문학』 대표인 손용상 회원이 1월 9일 향년 77세를 일기로 별세

3월
- 달라스한인문학회 3월 정기 모임
  일시: 2024년 3월 17일(일) 2시 30분
  장소: Carrollton Public Library at Josey Ranch Lake
  1부 회원 발표: 박인애
    주제: 한국 문단의 실태와 각종 문학상 정보, 등단과 출간 요령 등에 관하여
  2부 회원 작품 합평: 김양수 콩트 2편
    작품: 「목격자」, 「가난한 부자」

4월
· 백경혜 회원 재외동포청이 주관한 제25회 재외동포 문학상 작품 공모전에서 「친정」이라는 작품으로 수필 부문 가작을 수상하여 2024년 4월 15일 댈러스출장소에서 도광헌 소장이 상패와 상금을 전달함

5월
· 북한 동포에게 편지쓰기 대회 시상식
일시: 2024년 5월 11일
장소: 민주평화통일자문회의 댈러스 협의회 사무실
민주평화통일자문회의 댈러스 협의회(회장 오원성)와 북텍사스이북도민회(회장 박인애) 공동 주최로 개최한 '북한 동포에게 편지쓰기 대회'에서 달라스한인문학회 회원인 임태성 부회장(최우수상)과 최정임 회원(장려상)이 수상함. 심사위원: 김미희, 박인애, 이경철, 오원성

· 달라스한인문학회 춘계 야유회
일시: 2024년 5월 19일(일) 오후 1시
장소: Westlake Park
19명의 회원과 가족이 참가하여 시원한 호숫가에서 음식을 나누고, 임원(백현남, 임태성, 방정웅)들이 준비한 즐거운 게임과 여흥을 즐김

6월

- 최상윤 교수(소설가 및 문학평론가) 초청 강연
  장소: Carrollton Public Library at Josey Ranch Lake
  일시: 2024년 6월 30일(일) 2시
  주제: 왜 문학을
- 제2회 달라스한인문학회 디카시 공모전과 제13회 달라스문학 신인상 작품 모집에 관하여 KTN, 주간포커스에 광고함
- 김추산 회원, 주간포커스텍사스 문학칼럼니스트로 활동 시작함

7월

- 달라스한인문학회 7월 정기 모임
  일시: 2024년 7월 21일(일) 2시
  장소: Carrollton Public Library at Josey Ranch Lake
  1부 회원 발표: 김지낭(UTA 영문과 강의 전담교수)
    주제: 한국문학의 영어 번역과 비교 연구_시조와 소네트 번역하기에 대해 강의함.
  2부 회원 작품 합평: 임태성 회원 시 3편
    작품: 「오늘은 무슨 꽃이 필요한지」, 「퇴근길」, 「상갓집 국화」

8월

- 8월 24~25일, 팜스프링에서 열린 미주한국문인협회 2024 여름문학캠프에 박인애, 최정임 회원 다녀옴

9월

- 달라스한인문학회 9월 정기 모임
  일시: 2024년 9월 15일(일) 2시 30분
  장소: Carrollton Public Library at Josey Ranch Lake
  회원 발표: 방정웅 고문
  주제: 훈민정음해례본 강해(한글 창제 581주년을 맞아)
- 한국문학번역원이 주관하는 '디아스포라 문학지원 사업'에 참여함
- 9월 30일, 『달라스문학』 19호 출간(시산맥)

10월

- 2024년 10월 4일, 한국문학번역원이 '해외한글창작작품'을 알리고자 『달라스문학』 17, 18호를 요청하여 디아스포라 웹진 《너머》 '해외한글문예지' 게시판에 아카이빙 함
- 2024년 10월 18일, 달라스 지역신문 KTN과 주간포커스텍사스에 한강 작가 노벨문학상 수상을 축하하며 달라스한인문학회 회원 이름으로 전면 광고 게재함
  주간포커스텍사스 16면에 달라스한인문학회 김양수 회장과, 방정웅(8,9대 회장), 박인애(5,10대 회장)의 한강 노벨문학상 수상 축하 글 실림
- 제2회 창원 세계디카시컨퍼런스
  일시: 2024년 10월 26일
  장소: 창신대학교 문덕수기념관
  한국디카시인협회 텍사스지부장이며, 달라스한인문학회 고문인 박인애가 세계디카시컨퍼런스에 참석하여 달라스한인문학회를

소개하고, 텍사스의 디카시 현황에 관해 발표함

11월

- 임재희 장편소설 『세 개의 빛』(제주 4·3 평화문학상 수상) 북토크
  일시: 2024년 11월 3일 2시 15분
  장소: Rosemeade Recreation Center
  임재희 작가는 강의를 통해 『세 개의 빛』 창작 과정, 단편과 장편의 차이, 이민 문학에 관한 작가의 의견을 발표함
- 제2회 달라스한인문학회 디카시 공모전 수상자 지역 신문에 발표
- 김지낭 회원이 시산맥 시인선 발간위원회가 주관하는 '시산맥 시혼 시인선 및 감성기획시선 현상공모에 공모한 시가 기획위원들의 심의를 거쳐 선정되어서 시집을 출간할 예정임
- 제1회 한글날 디카시 공모전 시상식
  일시: 2024년 11월 23일
  장소: 달라스코리안페스티벌 행사 본무대
  달라스한인회 주최, 한솔문학 주관으로 열린 '제1회 한글날 디카시 공모전'에서 달라스한인문학회 회원들이 상을 받음. 대상 최신예(성장 일기), 최우수상 김지낭(고민), 가작 정승호(자전거 탄 풍경), 임태성(생후 14일)

12월

- 2024년 12월 6일 홍마가 회원 제15회 한미문단 문학상 및 출판기념회에서 한·아세아포럼 문학상 수상함

- 2024년 12월 9일 계간 『디카詩』 겨울호에 해외디카시 특집으로 한국디카시인협회 텍사스지부장 박인애, 제1회 달라스문학회 디카시 공모전 대상 수상자 한소담, 제2회 달라스문학회 디카시 공모전 대상 수상자 김국희 시가 게재됨
- 2024년 12월 16일 달라스한인문학회 회원 김추산, 박인애, 백경혜, 정만진, 그리고 외부 작가 이지원, 전명혜, 정은희가 공동 집필한 수필집 『작가라는 이름으로』가 도서 출판 작가에서 출간함. 작가당 6편씩 내서 총 42편이 실렸으며, 추천사는 손홍규 소설가, 한양대 유성호 교수가 씀
- 달라스문학 19호 출판기념회 및 송년회 제2회 달라스한인문학회 디카시 공모전 시상식

일시: 2024년 12월 1일(일) 오후 4시
장소: 수라식당 소연회실

『달라스문학』 19호에는 외부 작가 12분과 회원 27분, 총 39분이 참여하여 디카시 14편, 시 26편, 동시 10편, 동시조 4편, 수필 26편, 콩트 2편, 소설 3편 해서 총 85편을 수록함

1부. 『달라스문학』 19호 출판기념회는 경과보고(김양수 회장), 재정보고(방정웅 회계), 감사보고(오명자 감사), 축사(달라스한인회 김성한 회장), 축하연주(섹소폰, 김지헌), 출간 소감 및 총평(박인애 편집국장)이 있었음

2부. 제2회 달라스한인문학회 디카시 공모전 수상자인 김국희, 정만진, 이민호, 백현남, 이경철, 방정웅, 김양수 씨에게 달라스예술인총연합회 박성신 회장이 시상함

대상 수상자 김국희 씨의 수상 소감 발표와 한국디카시인

협회 김종회 심사위원장의 심사평을 임태성 부회장이 대독하였고 수상작은 『달라스문학』 20호에 게재하기로 함
제2회 달라스한인문학회 디카시 공모전 수상작
대상: 김국희 「연민」
최우수상: 정만진 「세발자전거」
우수상: 백현남 「침묵」, 이민호 「새벽빛」
장려상: 김양수 「그 소리가 보여요」, 방정웅 「기다림」, 이경철 「보이지 않아도」.
3부. 디카시 공모전 수상자의 시와 달라스한인문학회 회원(김명성, 김정숙, 김지낭, 박인애, 방정웅, 임태성, 정승호, 최기창)들의 시를 낭독하였고 달라스문학 신인상 공모전 시상식은 2025년 신년하례 때 하기로 함
4부. 임태성, 백현남 진행으로 게임과 여흥을 즐긴 후 송년회를 마무리함

달라스한인문학회 역대 회장

제1대	1998~1999	안경화
제2대	2000~2003	김숙영
제3대	2004~2008	김수자
제4대	2009~2010	오승용
제5대	2011~2012	박인애
제6~7대	2013~2016	김미희
제8~9대	2017~2021	방정웅
제10대	2022~2023	박인애
제11대	2024~ 현재	김양수

2025년 달라스한인문학회 임원명단

회 장	김양수
부회장	임태성 정만진
총 무	백경혜
회 계	방정웅
감 사	오명자
서 기	백현남
편집국장	박인애
책임편집	김추산
카페운영	박인애
고 문	박인애 방정웅

제15회 달라스문학 신인상 공모전

달라스한인문학회에서는 참신하고 역량 있는 작가 발굴을 위해 다음과 같이 작품을 공모합니다. 문학에 뜻을 둔 분들의 참여를 기대합니다.

모집
- 단편소설 _ 1편 200자 원고지 80매 내외
- 수필·콩트 _ 2편 200자 원고지 15매 내외
- 시·시조 _ 3편 / 동시·동시조 _ 3편
- 동　　화 _ 1편 200자 원고지 30매 이내
- 평　　론 _ 1편 200자 원고지 80매 내외
- 희　　곡 _ 1편 200자 원고지 70매 내외

원고마감 2026. 10. 31.(기간 내 수시 접수 가능)

발표 개별통지

상금 상장과 상금 500불

시상 『달라스문학』 21호 출판기념회

심사위원 본지가 선정하는 심사위원으로 하며 입상작과 함께 발표

특전 입상작은 『달라스문학』에 게재하고, 입상자는 본 회의 회원이 되며 문학인으로서의 성장을 돕고 지원함

첨부서류 등단하지 않은 신인에 한하며, 응모작품은 미발표 순수 창작품이어야 함. 이메일로 접수하되 제목에 달라스문학 신인상 공모전 응모작이라고 명기하고, 본명, 주소, 전화번호를 원고 말미에 적을 것. 응모작품은 반환치 않음

보낼곳 nadainae@naver.com

달라스한인문학회

Greenhill Insurance

달라스문학 20호 출간을 축하드려요.

Auto | Home | Business | Health | Life | IRA | Group Health
11498 Luna Road Suite 101, Dallas, TX 75234
(972) 243-3598 | info@greenhillinsurance.com

사단법인 한국전통춤협회
TRADITIONAL DANCE ASSOCIATION OF KOREA

달라스문학 20호 출간을 진심으로 축하드리며
미주에서 가장 으뜸가는 문학 단체로 자리매김하시길 기원합니다.

사단법인 한국전통춤협회 미텍사스지부
지부장 박성신

☎ 469-735-6419

북텍사스 한인 상공회
Korean American Chamber of Commerce North Texas

Since 1976

KACCNT

달라스문학 20호 출간을 진심으로 축하드리며,
지역 사회의 빛이 되는 단체 되시길 기원합니다.

북텍사스 한인 상공회 이사장 고근백
☎ 469-233-6226

북텍사스이북도민회
North Provinces of Korea in North Texas

스무 살 청년이 된 달라스문하에 축하와 응원을 보내며,
협회 발전을 기원합니다.

북텍사스이북도민회 회장 박인애
☎ 972-900-2751

달라스문학 20호 출간을 축하하며
오랜 세월 글을 써온 작가들을 응원합니다.

Choice Cap Dallas. Inc. 대표 박성민

11528 Harry Hines Blvd #A116, Dallas, Texas 75229
☎ 972-241-8124 www.lovecap.com

달라스문학 20호 출간을 축하드리며,
달라스한인문학회의 발전을 기원합니다.

코윈 달라스지부

☎ 214 228 7138

달라스문학 20호 발간을 축하드립니다.
좋은 글로 세상을 밝히는
달라스한인문학회의 발전을 기원합니다.

카스 정비(Kars Auto) Joseph Hong

11322 Kline Dr, Dallas, TX 75229

☎ 469-567-3632

읽는 이에게 감동으로 남는 달라스문학이 되길 바라며,
20호 출간을 진심으로 축하드립니다.

한국디카시인협회 텍사스지부장 박인애

☎ 972-900-2751

달라스한인문학회
Korean Literature Society of Dallas

뜻깊은 달라스문학 20호 출간을 축하합니다.

달라스한인문학회 회장 김양수

☎ 201-699-7227

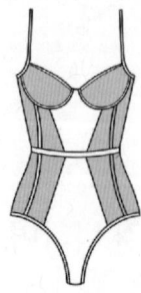 # Eden Lingerie

20년 동안 성실히 맺어 온 열매가
참으로 자랑스럽습니다

에덴 란제리 대표 백경혜

2625 Old Denton Rd, #230. Carrollton, TX 75007

☎ 972-323-4927

(전통) 토속민요 창민요 전수
(장고) 장단 '설장고' 사물놀이

달라스문학 20호 출간을 축하드립니다.
좋은 글 많이 쓰시길 바랍니다.

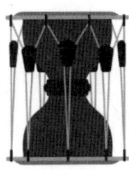

1904 Pleasant Valley, Plano, TX 75023
대표 김 남 ☎ 214-629-2454

달라스한인문학회원 여러분 그동안 수고하셨습니다.
여러분의 땀방울이 모여 달라스문학이 발간되있습니다.
2005년 창간호 이후 20호 발간을 맞아 마음 모아
축하드립니다.

서정호, 김정숙

편집 후기

　20이라는 숫자가 이렇게 묵직하게 느껴질 줄 몰랐습니다. 20년간 한 해도 거르지 않고 책을 만든 것은 어쩌면 시간의 층을 쌓아 올린 게 아닌가 싶습니다. 그간 『달라스문학』을 거쳐 간 많은 목소리, 서로 다른 가치관과 세계관이 어떻게 한 권의 책 안에 공존할 수 있었는지 새삼 놀라게 됩니다. 고향의 냄새, 엄마의 손길, 타자를 향한 따뜻한 눈길, 소소한 행복, 사회를 바라보는 시선, 자연 속에서 건져 올린 노래, 과거의 그리움, 미래를 향한 열망 등등 우리는 삶에의 다양성을 문자로 기록했습니다. 언어는 기억입니다. 스쳐 지나간 순간들을 잊지 않고 언어로 승화시킬 때 문학은 우리 안에서 빛을 발했습니다.

　축사에서 "모든 문학작품은 우리가 사는 현실과 우리가 꾸는 꿈 사이에서 발원"한다고 했습니다. 과연 꿈을 꾸는 문학인들이 있었기에 『달라스문학』이 여기까지 올 수 있었습니다. "숨 막히는 순간마다 꺼내 쓴 문장이 우리를 살아 있게 했"다는 권두시의 문장은 어쩜 우리 모두의 고백일 수밖에 없습니다. 절치부심의 마음으로 글을 써 온 20년 세월 속에 함께 해준 작가들의 고마움을 깊이 묵상합니다.

　이번 호에는 특별히 지역 어린이백일장 장원들의 글이 담겼습니다. 작은 손끝에서 피어난 문장들은 우리의 미래이자 모국어의 내일을 보여줍니다. 미국이라는 타지에서 서로 다른 세대의 작가들이 각자의 목소리로 부른 노래가 어우러져 아름다운 하모니를 이룬 것 같아 자랑스럽습니다. 축사와 특별 기고로 책을 빛내주신 유성호 교수님, 축사 도광헌 소장님, 간행사 김양수 회장님, 권두시 박인애 작가님께 깊이 감사드리며 신인상에 빛나는 작가님들께는 큰 꽃다발 한 아름 안겨드리고 싶습니다.

　한해 한해 우리 언어로 남기는 기록이 곧 공동체의 역사라 생각합니다. 때로는 작고 사적인 목소리가 큰 울림을 줄 수 있다는 걸 이 책이 증명해 주길 바랍니다. 『달라스문학』 20호가 단지 또 한 권의 책이 아니라 지난 모든 순간에 보내는 작은 러브레터로 기능했으면 좋겠습니다. **-김추산**

스무 살! 참 설레는 나이입니다.

『달라스문학』이 어느새 20호를 맞았습니다. 참으로 기쁘고 뭉클합니다. 미 중남부 유일의 한인문학단체인 달라스한인문학회를 깊은 애정과 사명감으로 지켜내며, 함께 글을 써온 회원들이 계셨기에 가능했던 일이라고 생각합니다. 단체라는 수레바퀴가 잘 굴러갈 수 있게 봉사해 온 회장단과 역대 회장단의 노고를 잊지 않았으면 합니다.

『달라스문학』은 우리를 이어온 끈입니다. 매해 이 책을 만들지 않았다면, 우리가 직면했던 크고 작은 너울을 쉽게 넘지 못했을 겁니다. 문학을 사랑하는 마음으로 하나가 되어 디아스포라 문학의 맥을 이어갈 수 있었으면 좋겠습니다.

해외에서 한글로 글을 쓰는 작가들을 귀히 여기고 축사로 힘을 실어주신 유성호 교수님, 도광헌 총영사관 댈러스 출장소장님, 공모전 심사를 도와주신 김종회 교수님께 존경과 감사를 드립니다. 또한 귀한 작품으로 동참해 주신 서양지 교장 선생님과 학생들, 『달라스문학』 출간을 위해 물심양면으로 후원해 주신 지역 단체장님과 사업주님, 모금을 위해 애써주신 이경철 선생님, 편집하느라 고생하신 김추산 선생님, 개인적인 사정으로 어려움이 있음에도 선뜻 원고를 보내 주신 회원님들, 예쁜 표지를 그려준 박예은 작가와 매년 아름다운 책을 정성껏 엮어주시는 시산맥 문정영 대표님, 김병훈 실장님께 진심으로 감사드립니다. 아무쪼록 우리의 이야기가 읽는 이에게 기쁨과 행복이 되길 소망하며 세상에 내놓습니다. **-박인애**

달라스문학 2025 | 통권 20호

발 행 일 | 2025년 09월 30일
발 행 처 | 달라스한인문학회
지 은 이 | 김양수 외
편집국장 | 박인애
책임편집 | 김추산

달라스한인문학회 | Korean Literature Society of Dallas
2373 Mare Rd. Carrollton, TX 75010 U.S.A
연 락 처 | 972-900-2751 nadainae@naver.com
달라스한인문학회 카페 | http://cafe.naver.com/dallas1234

펴 낸 곳 | 시산맥
주 소 | 03131 서울특별시 종로구 율곡로6길 36, 월드오피스텔 1102호
ISBN 979-11-6243-615-8(03810)

값 15,000원

- 이 책은 전부 또는 일부 내용을 재사용하려면 반드시 저작권자와 시산맥사의 동의를 받아야 합니다.

- 이 도서의 국립중앙도서관 출판시도서목록은 서지정보유통지원시스템 홈페이지(http://seoji.nl.go.kr)와 국가자료공동목록 시스템(http://www.nl.go.kr/kolisnet)에서 이용하실 수 있습니다.